NICOLAS **GEAY**

Grand reporter TV

COLS DE LÉGENDE

20 COLS QUI ONT MARQUÉ L'HISTOIRE DU TOUR DE FRANCE

Préface de

THOMAS **VOECKLER**

AMPHORA

« Ah, il y a tant de choses entre le ciel et la terre que les poètes sont seuls à avoir rêvées. »

Friedrich Nietzsche

À Raphaëlle et Sasha.

Dans les Alpes

Dans le Jura

Dans les Pyrénées

PRÉFACE

Les cols. Ces routes par lesquelles on atteint les sommets des massifs montagneux représentent le côté le plus fascinant lorsqu'on aime le vélo, que l'on soit pratiquant, supporter, spectateur, ou les trois à la fois d'ailleurs... On pourrait comparer un cycliste partant à l'assaut d'un col, quel que soit son niveau physique, à un marin s'apprêtant à prendre la mer : il se doit de l'aborder avec humilité, de le respecter sous peine de subir quelques moments compliqués à vivre ensuite, car il peut être sans pitié si vous pensez lui être supérieur.

Durant mes dix-sept années de coureur cycliste professionnel, j'ai parcouru bon nombre de cols dans les différents massifs montagneux qu'offre le territoire français ou limitrophe. Je les ai parcourus quelquefois en tête de course, avec ce sentiment grisant de fendre cette foule déchaînée qui s'est amassée pour attendre si longtemps le passage des coureurs ; souvent à l'arrière et en souffrance, puisant alors au plus profond de mes ressources mentales et/ou physiques la motivation pour rallier l'arrivée. J'y ai connu tout un éventail de sensations, de sentiments. J'ai donc goûté à la souffrance, mais au plaisir aussi, à l'ivresse presque lorsque que j'ai eu ces quelques fois la chance de les escalader en tête de course sous les encouragements du public qui me transcendaient.

Mais un col, ce n'est pas uniquement la compétition. La beauté des paysages alentour est toujours bluffante. D'ailleurs, les images de télévision parlent d'elles-mêmes et permettent à chaque fois d'apprécier la nature exacte du parcours, son environnement et sa beauté ainsi que d'appréhender à sa juste valeur le spectacle proposé par les coureurs. Mais pour être franc, et sans doute cela ne vous surprendra-t-il pas tant que cela, je dois avouer que, pour ma part, rares ont été les occasions où j'ai pu en profiter, étant toujours concentré sur mon effort en course, tout du moins jusqu'à ce mois de juillet 2017 et mon quinzième et dernier Tour de France terminé, qui mit un terme définitif à ma carrière de coureur cycliste professionnel. Paradoxalement, c'est lors de ces derniers mois, après avoir pris la décision d'arrêter, que, au gré de mes différents passages de cols en tant que suiveur de course au sens large et non plus coureur, j'ai ainsi pu réellement admirer ces divers panoramas. Et sans pour autant tomber des nues, car j'avais bien saisi la particularité de ces lieux, je comprends davantage l'attrait du public pour ces formidables espaces dont la singularité est d'être carrossables. En effet, rares sont les endroits que l'on voit autant à l'écran, dont l'accès est gratuit, avec un panorama à couper le souffle et en même temps un théâtre de joutes des gladiateurs de la route.

Se lancer dans un recensement par le biais d'une sélection de cols comme l'a entrepris Nicolas est un véritable défi à plusieurs titres : il faut tout d'abord les sélectionner, car ils sont si nombreux sur notre territoire que vouloir en faire une liste exhaustive serait pour ainsi dire impossible. Mais il a bien fallu choisir. Et des cols renommés et célèbres, vous passerez ensuite à un endroit méconnu jusqu'alors qui, peut-être, sevira de référence dans le futur (sous réserve que l'auteur ait bien réalisé son travail… !).

Ensuite, une fois ces cols choisis, et afin d'être à même d'en parler en étant crédible, il était indispensable de les gravir à bicyclette, et ce à la force du jarret, sans se prendre pour un coureur du Tour de France pour autant... et au minimum une fois chacun dans le but d'être à même de disserter et de décrire le ressenti à leur sujet, ce que Nicolas s'est efforcé de faire de manière studieuse et scrupuleuse dans le but de réaliser l'ouvrage que vous

avez entre les mains. J'ai d'ailleurs été le témoin privilégié d'une de ces reconnaissances qui l'auront sans doute fait beaucoup transpirer, mais aussi et surtout lui auront apporté une satisfaction et une fierté que ressentira chacun ou chacune d'entre vous après avoir arpenté un de ces cols et en avoir atteint le sommet. C'est un objectif à la portée de chacun, pour peu que l'on daigne l'aborder avec humilité et pudeur, comme exposé plus haut.

En effet, quel que soit son propre niveau, appréhender un col à bicyclette amène un ressenti qu'il est impensable d'imaginer si l'on effectue l'ascension à bord d'un véhicule motorisé. En parallèle, si bien entendu chacun possède la liberté de se faire son propre avis sur n'importe lequel des cols évoqués tout au long de cet ouvrage, il est intéressant d'avoir le regard, l'avis et le ressenti de différents coureurs professionnels les ayant empruntés pendant leur carrière, en cours ou achevée. Ainsi, on est en mesure de saisir la relation qu'il est possible de nouer avec une simple portion de bitume, qui peut parfois rester gravée dans la mémoire de chacun pour diverses raisons, liées au spectacle sportif, magnifique certes, mais qui sont le plus souvent personnelles, voire intimes, bien plus importantes d'ailleurs que la dimension historique que ces ascensions revêtent. Ensuite, à l'inverse du témoignage de ces athlètes, vous apprécierez les petits conseils et coups de cœur avisés de l'auteur qui rendent ces lieux encore plus attachants si vous décidez (si ce n'est déjà fait pour certains d'entre vous) de partir à l'assaut d'un ou de plusieurs de ces cols.

Si au cours de la longue histoire du Tour de France par exemple, les exploits, les performances ou les défaillances les plus marquantes ont eu lieu en montagne, provoquant ainsi la fascination du public, c'est bien la grandeur de l'endroit qui y a contribué plus encore que les acteurs.

Les forçats actuels de la route sont et resteront pour toujours de simples locataires de ces routes, tout comme vous et moi. Avec cependant, chacun à sa mesure et à sa manière, le mérite et encore mieux la fierté d'avoir participé à la beauté et à l'Histoire de ces lieux.

Bonne lecture !

Thomas Voeckler

AVANT-PROPOS

Un col est une introspection. Un long chemin à l'intérieur de soi. Et vers ce qui nous entoure. Dans ce monde préservé, silencieux et si bouleversant souvent. Dans ces montagnes qui se laissent dompter parfois, pour se rapprocher des sommets et de l'inaccessible. Entre ciel et terre.

Un col est un miroir aussi. Qui permet de se regarder en face, de se découvrir, sans faux-semblant, de mieux connaître ses limites et des capacités mentales que l'on ne soupçonnait pas. Et de se révéler parfois.

Un col est une lutte contre soi-même donc et un défi physique surtout, un lieu qui interdit l'à-peu-près, où l'on ne peut pas arriver sans être entraîné et prêt à se battre. Et où l'on se dit qu'il vaut mieux souffrir de monter que de ne monter point, pour paraphraser André Comte-Sponville parlant de la souffrance d'aimer de Montaigne après avoir perdu La Boétie.

C'est enfin une quête, un idéal, un monde où l'on se sent vivant, là au milieu des éléments. Il y a une dimension « spirituelle, presque mystique dans l'ascension de ces lieux fermés d'octobre à mai, qui se font désirer », comme le confie Romain Bardet, grimpeur. Ces endroits ont une âme, une personnalité, un caractère. Et comme avec des êtres vivants, il y a des affinités ou non, une manière aussi de faire connaissance et de les apprivoiser.

Il y a plusieurs façons de découvrir un col. La première est de le gravir, seul à vélo, comme tout le monde peut le faire. La deuxième, de le parcourir en voiture lors des reconnaissances avec les coureurs qui préparent le Tour de France. Et la dernière, de l'arpenter en course sur une moto, au milieu des cyclistes, pour commenter la plus grande course du monde, une place unique pour un passionné comme moi. Ma vie de sportif amateur et ma carrière de journaliste pour France Télévisions m'ont donné la chance de vivre ces trois expériences. J'ai pu suivre les meilleurs grimpeurs de la planète en repérage d'une manière très privilégiée, parfois seul avec eux. À les voir grimper, souffrir, voltiger, avec comme seul bruit leur souffle. Et les regarder scruter le moindre détail, chaque virage, chaque endroit où attaquer. Avec Jean-Christophe Péraud et Romain Bardet dans la Toussuire, Nicolas Roche et Maxime Bouet dans l'Izoard, Alberto Contador dans le port de Balès, Christophe Le Mével à Tignes, Sandy Casar dans l'Alpe d'Huez ou Thomas Voeckler vers Finhaut- Émosson…

Je me souviens aussi d'un moment de grâce. Fin mai 2015, j'étais derrière Thibaut Pinot dans la Pierre Saint-Martin. J'en garde un souvenir mémorable. Lui peut-être moins sachant qu'il souffrira le martyre un mois et demi plus tard sur le Tour. Qu'importe. J'ai encore l'image de cet oiseau frêle et décharné prêt à s'envoler dès que la pente s'élève. Celle d'un pur grimpeur, aérien lorsqu'il se met en danseuse, esthétique dans sa gestuelle, efficace lorsqu'il accélère et si vrai quand il parle de la nature et de ces efforts qu'il aime tellement. Un grimpeur digne des plus grands. Oui, ce furent des moments tellement forts pour un mordu de vélo et un amoureux de la montagne.

Ensuite, j'ai eu l'opportunité, pour France Télévisions, de repérer moi-même ces cols mythiques du Tour de France, à vélo. Beaucoup moins vite et d'une façon plus poussive et tellement moins élégante que Pinot et tous ces grimpeurs.

Et bien sûr, j'ai vu ces cols autrement, comme seuls les coureurs peuvent les voir. De l'intérieur, de la moto 2 de France Télévisions pendant le Tour de France. Avec les premiers lâchers des coureurs parfois en perdition et ce qu'on appelle le « groupe maillot jaune » où tous les cadors se battent pour le général de la plus grande course du monde. Au plus près d'eux, de leur effort et de leur souffrance. Parfois de leur état de grâce. Au milieu du public, dans la télé si vous préférez.

Je me suis toujours dit que je relaterai un jour ces expériences, ces façons différentes d'appréhender ces endroits qui font la grandeur et la légende du Tour (et inversement), qui nous effraient, parfois, nous font mal, souvent, et nous subjuguent, toujours. J'ai voulu partager ces moments, ma connaissance de ces endroits mythiques, pour certains méconnus, et vous raconter « mes » cols du Tour. En les (re)grimpant pour les sentir, les redécouvrir, vous faire vivre et connaître chaque mètre, chaque grain de bitume, chaque coup de pédale dans ces univers si différents, si envoûtants et si beaux. Et ce qui force encore un peu plus le respect que j'ai pour les coureurs, c'est de grimper en se battant avec leurs rivaux. À chaque fois que je monte un col, je me fais cette remarque qui peut paraître naïve, presque enfantine. Nous, les cyclos ou coureurs amateurs, nous les gravissons seuls. C'est un duel contre nous-mêmes et surtout contre la montagne, ses caprices et ses volontés. Avec nos moyens et nos limites. Les coureurs, eux, y font la course et en plus de la pente, ils ont des adversaires que nous n'avons pas ! Qui accélèrent au moment où ils sont mal, qui attaquent, qui changent de rythme ! Autrement dit, les coureurs ont deux, même trois adversaires : la montagne, leurs rivaux et eux-mêmes…

Alors pourquoi ce livre et pourquoi monter moi-même ces cols de légende et ne pas être simple spectateur comme nous le sommes la plupart du temps ? D'autres journalistes, comme Philippe Brunel et Philippe Bouvet notamment, ont parlé magnifiquement bien de ces cols mythiques, de leur histoire, des tragédies qui s'y sont déroulées… Tout simplement parce que mon histoire personnelle, ma trajectoire de triathlète amateur, avec pour seules qualités un peu de courage sur le porte-bagage et ma passion, m'ont amené à grimper ces cols. Les toucher de si près pendant tant d'années vous insuffle l'envie folle de les défier. J'avais besoin de les sentir, de me faire le cuir sur ces monuments, non plus sur une moto pour la télévision, mais avec le souhait de me glisser dans la peau d'un grimpeur et de partager ce sentiment, et de « me faire mal à la gueule » comme disent les coureurs, d'aller voir là-haut et d'en prendre plein les yeux pour vous emmener avec moi.

Dans ce livre, je vous présente mes vingt cols préférés du Tour, même si certains ne l'ont pas encore accueilli. Leur portrait, leur profil, mes astuces en termes de matériel pour les grimper au mieux, les bons plans et les endroits sympas, décalés, incontournables, je vous raconte également ma montée, ma souffrance et, bien sûr, les moments forts du Tour dans ces cols.

Dans tout choix, il y a un renoncement. Alors pardon aux cols dont je ne parle pas, à la Colombière, au Grand Colombier, aux Aravis, au Port de Balès, aux Vosges, au Jura et autres merveilles que peut nous offrir la France. On se retrouvera sans doute un jour, d'une façon ou d'une autre…

Ce livre a été réalisé dans des conditions particulières. En effet, l'hiver 2017-2018 a été exceptionnel en termes d'enneigement. Fait plutôt rarissime, du moins inhabituel, les cols des Alpes étaient encore fermés et enneigés début juin, rendant difficiles mes reconnaissances, et m'ont parfois empêché d'aller au sommet. Mais la montagne est ainsi, c'est elle qui décide.

Enfin, des coureurs professionnels (mais pas que !) vous racontent leur lien avec ces cols et leurs souvenirs en course. Les plus grands grimpeurs, d'Alberto Contador à Warren Barguil, en passant par Romain Bardet, Julian Alaphilippe ou encore Thomas Voeckler… Pour vous donner l'envie, le courage d'y aller ou d'y retourner vous aussi, d'oser sortir de vos zones de confort pour connaître cette douleur, ce combat qu'est la montagne et la fierté indescriptible, de l'ordre de l'enfance sans doute, que l'on éprouve lorsque l'on arrive au sommet et que l'on peut dire : « Moi aussi, je l'ai fait ! »

LES COLS DE LÉGENDE DU TOUR DE FRANCE

Dans ce livre, j'ai sélectionné « mes » plus beaux cols et aussi ceux que j'estimais les plus durs et emblématiques. Dix-sept d'entre eux ont été empruntés au moins une fois par le Tour de France. Certains, comme le Galibier, l'Izoard ou le Tourmalet, notamment, sont déjà des cols de légende, d'autres comme la Lombarde, le mont du Chat ou le col de Portet méritent de le devenir un jour.

Pour vous permettre de mieux estimer votre capacité à monter ces cols, nous vous proposons trois niveaux de difficulté : loisir, intermédiaire et confirmé. « Loisir » s'adresse à des pratiquants occasionnels avec peu d'entraînement pour une prise de contact avec la montagne, « intermédiaire » signifie que vous devez avoir roulé au moins 1 000 kilomètres et avoir une pratique plus régulière (une à deux sorties par semaine les deux derniers mois) et « confirmé » est réservé à des personnes ayant roulé 3 000 kilomètres et qui ont une pratique sportive, du moins une certaine condition physique, pour éviter tout accident et surtout prendre du plaisir.

LE GALIBIER

PRÉSENTATION

C'EST UN COMBAT ENTRE L'HOMME ET LA PIERRE. LORSQUE VOUS ÊTES AU PIED DU GALIBIER, VOUS ÊTES COMME ENVAHI PAR LA PEUR.

Une boule au ventre que vous ne ressentez nulle part ailleurs. Une forme d'inquiétude, doublée d'une fascination viscérale pour ce géant. J'ai découvert ce col mythique un jour de juillet 2006. Le ciel était noir, l'obscurité en plein après-midi presque glaçante, l'atmosphère menaçante. Je l'ai gravi sous un orage de grêle, dans des conditions dantesques, comme pour me rappeler qu'on ne s'attaque pas au Galibier comme cela. Il vous remet à votre place. Ce monstre sait être hostile comme peut l'être la montagne. Vous avez l'impression que ces pics, tout autour de vous, vous écrasent. La roche calcaire et les dents pointues confèrent à ce lieu son caractère majestueux et dominateur. Et parfois oppressant. La végétation fait place à un monde pierreux aux accents anthracite mêlés au vert de l'été. Un décor un peu austère. Ces montagnes aiguisées, si peu accueillantes, vous rappellent à chaque coup de pédale que vous rentrez dans le saint des saints. Que l'on ne rigole plus. Que l'on est en haute montagne. On le sent.

Le Galibier n'est pas le plus haut col des Alpes. Avec ses 2642 mètres d'altitude, il n'est « que » le cinquième plus haut col routier de la région. Situé entre le massif des Arves et celui des Cerces, il est fermé une grande partie de l'année et ouvert seulement à partir de juin. Il est d'abord utilisé par les voyageurs et les armées. Les colporteurs et les contrebandiers y passent aussi au XVIIIe et XIXe siècle. La route a été construite en 1880, et achevée avec le percement du tunnel onze ans plus tard. Il relie Saint-Jean-de-Maurienne et Briançon ou le col du Lautaret. On le monte le plus souvent en venant de Valloire après avoir gravi le Télégraphe en guise d'apéritif. Dans ce sens, il fait 17,7 kilomètres. L'autre versant, en venant du Lautaret, est plus court : 8,5 kilomètres.

Le Galibier n'est pas non plus le col le plus dur de France, quoique… Sa première partie est, dirait-on presque « roulante ». Mais usante. Puis, il y a Plan Lachat et son décor grandiose, ce torrent à l'eau si pure au milieu de ce vert et ces montagnes encore enneigées. Au milieu d'un véritable cirque. C'est à partir de là que les choses se corsent. Dans cette deuxième partie, les lacets, puis les congères de neige, présentes même en été au sommet, vous marquent. À cet endroit, l'ascension devient terrible. Pas forcément à cause de la valeur de sa pente, entre 8 et 10 % de moyenne. Non, mais à ce moment-là, vous passez au-dessus de 2000 mètres et votre organisme vous le fait savoir. Vous avez du mal à respirer, chaque effort se paie cash. Là, vous découvrez vos limites. Seuls les vrais grimpeurs existent alors. Les Bahamontes, Pantani, Schleck ou Bardet… Les autres se contentent de survivre. Pour basculer comme on dit. Et gagner le droit de voir ce qu'il y a là-haut.

Un point de vue magnifique. On peut y apercevoir le Grand Galibier et ses 3228 mètres, les glaciers de la barre des Écrins, de la Meije, le Mont-Blanc et le pic de Rochebrune dans le Queyras voisin.

Là-haut, on peut dire que l'on a dompté ce col rentré dans la légende grâce au Tour de France. On sent encore le souffle de Fausto Coppi, Charly Gaul, Federico Bahamontes ou d'Eddy Merckx. Des champions qui, de juillet 1911 à nos jours, ont contribué à la légende de ce col devenu mythique. Bref, le Galibier fascine autant qu'il fait peur. Et il se mérite.

PROFIL

17,7 KILOMÈTRES À 6,9 % DE MOYENNE
POURCENTAGE MAXIMUM : 11,8 %
CLASSÉ HORS CATÉGORIE
NIVEAU : CONFIRMÉ

On a tendance à oublier qu'il faut gravir le col du Télégraphe long de 11,9 kilomètres à 7,1 % pour avoir le droit de défier le Galibier. Cela fait donc une montée de près de 30 kilomètres, même s'il y a la descente pour arriver à Valloire.

Question pourcentage, hormis le deuxième kilomètre à 8,5 %, les six premiers kilomètres sont relativement abordables entre 2,5 et 6 %. Ensuite, vous ne descendrez quasiment plus en dessous des 7,5 %. Après Plan Lachat, les 8 derniers kilomètres sont entre 7,5 et 10 % de moyenne. Attention, les deux dernières bornes sont celles qui font le plus mal avec 9 et 10 %.

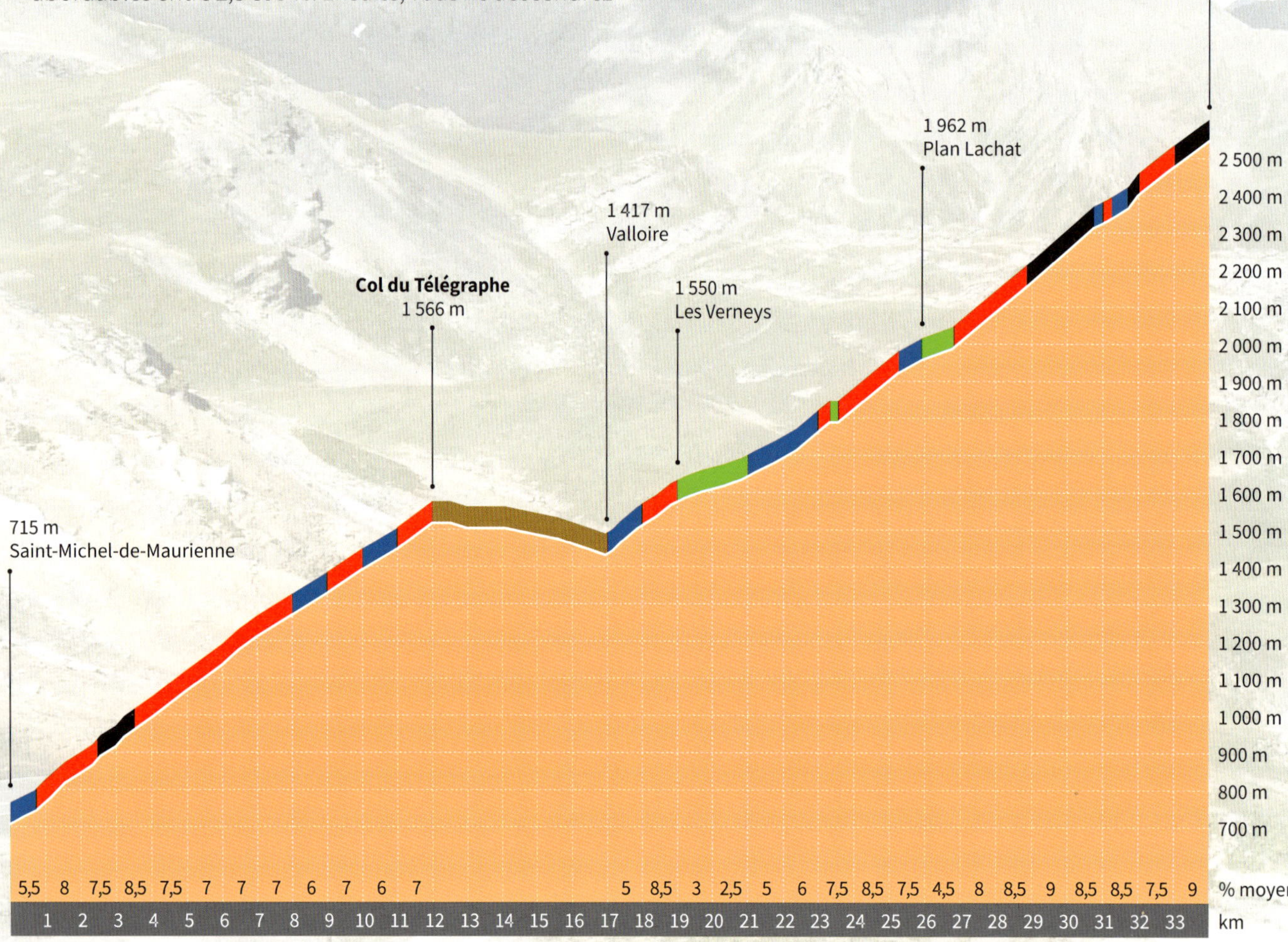

CONSEILS

MON CONSEIL MATOS

Si les coureurs professionnels ou confirmés peuvent monter le Galibier avec un 39 x 25 ou 28, je vous conseille pour ma part un 34 x 28, un 30 et même un 32 à l'arrière. Ces braquets (dignes du VTT) vous permettront de vous économiser et surtout de réussir les passages les plus pentus si vous êtes un peu juste en termes de kilomètres dans votre préparation. Pour vous faire plaisir, il faut au moins avoir fait 3 000 kilomètres durant l'année.

Surtout, n'oubliez pas votre coupe-vent. À 2 642 mètres, même l'été, il fait froid et vous en aurez besoin pour attaquer la descente.

LE BON PLAN

Lorsque vous arrivez à Plan Lachat, il y a une petite auberge nichée sur la gauche de la route. Arrêtez-vous pour faire une pause. Sa tartiflette y est excellente mais je ne vous la conseille pas vu ce qui vous attend. En revanche, appréciez sa tarte aux myrtilles en regardant les moutons et le cadre à couper le souffle avant de repartir vers le sommet.

L'autre « attraction » du Galibier, ce sont les marmottes. Dans les 5 derniers kilomètres de la montée et les premiers de la descente (si vous êtes encore lucide), ouvrez les yeux, sur le bord de la route, il n'est pas rare d'en voir.

MA MONTÉE

DATE : 5 JUIN VERS 9 HEURES
CONDITIONS MÉTÉO : BEAU TEMPS, ENVIRON 20 °C
TEMPS RÉALISÉ : 1 H 24

Dans la traversée de Valloire, je pars très prudemment. Un premier coup de cul à 8,5 % m'attend. Mais avec la fraîcheur, cela passe bien. À la sortie de la station, la route redevient plate et je suis surpris de mettre le grand plateau ! Rouler grand plateau dans le Galibier, c'est jouissif mais en regardant devant moi, je sais que je ne dois pas m'enflammer. Au bout de 6 kilomètres, je reviens à la réalité. Là, je rentre dans des pourcentages plus élevés et réguliers. J'essaie de trouver un rythme de croisière entre 11 et 13 km/h. Je suis déjà quasiment « tout à gauche », c'est-à-dire sur le braquet le plus facile, 34 x 28 ou 30. Cette partie intermédiaire ne paraît pas dure mais je commence à souffrir. Elle est usante. Je regarde les montagnes sur la droite et commence à trouver le temps long. Cela fait presque une heure que je grimpe. Pour être honnête, cette partie sans virage n'est pas la plus intéressante. On s'y ennuie presque. Je regarde devant et m'accroche en pensant à Plan Lachat. C'est ma première étape. Dans ma tête, j'ai découpé le col en deux. Pour mieux passer.

Après une petite halte à Plan Lachat pour remplir mon bidon à la fontaine (pas de tartiflette tout de même à ce moment-là, mais ce n'est que partie remise) et les choses sérieuses commencent. Je passe un petit pont qui enjambe un torrent. Je suis époustouflé par la beauté et la quiétude qui se dégagent de cet

endroit-là. En tournant à droite, je rentre dans les lacets et les pourcentages plus élevés. On est au-dessus des 8,5 %, parfois 9 %. Des pourcentages trop durs pour mon 1,90 mètre et surtout mes 85 kilos ! Mais je vais mieux. Je m'enflamme presque.

Et là, boum ! Le mur des 2 000 mètres. Je le prends en pleine face. Ce n'est donc pas une légende. J'ai de plus en plus de mal à trouver mon souffle, à bien respirer. Alors, je roule à l'économie, pas que je ne puisse aller plus vite, mais pour me préserver. Je pense aux purs grimpeurs, et notamment à Nairo Quintana qui vit à 3 000 mètres sur les plateaux du Boyacá en Colombie et pour qui ces altitudes sont la routine. Ce n'est pas mon cas ! Je pense aussi à Romain Bardet qui, sur le Tour 2017, a attaqué Chris Froome trois, quatre fois de suite ! À la sortie des lacets qui permettent de se relancer un peu, j'aperçois le sommet mais il reste encore 5 kilomètres. Je suis planté. Je jette un œil sur mon compteur : 8,5 km/h. Alors, je regarde les bornes qui indiquent les kilomètres sur le côté. Je les attends, les espère, je les appelle, ne pense qu'à elles mais elles prennent leur temps pour arriver ! Plus que 4, 3, 2 kilomètres !

Que c'est long. Et j'ai de plus en plus de mal à respirer. Le paysage lui aussi vous coupe le souffle ! Là, on ne rigole plus ! Je repense à cette phrase de Philippe Bouvet, le journaliste de L'Équipe, que j'ai lue un jour : « Le Galibier est une longue et patiente montée vers le monde du silence. » En effet, le silence est là… Impressionnant. Perturbé seulement par mon souffle, de plus en plus présent. Je suis seul au monde. Et je me dis que le Galibier ne m'aura pas, que je ne lâcherai rien dans ce combat inégal ! On ne bat pas le Galibier mais on peut refuser d'abdiquer. C'est ce que je fais. Pour aller au bout. « Surtout, ne lâche rien ! », je me le répète en boucle.

Ici, à plus de 2 200 mètres d'altitude, je souffre énormément, mais j'ai l'impression d'exister, au milieu des éléments, de ce décor majestueux. Je suis littéralement planté, collé au bitume, mais je tiens. Je dodeline de plus en plus de la tête, suis de plus en plus désuni, mais je continue, peu importe la vitesse. Aujourd'hui, ici et maintenant, c'est un combat entre la pierre et moi.

Puis, en tournant à gauche pour aborder le dernier kilomètre, je passe entre les congères de neige. Drôle de sensation. J'ai un sursaut d'énergie, me remets en danseuse mais je me rassois vite et remets mon 32 dents. Je suis cuit. Enfin, les derniers mètres. Me voilà à 2 642 mètres. La fierté prend vite le pas sur la fatigue. Un petit selfie, puis je contemple le panorama époustouflant. Derrière moi se dresse le Grand Galibier et, devant, ces pics majestueux encore recouverts de neige, avec à droite la Meije et à gauche le Briançonnais en bas de la descente du Lautaret…

J'enfile mon coupe-vent et rebrousse chemin, car le col est encore fermé. En redescendant, je croise des marmottes. Peut-être ont-elles voulu me féliciter !

SUR LE TOUR

Le Galibier est indissociable du Tour de France. Leurs noms sont intimement liés. Il est escaladé pour la première fois le 10 juillet 1911. La Grande Boucle l'a gravi à soixante reprises, ce qui en fait le col alpestre le plus souvent emprunté par la plus grande course du monde. Le Français Émile Georget est le premier coureur à passer en tête au sommet, après 2 h 38 d'ascension depuis Saint-Michel de Maurienne, et toise Henri Desgrange, le premier directeur de l'épreuve en lui glissant : « Ça vous en bouche un coin ! ».

« Vous êtes des bandits » lance Gustave Garrigou aux organisateurs, leur reprochant d'avoir osé les avoir fait monter en haut de ce géant. Un an plus tôt, Octave Lapize les avait invectivés de la même façon lors du premier passage dans le Tourmalet, le Galibier des Pyrénées. Le Galibier a vu ensuite les plus grands grimpeurs s'illustrer sur ses pentes.

Gino Bartali écrit la légende de ce col. En 1937, l'Italien part seul à Plan Lachat et gagne à Grenoble. Onze ans plus tard, en pleine tempête de neige, il passe au sommet avec Louison Bobet derrière Lucien Teisseire et Raphaël Géminiani, puis gagne cette étape dantesque à Aix-Les-Bains.

Un autre italien, une autre Italie, ai-je envie de dire, marque ce col de son empreinte, Fausto Coppi. Sa rivalité avec Bartali vit ses plus grandes heures sur les pentes du Galibier, théâtre à la (dé)mesure d'un duel qui marque l'histoire de l'Italie, du cyclisme et du sport en général. Entre Coppi et Bartali, deux façons de voir le vélo. Bartali est toscan, fils de paysan et catholique. Coppi est piémontais, fils d'ouvrier et collectionne les conquêtes féminines. Avant de prendre le pouvoir, Fausto subit le joug de son ainé qui décortique chacun de ses gestes, dans chaque montée, chaque col, chaque mano à mano. Bartali dit ceci au sujet de son meilleur ennemi : « Je l'étudiais, le regardais, le scrutais, le passais au crible, longtemps, sans me lasser, avec la volonté forcenée de trouver quelque chose. Tandis que nous roulions dans le peloton, mes yeux, irrésistiblement attirés par ses mollets, ne pouvaient s'en détacher, guettant le moindre indice de ce qui pouvait révéler une faiblesse. Et puis, un jour, ma ténacité reçut sa récompense. Dans le creux de son genou droit, une veine se gonflait et apparaissait sur cinq à six centimètres dès que le prenait la toxémie musculaire à laquelle est soumis tout coureur pendant l'effort. À ce moment, Fausto devenait vulnérable et sa plastique s'altérait. » Les récits de leurs courses dans la presse italienne divisent le pays comme la rivalité Anquetil-Poulidor dans les années 60 en France.

En 1952, Coppi ne croit pas en la loyauté de Bartali et refuse de faire le Tour de France avec lui. La fédération italienne parvient finalement à trouver un compromis. Comme trois ans plus tôt, les deux hommes s'engagent à travailler ensemble. Dans le Galibier, Coppi s'en va seul à Plan Lachat, comme Bartali avant lui et déploie ses grands compas pour aller chercher le jeune Français Le Guilly. Au sommet du Galibier, le Campionissimo compte 2'45" d'avance. Irrésistible, il s'impose dans son pays à Sestrières. Il relègue l'Espagnol Ruiz à près de 8 minutes. Bartali est loin, cinquième à près de 11 minutes. Le soir, à son hôtel, Coppi dira ceci : « On m'a harcelé de tous les côtés : Lauredi, Geminiani, Lucien Lazaridès, Dotto dans la Croix-de-Fer, Le Guilly dans le Galibier, j'ai fini par être énervé, excédé et, dans mon désir de leur donner la leçon, j'ai fourni une étape toute différente de celle que je m'étais fixée, c'est-à-dire attendre, voir venir, ne m'en aller que le plus près possible de la ligne, dans la montée vers Sestrières, exactement comme je l'avais fait dans l'escalade sur l'Alpe d'Huez. » Et comme trois ans plus tôt, il signe le doublé Giro-Tour.

Bartali, Coppi mais aussi Bahamontes, Jiménez, Merckx, Ocaña écriront les plus grandes heures de ce col. Plus près de nous, on se souvient de Marco Pantani en 1998. Dans des conditions épouvantables, sous une pluie battante, le Pirate s'invite dans la légende lors de l'étape

Le 21 juillet 2011, lors de la dix-huitième étape du Tour de France, Thomas Voeckler parvient, au prix d'un effort héroïque, à conserver son maillot jaune avec 15 secondes sur Andy Schleck, qui s'impose au sommet du Galibier.

entre Grenoble et les Deux-Alpes. Les mains en bas du guidon, il part seul, en pur grimpeur, pour aller s'offrir son premier Tour de France. Dans la descente, l'Italien s'arrête pour enfiler un imperméable. Une stèle a d'ailleurs été installée à cet endroit pour saluer sa mémoire. Quelques mois plus tard, il tombera pour dopage, puis décédera d'une overdose en 2004.

Le Galibier, théâtre d'exploits et de drames. Thomas Voeckler peut en témoigner. En 2011, alors qu'il porte le maillot jaune, il sauve sa tunique au sommet du Galibier, escaladé du côté du Lautaret. Le lendemain, la photo de son arrivée héroïque, tout de jaune vêtu, visage marqué, bouche ouverte et grimaçante, orne la une du journal *L'Équipe*. Ce jour-là, sur l'autre versant du Galibier, Alberto Contador et Andy Schleck mettent le feu en attaquant dès le Télégraphe. Le Luxembourgeois est une menace directe pour le maillot jaune de Thomas Voeckler. Le Français va alors craquer tactiquement et nerveusement. Il commet une erreur en partant à la chasse des deux hommes. On se souvient de cette image où il jette son bidon à terre. À ce moment-là, Ismaël Mottier, son directeur sportif n'informe pas Thomas que Cadel Evans, le futur vainqueur de ce Tour 2011, fait rouler ses hommes et qu'il aurait dû attendre sagement dans les roues. Sans doute le tournant du Tour 2011. C'est trop tard. Le maillot jaune a fait l'effort de trop au moment où il faut compter chaque coup de pédale. Dans l'Alpe d'Huez, Thomas Voeckler est en perdition, quasiment à l'arrêt. Il perd le Tour et sa place sur le podium. Lors des deux étapes, le Luxembourgeois Andy Schleck gagne le premier jour puis passe en tête le lendemain dans la plus pure tradition des grands grimpeurs.

En 2017, les deux « Bar », Romain Bardet et Warren Barguil dynamitent l'étape dans le Galibier. Le premier vise le classement général et veut distancer ses rivaux comme Fabio Aru, Rigoberto Urán ou Chris Froome, le maillot jaune, le second joue le maillot à pois. Les deux Français attaquent chacun leur tour et parviennent à isoler Aru à une centaine de mètres du sommet. Dans la descente, Barguil et Bardet collaborent. Ils ne seront pas parvenus à distancer Froome mais ont été tous les deux à la hauteur du Galibier.

INTERVIEW

ALBERTO CONTADOR

LE GALIBIER ET ALBERTO CONTADOR

Pour beaucoup d'amateurs de vélo, il a incarné le grimpeur dans toute sa splendeur. Grâce à son style aérien, constamment en danseuse, et son panache, Alberto Contador a fait rêver des millions de personnes. Vainqueur des trois grands Tours, il a remporté deux Tours de France et d'Italie et trois Vueltas. L'Espagnol a mis un terme à sa carrière à la fin de la saison 2017.

Racontez-nous votre première expérience dans le Galibier…

C'était en 2005 sur le Tour de France quand j'étais encore avec l'équipe Liberty Seguros. Mais je ne me souviens pas l'avoir reconnu contrairement à 2007.

Quels souvenirs gardez-vous de ce col ?

Je me souviens surtout du Tour 2011 parce que, en deux jours, nous l'avons monté par les deux versants. Le premier jour, en venant du Lautaret, j'ai fait une grosse hypoglycémie et j'ai perdu l'occasion de gagner le Tour, mais le lendemain, j'ai attaqué dès le départ dans le Télégraphe avec Andy Schleck, c'était l'une de mes plus belles journées sur un vélo et une belle démonstration. En 2017 pour mon dernier Tour, je l'ai monté en tête avec Primož Roglič avant d'être lâché par le groupe des favoris juste avant le sommet.

L'aviez-vous reconnu, à chaque fois, et en quoi est-il important de le reconnaître ?

Oui, bien sûr que je l'ai fait avant, c'est vraiment important, car c'est un col très difficile. C'est un col où le facteur psychologique compte énormément. Si tu connais bien le parcours, c'est plus facile de faire cette montée, car tu peux mieux gérer les moments difficiles, c'est vraiment le côté mental qui est la clé dans le Galibier.

Si vous pouviez éviter certaines erreurs que vous avez commises dans le Galibier, quelles seraient-elles ?

La seule chose que je changerais, c'est de laisser toute la responsabilité à Cadel Evans d'assumer la poursuite derrière Andy Schleck ce fameux jour en venant du côté du Lautaret, sinon je ne changerais rien.

Qu'est-ce que vous aimez et vous n'aimez pas dans ce col ?

La chose qui me plaît dans ce col, c'est que c'est une montée longue, pour un pur grimpeur. C'est pour cela que ce col correspondait à mes caractéristiques, mais ce qui me plaît moins, c'est que parfois le Galibier a été trop dur aussi pour moi. Hormis en 2011, aucune arrivée n'a été jugée au sommet, pourtant là-bas, j'ai fait de belles attaques surtout en 2011 et en 2007, quand j'ai gagné le Tour, où j'ai montré pour la première fois ma façon de grimper au monde…

Qu'est-ce que ce col représente dans votre carrière ?

Pour moi, le Galibier est un col spécial, parce qu'il se monte par phases. Ton état peut vraiment évoluer, que tu sois au début, au milieu ou en haut de l'ascension. Tout peut changer. Avec la longueur, cela te donne la possibilité d'avoir des sensations qui évoluent, tu peux être mal au pied et bien en haut, ou inversement. La dernière partie est la plus importante, car tu te retrouves au-dessus de 2 000 mètres, et ça te donne un avantage, si tu es grimpeur comme moi. Je m'y suis toujours senti bien, sauf en 2011. Cette année-là, lorsqu'on l'a escaladé en venant de Briançon, il m'a manqué 4 kilomètres, à cause de cette hypo, mais le lendemain, j'ai pu offrir l'une des plus belles démonstrations de la manière dont je faisais du vélo. C'est l'un de mes plus beaux souvenirs du Tour de France, je pense que cette étape a marqué son histoire.

Quels conseils pourriez-vous donner au lecteur qui voudrait s'attaquer au Galibier ?

C'est de ne pas faire la montée en danseuse comme je le faisais. Ici, on a besoin d'être tout le temps assis sur le vélo ; vouloir monter un col en danseuse comme j'aimais le faire, c'est quasiment impossible dans le Galibier. Il faut essayer de changer de position pendant la montée, être assis la plupart du temps et se mettre en danseuse de temps en temps dans la partie la plus dure sur la fin. Et surtout, comme on est à plus de 2 000 mètres d'altitude, il faut absolument garder des forces pour être bien là-haut.

Vous avez été l'un des meilleurs et des plus beaux grimpeurs de l'histoire de ce sport, pourquoi aimiez-vous tant grimper des cols ?

Peut-être pour les petits moments de repos que tu trouves dans une montée (rires). Non, ce que j'aime le plus dans une montée, c'est vraiment me tester et connaître mon niveau par rapport à celui de mes rivaux et ce n'est qu'en montagne qu'on peut le faire. Et c'est dans un col, comme le Galibier, que tu peux savoir si oui ou non tu peux gagner une course.

En 2017, Alberto Contador monte pour la dernière fois le Galibier dans le Tour de France. Comme durant toute sa carrière, El Pistolero anime la course et cette étape de montagne en s'échappant avec Primož Roglič.

L'IZOARD

PRÉSENTATION

AH, L'IZOARD ! MON IZOARD !

Pour la plupart des gens, l'Izoard, c'est d'abord le Tour de France, la Casse déserte. C'est Coppi, Bartali, Bobet… Pour moi, L'Izoard, c'est l'Embrunman et des souvenirs mémorables. J'ai eu la chance de disputer le triathlon d'Embrun en 2006. Avec ses 3,8 kilomètres de natation dans le lac de Serre-Ponçon à 6 heures du matin dans l'obscurité, au milieu des montagnes encore endormies, ses 188 kilomètres de vélo et son marathon. L'un des triathlons les plus durs au monde. Avec au milieu de l'épreuve vélo, le fameux col d'Izoard et 5 500 mètres de dénivelé. Chaque 15 août, plusieurs centaines de triathlètes s'attaquent à ce col mythique. J'ai dans la tête cette image de sportifs « ordinaires » comme je le suis, zigzaguant, presque titubant dans cette fichue ligne droite de Brunissard qui nous amène à l'entrée de la forêt. Une longue et lente procession de pantins désarticulés courbés sur leur machine. Ces héros anonymes qui défient ce mythe. Cette forêt où vous n'espérez même plus apercevoir et atteindre la Casse déserte tellement elle paraît interminable. Et au sommet, ce ravitaillement mérité agrémenté d'un sandwich au pain de mie jambon-Kiri fantasmé et tant attendu… Un moment salvateur avant d'attaquer les 100 derniers kilomètres, puis le marathon. Avec ce jambon-Kiri, on est loin de la légende du Tour de France, mais c'est aussi et surtout ça, l'Izoard. Un mythe toujours aussi vivant, vivace et bien ancré dans le présent.

Ah, l'Izoard ! Quelle merveille ! Lorsque vous venez de Guillestre, assurément le plus beau côté, vous vous êtes déjà farci les somptueuses et interminables gorges du Guil en faux plat montant, puis une bosse en guise d'amuse-bouche à 7 %, histoire de se mettre dans l'ambiance. L'Izoard, c'est déjà le sud ! Il y fait souvent très chaud ! C'est le passage entre les Alpes du Sud, que vous laissez derrière vous et les Alpes du Nord que vous imaginez d'abord, puis que vous regardez au loin, en allant vers Briançon. Nous sommes dans un site protégé, en plein cœur du parc naturel du Queyras.

Avec ses 14 kilomètres à 7,3 % de moyenne, il vous emmène à 2 360 mètres d'altitude. Un peu moins haut que son grand frère, le Galibier (p. 12). Mais quel décor ! Ces sapins, ce ruisseau sur le côté et ces montagnes majestueuses.

En jetant un œil dans les livres d'histoire, on peut y voir une route non bitumée, un chemin d'alpage tout au plus. La construction de cette route daterait de l'époque de Vauban. On en trouve la trace dès 1710. Elle devient carrossable entre 1893 et 1897, grâce aux troupes du général baron Berge et ses bataillons de chasseurs alpins et d'infanterie alpine notamment. L'Izoard est alors une route militaire stratégique pour permettre aux troupes de protéger la frontière franco-italienne.

Les premiers kilomètres paraissent faciles, abordables, ils ne le sont pas. On n'en parle presque jamais. Mais ces longues lignes droites, jusqu'à Arvieux d'abord, puis après Brunissard, sont un calvaire. Jacques Goddet, directeur emblématique du Tour de France de 1936 à 1987, écrivit : « L'Izoard, cette terrible exigence, qui établit la marge du difficile avec le terrifiant. » Parfait résumé de ce monstre. Le début jusqu'à l'entrée de la forêt de pins est difficile, justement. Dans cette forêt de mélèzes, vous ne descendez plus sous les 8 %. Ici, c'est un minimum pour atteindre les 11 % ! Mais ce qui vous marque le plus, au-delà de la souffrance, c'est l'odeur ! Cette odeur de pins chauffés par le soleil qui vient vous enivrer. Vous titiller les narines et vous rappeler les senteurs chaudes du sud de la France. Et puis, vous arrivez à la Casse déserte, cet endroit lunaire, minéral, déserté par la végétation et cette dent posée au milieu de nulle part. La Casse déserte immortalisée par Coppi,

Bartali, Bobet ou Charly Gaul voltigeant dans ce lieu mythique sur un chemin non bitumé. Où la pierre, les silex rappellent les hommes à leur condition et leur montrent que les boyaux sont si vulnérables. Henri Desgrange écrit dans le journal *L'Auto* : « L'Izoard est interminable, il a des airs penchés qui vous font croire qu'on le domine, puis il vous flanque une grimpette à faire renâcler une mule. »

À la sortie de la Casse déserte, seul répit d'environ 200 mètres, vous vous cognez dans la pente pour attaquer les 2 derniers kilomètres. Ils sont terribles. À plus de 10 %. Là, on rentre dans le « terrifiant » décrit par Goddet. Et on serre les dents. Tout autour de vous, le paysage est absolument somptueux, vertigineux, mais vous ne savez plus si c'est ce décor ou si c'est la pente qui vous coupe le souffle. Il vous reste ensuite à basculer vers Briançon avec à l'esprit le fait d'avoir dompté l'un des plus beaux cols de France, si ce n'est le plus beau. Au sommet, il y a cette fameuse stèle érigée en 1934, qui vous rappelle l'importance du lieu. Elle est à l'image du col que vous venez de gravir : imposante et pleine d'histoire…

PROFIL

14 KILOMÈTRES À 7,3 % DE MOYENNE
POURCENTAGE MAXIMUM : 11 %
CLASSÉ HORS CATÉGORIE
NIVEAU : CONFIRMÉ

Les 7 premiers kilomètres sont entre 4,5 et 7 %, malgré une pointe à 10 % dans la rampe de Brunissard où commence le travail de sape. Du septième au douzième kilomètre, c'est-à-dire dans la forêt, on est entre 9 et 10 % de moyenne avec un pic à 11 %, puis, après une légère descente, les deux derniers kilomètres offrent des pourcentages entre 7,5 et 10 %.

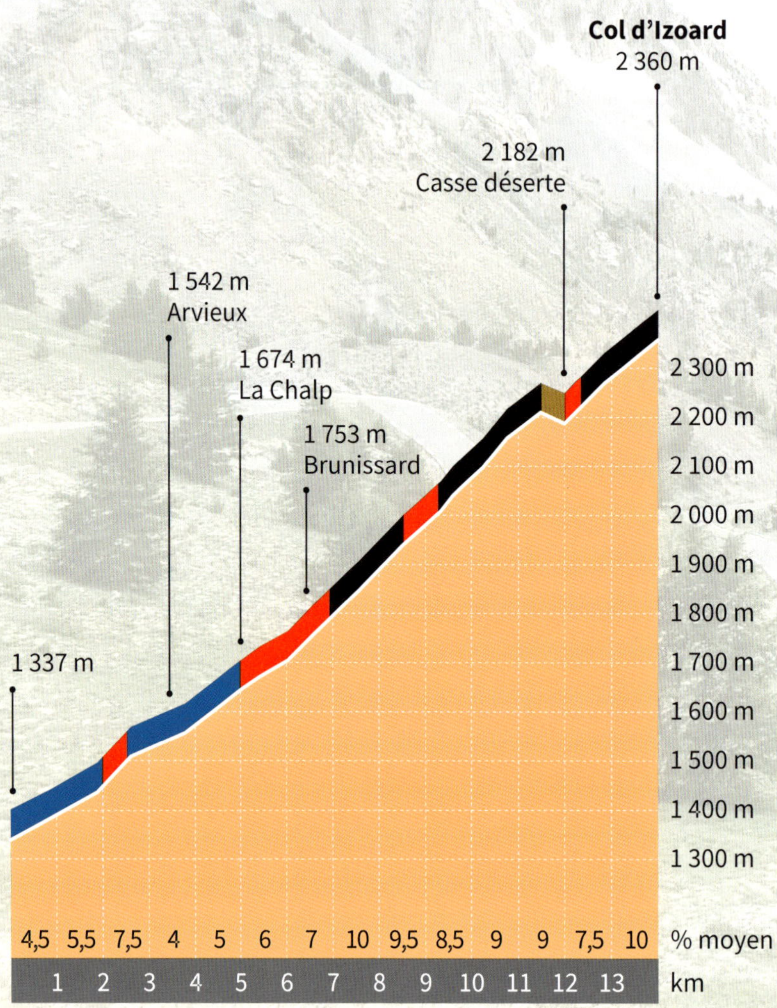

CONSEILS

MON CONSEIL MATOS

Je ne saurais que trop vous conseiller la prudence et donc d'opter pour le braquet le plus souple. Un 38 ou 36 x 28 pourra passer si vous êtes très en forme mais le 34 x 32 aura l'avantage de vous économiser et de moins piocher dans les pourcentages les plus élevés. Surtout si vous devez aller jusqu'à Embrun et finir par un marathon !

LE BON PLAN

Je vous conseille deux endroits dans cette montée. Tout d'abord, arrêtez-vous à Arvieux sur la gauche sur la petite place du village pour remplir vos bidons dans la fontaine et éventuellement vous arroser un peu. Ensuite, évidemment, faites une pause au belvédère qui surplombe la Casse déserte, meilleur endroit pour récupérer un peu et contempler ce lieu lunaire et calcaire.

MA MONTÉE

DATE : 24 MAI À 12 H 30
CONDITIONS MÉTÉO : BONNES, 20 °C
TEMPS RÉALISÉ : 1 H 07 (EN ENLEVANT LES QUELQUE 800 MÈTRES À MARCHER DANS LA NEIGE !)

C'est la montée la plus rocambolesque qu'il m'ait été donné de vivre ! Gravir l'Izoard est un défi physique que l'on redoute et qui laisse peu de place à l'imprévu malgré la beauté majestueuse de ce col mythique ! Je n'aurais jamais pensé le gravir, atteindre son sommet de façon aussi inattendue…

En venant de Guillestre, je traverse les gorges du Guil et contemple sur la droite de la route le torrent, aux eaux limpides. C'est beau et cela me rappelle d'une certaine façon les paysages des Rocheuses canadiennes.

Je suis sur le grand plateau, un 50 dents, à environ 25 km/h sur ce long faux plat usant à 3 %. En venant de Guillestre, ces gorges durent environ 20 kilomètres. Elles sont roulantes mais un peu fatigantes, d'où l'intérêt de se préserver. Et puis en guise d'apéritif, me voilà dans une côte à 7 %. Le début du col ? Non, mais c'est tout comme. Après quelques lacets, un virage en épingle à gauche pour rentrer véritablement dans l'Izoard. Il reste 14 kilomètres. Entre une heure et une heure et demie de montée, selon votre niveau. Les premières pentes sont régulières mais difficiles. Je suis déjà sur le 34 x 26. Ici, le léger dévers sur la gauche ajoute à la difficulté. Je connais par cœur l'Izoard, mais j'avais oublié que, contrairement au Galibier (p. 18), le pied est difficile, exigeant. Je roule à 13 km/h et prends petit à petit mon rythme de croisière. En fait, s'il fait chaud et lourd, cette montée peut être un calvaire. Ce que j'avais connu l'année d'avant où j'avais vraiment souffert de la chaleur. Là, j'ai la chance qu'il fasse doux, pas plus de 20 °C. Je suis porté par un léger vent de dos. Après 2,8 kilomètres, un replat, voire une légère descente me permet de reprendre de la vitesse et même de repasser le grand plateau jusqu'à Arvieux. J'ai fait de ce joli village la première étape de mon ascension. Après un petit arrêt à la fontaine pour remplir une dernière fois mes bidons et faire connaissance avec un chat noir et orange, je reprends ma route. À la sortie d'Arvieux, une rampe plus dure jusqu'au village de Chalp. Je suis bien, je gère à 13 km/h et me demande combien de temps cela va durer, et quand le coup de moins bien va arriver. La route est si penchée. Rien d'hostile ici, pourtant, je suis presque tout à gauche, sur le 34 x 24. J'arrive dans des pourcentages à 9 %.

Encore 9 kilomètres ! Et puis j'arrive dans cette ligne droite qui m'a hanté après mes reconnaissances pour le triathlon d'Embrun ! Pendant une centaine de mètres, on penche à 10 % dans cette fichue rampe de Brunissard. Je suis planté. À 7 km/h. Mais je prends mon mal en patience. Je me dis qu'il faut arriver à ce virage à droite qui rentre dans la forêt et on verra. Je débranche le cerveau et me concentre sur mon effort. Je dois être patient. Ça va passer. C'est aussi ça monter un col : ne jamais s'enflammer quand on est bien et ne surtout pas se laisser gagner par le doute quand on est mal. Se dire que ça va passer. Que ça ira mieux. Même si ce n'est pas vrai. Se forcer à y croire. Car on n'a pas le choix, sauf de faire demi-tour et je le refuse. Ici, chaque coup de pédale est un combat. C'est, selon moi, le moment le plus dur du col ! Me voilà dans la forêt. Je rentre dans les forts pourcentages. Le premier kilomètre est à 10 %. Je le prends dans la tronche. Je regarde mon compteur. Erreur ! Je suis à 9 km/h. Mais bizarrement, je me sens un peu mieux. Les lacets me permettent de me relancer. Et je respire cette fameuse odeur de mélèzes, de pins chauffés par ce soleil parfois impitoyable. Par moments, je m'échappe de cette galère en regardant en contrebas. Et ça me rebooste. J'ai déjà fait tout ça ! 10, 9,5, 8,5, 9, 9… les pourcentages

de ce passage dans la forêt sont terribles. Méchamment réguliers. Je repense à tous les moments de grande souffrance passés ici, et je me dis que je suis bien, que, pour la première fois de ma vie dans l'Izoard, je suis capable de gérer mon allure, d'accélérer légèrement et de reprendre de la vitesse dans les lacets. C'est un sentiment très fort. Cette forêt qui m'a paru interminable à chaque fois que je l'ai traversée ne l'est plus. Je ne regarde même plus ces fameuses bornes sur le côté droit de la route, faites pour nous les cyclistes, avec la distance qu'il reste jusqu'au sommet et le pourcentage du prochain kilomètre. Un vrai repère qui vous dit où vous en êtes. Sur la gauche, je vois des éboulis, des branches, puis de la neige en plein milieu de la route ! Si je m'attendais à ça dans l'Izoard, ce col qui est la porte d'entrée vers le sud, où il fait parfois si chaud, comme dans une fournaise. Plus j'avance et plus je dois slalomer entre les monticules de neige…

J'arrive à la Casse déserte en passant sur le bas-côté pour éviter une grosse et longue congère. Je m'arrête pour y faire un selfie. C'est la première fois, après une dizaine d'ascensions, que je la vois comme cela, encore recouverte de neige, offrant ce mélange de gris et de blanc. Je discute avec un couple de cyclotouristes qui me dit qu'il est impossible d'aller au sommet avec la neige… Étant plutôt joueur, je me dis que je vais essayer. Et là commence une vraie aventure, inattendue et grisante… Je passe un premier bloc de neige en marchant sur le côté. Puis un deuxième. Devant la fameuse dent de granit posée verticalement sur la roche, je dois contourner un éboulis de 200 mètres et les restes d'une coulée de neige. Avec mes chaussures de vélo et mes cales, me voilà parti dans un trail sur ces pierres en traînant mon vélo… Pas évident, mais je me dis qu'il ne reste que 2 kilomètres et que je n'ai pas fait tout ça pour rien ! Mais ça se complique. Plus j'avance, plus je me dis que je vais devoir renoncer à un moment. Pas grave, vous me direz, j'ai atteint le sommet une bonne dizaine de fois, mais j'y tiens ! C'est excitant de ne pas savoir ce qui m'attend ! Mais je suis seul et j'ai tout mon temps. Il n'est plus question de vélo mais d'une quête, d'un défi que je me suis fixé. J'irai là-haut, peu importe comment. Dans les 2 derniers kilomètres, j'alterne vélo sur la portion praticable de 20 centimètres et marche à pied dans la neige. Mes chaussures sont trempées mais je persévère. J'ai dit que j'irai au sommet, alors j'irai ! J'arrive enfin au sommet à 2 361 mètres. Je ne l'avais jamais vu ainsi. Il est recouvert d'une neige immaculée. Je m'y enfonce jusqu'à l'imposante stèle pour un selfie auquel j'ai failli renoncer…

Puis je redescends et là, je tombe sur des marmottes. Elles sont deux, trois, quatre. À 5 mètres de moi. Je suis comme un gosse devant ce spectacle inattendu et si privilégié. Je n'en perds pas une miette et me dis que je viens de vivre un moment rare, dans l'un des plus beaux endroits que je connaisse, d'accomplissement sportif et de bonheur simple. Oui, de bonheur !

SUR LE TOUR

« C'est le privilège de l'Izoard de distinguer le champion » a prophétisé Jacques Goddet. Ces mêmes champions qui ont fait la légende de ce col et, dans le même temps, du Tour de France. La course l'a emprunté à trente-cinq reprises. Les coureurs l'ont gravi pour la première fois le 13 juillet 1922. Ce jour-là, sur un chemin de pierres blanches, le Belge Philippe Thys remporte l'étape entre Nice et Briançon. Mais trois hommes ont écrit les plus belles heures de ce col mythique : Bartali, Coppi et Bobet.

En 1938, Gino Bartali s'impose à Briançon avec 17 minutes d'avance sur le Belge Félicien Vervaecke, alors maillot jaune. À l'arrivée, ils sont cinq Italiens dans les six premiers. Bartali, Vicini, Servadei, Mollo et Martano. Pour expliquer la domination de la « Squadra Azzurra », son directeur sportif, Costante Girardengo, a une vision très politique des faits alors que l'Italie est dirigée par Benito Mussolini : « Tout s'est passé comme l'a voulu l'ordre fasciste. »

La politique se lie encore à l'histoire du Tour et de l'Izoard dix ans plus tard en 1948. La veille de l'étape, Bartali reçoit un coup de fil du Premier ministre italien, Alcide de Gasperi. Il lui apprend que Palmiro Togliatti, le leader communiste, a été victime d'un attentat et que le pays est au bord de l'insurrection. « On a besoin de toi » assure le Premier ministre. « Qu'est-ce que je peux faire ? » demande Bartali. « Tu peux faire beaucoup en gagnant des étapes… »

L'Italien remporte finalement les trois étapes alpestres, dont celle de l'Izoard entre Cannes et Briançon et domine ce jour-là son rival Louison Bobet. Du Français, Bartali dit : « Lorsque Robic a démarré dans Allos, je me suis trouvé avec Bobet et Teisseire qui ne voulaient pas mener. J'ai même dit à Bobet : “Tu as tort. Tu es fort et tu dois gagner le Tour ; seulement, si tu fais de mauvais calculs, tu perdras.” Ils n'ont pas voulu mener au pied de Vars, je me suis mis en colère ! » Un an plus tard, en 1949, Bartali gagne pour la troisième fois sur le Tour à Briançon après avoir grimpé l'Izoard. Mais cette fois, parce que Fausto Coppi le veut bien. L'image des deux frères ennemis italiens au coude à coude dans la Casse déserte est rentrée dans la légende. Elle incarne même l'image de l'Izoard dans l'inconscient collectif. Le Piémontais passe en tête au sommet mais accepte d'offrir l'étape à Gino le Pieux pour son trente cinquième anniversaire et s'adjuge le Tour. Deux ans plus tard, en 1951, Coppi voltige à nouveau sur les pentes de l'Izoard.

Coppi et Bartali sont les empereurs de cette arène aux tribunes minérales, Louison Bobet lui, en sera le roi. Le Breton passe au sommet à trois reprises en 1950, 53 et 54. C'est d'ailleurs en 1953 que Fausto Coppi, qui ne courait pas le Tour cette année-là, est venu l'applaudir à la Casse déserte. Au passage du Français, l'Italien immortalise ce moment en le prenant en photo. Bobet lui aurait alors lancé : « Merci d'être venu ! » À cet endroit, une stèle a été érigée en l'honneur des deux champions.

Cette fameuse stèle qui visiblement n'a pas marqué Eddy Merckx. En 1972, le Cannibale s'en va seul dans Brunissard. Au bout du rouleau dans les derniers kilomètres, il dit : « On m'a parlé de la Casse déserte et de la stèle de Fausto Coppi apposée sur un rocher. Je n'ai rien vu de tout cela. Je le regrette mais j'étais trop occupé. » Trois ans plus tard, Merckx va à nouveau être très occupé et même dépassé par un coureur français, un 14 juillet.

En 1975, Bernard Thévenet écrit l'une des plus belles pages de sa carrière, si ce n'est la plus belle. Au matin de cette seizième étape, le Français est en jaune avec 58 secondes d'avance. L'étape est courte, 107 kilomètres entre Barcelonnette et Serre Chevalier. Thévenet décide de partir de loin dans l'Izoard et parvient à décrocher le Cannibale après trois attaques. Il rejoint Zoetemelk après Brunissard, puis le lâche. Il passe seul à la Casse déserte, puis au sommet comme le lui avait conseillé Louison Bobet le matin au départ : « Tu sais, pour être un grand champion, il faut avoir passé l'Izoard

Gino Bartali a écrit la légende de l'Izoard en passant deux fois en tête au sommet en 1938, puis dix ans plus tard, en 1948. Il remporte même trois étapes qui empruntent le géant du Queyras.

en tête avec le maillot jaune sur le dos. Tu as déjà fait la moitié du boulot, maintenant finis le travail. » À l'arrivée, le Français reprend plus de 2 minutes à Eddy Merckx et remporte le Tour quelques jours plus tard.

Le col d'Izoard va être ensuite délaissé par le Tour. Dans les années 60, la Côte d'Azur est envahie par le tourisme de masse. Il est alors difficile de faire partir une étape de Nice ou de Cannes.

L'Izoard est visité par le Tour deux fois seulement dans les années 80 et une dans les années 90. Mais jamais une étape ne s'était terminée là-haut. La réglementation stricte du Parc national du Queyras et la faible place au sommet l'expliquent sans doute. Pourtant, en 2017 enfin, l'Izoard accueille une arrivée au sommet : la dix-huitième étape partant de Briançon *via* Embrun pour rallier le mythique col. Et quelques mètres avant l'entrée dans la forêt, Warren Barguil, porteur du maillot à pois et déjà vainqueur de l'étape du 14 juillet à Foix, démarre du groupe Froome-Bardet. Le Breton revient sur Tony Gallopin et lâche ensuite le Colombien Darwin Atapuma pour entrer dans l'histoire et devenir le premier coureur vainqueur au sommet de l'Izoard. Un Breton comme… Louison Bobet.

WARREN BARGUIL

L'IZOARD ET WARREN BARGUIL

Warren Barguil est passé professionnel en 2013 dans l'équipe Argos-Shimano. En 2012, il remporte le Tour de l'Avenir qui consacre les futurs champions, puis deux étapes de la Vuelta en 2013 pour son premier grand Tour. En 2017, il gagne deux étapes du Tour de France, le 14 juillet à Foix, puis celle de l'Izoard et le maillot à pois. Il est considéré comme l'un des meilleurs grimpeurs du monde.

Racontez-nous votre première expérience dans l'Izoard…

J'ai découvert l'Izoard lors de ma reconnaissance de l'étape du Tour, quelques jours avant le départ de la Grande Boucle. J'ai fait le Télégraphe, le Galibier et la vallée avant. Les premières rampes, ce n'est pas très, très dur. Il faisait très chaud ce jour-là et dans la forêt, je me suis arrêté pour prendre des bidons. C'est très joli, la Casse déserte, c'est vraiment impressionnant, j'ai beaucoup aimé ce col…

Et en course ?

C'était sur le Tour quand j'ai gagné !

Vous êtes devenu en 2017 le premier vainqueur au sommet de l'Izoard, racontez-nous votre ascension et le sentiment de rentrer dans l'histoire ?

Je me souviens que ça montait très fort avec AG2R. Ils mènent un tempo très soutenu, Jan Bakelants, leur coureur belge qui était échappé, se fait rattraper et donne un très gros relais avant de s'écarter, je vois que cela fait des trous. J'en bouche quelques-uns, je suis en quinzième position, puis cela se pose un peu, car Michal Kwiatkowski, le coéquipier de Froome, prend le relais et temporise un peu. Je décide alors d'attaquer à ce moment-là. Je me mets dans ma bulle, je savais que c'était là le plus dur. Après, je prends mon tempo, je reprends des coureurs un à un. Je vois que Contador se met dans ma roue et commence à péter et Mollema, son équipier, l'attend. Je décide de continuer. Puis quand je rattrape Tony Gallopin, je me dis que c'est le dernier coureur mais je trouve bizarre qu'il n'y ait pas la voiture rouge de direction de course. En regardant plus haut, je l'aperçois avec le Colombien Darwin Atapuma. Dans ma tête, je repense au scénario du Tour de Suisse l'année d'avant où je n'ai pas réussi à rentrer et me dis que ça ne va pas se reproduire. Je le reprends à 2 kilomètres de l'arrivée, je le passe et essaie d'imprimer un gros tempo. Mais il ne lâche pas. Je me concentre et me

Ce 21 juillet 2017, Warren Barguil devient le premier coureur de l'histoire vainqueur au sommet du col de l'Izoard et remporte sa deuxième étape sur ce Tour de France.

dis que je vais assez vite au sprint pour pouvoir le sortir dans les 200 derniers mètres. Finalement, il lâche et je donne tout jusqu'à la ligne. J'ai pris beaucoup de plaisir dans ce col, mais j'ai failli faire un malaise en passant la ligne. Je me rappelle à l'entraînement, Édouard, mon ostéo dont je suis proche, qui m'avait dit lors de la reconnaissance : « Tu seras là au Tour, tu feras quelque chose de bien ! » On a vécu dix jours ensemble pendant ce stage où il me suivait en voiture en me donnant des bidons, à faire des sacrifices et ça a payé. Cela ne paie pas tout le temps mais là, c'est un super sentiment ! Je rentre dans l'histoire, c'est un col mythique, ce n'est pas n'importe quel col même si chaque col a sa particularité. Là en plus, il y a la beauté de l'environnement, c'est magique !

Vous souvenez-vous de l'avoir reconnu ? En quoi est-ce que cela aide le jour de la course ?

Oui, cela m'a beaucoup aidé. La partie raide, je savais comment elle était, l'approche du col aussi avec ces gorges et cette bosse, le col commence vraiment là. Ce sont des détails qui comptent énormément…

Avez-vous d'autres souvenirs ou anecdotes sur ce col ?

Après l'arrivée, Bennie, le chargé de communication de mon équipe, me prend avec lui et l'assistant me disait : « Tu as gagné en haut de l'Izoard, tu te rends compte ! » Puis, j'ai eu une absence, j'étais blanc, ils demandaient de l'eau sucrée, car je suis allé jusqu'à la ligne à fond !

Selon vous, qu'est-ce qui est déterminant pour passer en tête au sommet ou s'y imposer ?

De connaître le col. Si je ne le connaissais pas, après la partie dure, je n'aurais certainement pas attaqué en me disant que c'était peut-être plus dur après. La connaissance du terrain est primordiale, ici encore plus qu'ailleurs.

Quelles sont, selon vous, les meilleures conditions climatiques pour grimper l'Izoard ?

Je m'en fous (rires) ! Cela m'est égal, la météo. Qu'il pleuve ou qu'il fasse chaud, c'est comme ça, j'ai adapté mon corps à la chaleur pendant mon stage d'avant-Tour.

Que représente ce col pour vous et dans votre carrière ? Et qu'est-ce que vous aimez ou n'aimez pas dans ce col ?

Cela représente l'une de mes plus belles victoires, peut-être la plus belle. Je pourrai toujours montrer cette image à mes enfants et à mes petits-enfants. Que j'ai gagné en haut de l'Izoard. C'est un accomplissement dans ma carrière après tout ce qui m'est arrivé, ce que j'ai enduré (Warren a été percuté par une voiture à l'entraînement avec son équipe en Espagne en janvier 2016 et blessé au bras et au genou), comme ça tout seul dans la montagne avec le maillot à pois et le drapeau breton derrière… C'est un dépaysement total entre la forêt et la Casse déserte, c'est exceptionnel. Et puis il y a l'odeur de la forêt, ce sont des choses qu'on sent souvent. C'est comme les champignons ou l'air iodé quand je suis au bord de l'océan en Bretagne, c'est très agréable.

Quels conseils pourriez-vous donner au lecteur qui voudrait s'attaquer à l'Izoard ?

Mon conseil, c'est d'avoir un 34 x 28 – c'est mieux qu'un 30, plus progressif dans les dents – de bien prendre son temps dans Brunissard – l'endroit le plus dur selon moi – et de prendre une photo dans la Casse déserte et en haut du col !

Vous parlez de la beauté du paysage, mais en course, vous avez le temps de le regarder ?

En course, oui, bien sûr, je suis l'un des seuls coureurs à en profiter au maximum. Je me souviens quand on avait fait les falaises d'Étretat sur le Tour, j'ouvrais grand les yeux. On a la chance de faire un sport en extérieur, il faut en profiter… Même si dans les 2 derniers kilomètres de l'Izoard, là, comme je savais que c'était très beau, je ne regardais pas et suis resté dans ma bulle.

COL
D'IZOARD
ALTITUDE
2360 m
HAUTES
ALPES
12

L'ALPE D'HUEZ

PRÉSENTATION

JE DOIS VOUS FAIRE UN AVEU, JE NE SUIS PAS UN GRAND FAN DE L'ALPE D'HUEZ.

Je sais que ce n'est pas de bon ton de le dire, mais je dois être honnête. Je n'ai rien contre cette montée mythique, mais j'y ai trop souvent souffert. Je l'ai découverte en 2004. À l'époque, j'étais jeune journaliste et Henri Sannier, sachant que je roulais beaucoup, m'a demandé de la reconnaître à vélo avec un cameraman pour donner mes impressions. Déjà. Un mois avant le fameux contre-la-montre écrasé par Lance Armstrong, trop fort, beaucoup trop fort, on saura pourquoi quelques années plus tard, je devais grimper l'Alpe. Et interviewer en grimpant à vélo, à près de 200 pulsations par minute, des cyclosportifs hollandais, que je rattrapais et plus souvent l'inverse.

Comment parler de l'Alpe d'Huez ? Il y a bien sûr ces 21 virages et ces noms des vainqueurs qui y sont accolés. Ces épingles qui ont fait la réputation de cette montée à travers le monde. Les coureurs m'ont souvent dit que ces lacets permettaient de se relancer, grâce au replat qu'ils offraient. C'est vrai ! Il y a aussi cette rampe au début de la montée que vous prenez la tête la première (avec ses 10,4 %) et qui vous avertit tout de suite que vous allez souffrir ! Qui vous fait monter le cœur et qui vous met dans le vif du sujet. Qu'est-ce qu'elle fait mal ! Ensuite, c'est un long rouleau compresseur, une montée régulière sans replat, constamment autour des 8 % avec 1 kilomètre à 11,5 % !

L'Alpe d'Huez n'est pas une montée comme une autre, c'est un véritable stade à ciel ouvert. Lors du Tour de France, j'entends. Le Maracaña du vélo ! Car comment parler de l'Alpe sans évoquer le Tour. Les deux sont presque des synonymes. Le Tour y passe pour la première fois en 1952, puis y reviendra en 1976, quelques mois après ma naissance. Je disais un stade à ciel ouvert. Où des centaines de milliers de personnes, 500 000 dit-on, se pressent, se massent à chaque passage de la Grande Boucle. Il faut le vivre pour comprendre. J'ai eu cette chance plusieurs fois. Je me souviens notamment de l'ascension en 2011. J'étais sur la moto derrière Thomas Voeckler, alors en jaune. Et je devais crier, parce que l'on n'entend plus rien, on est emporté par une immense clameur, des cris, des sifflets parfois (comme avec Chris Froome en 2015 et 2018). Et l'on ne reconnaît plus le col que l'on a monté seul. À certains endroits, vous n'avez qu'un mètre pour vous faufiler et éviter ces spectateurs euphoriques et survoltés. Les couleurs, souvent orange des supporters hollandais, qui viennent chaque année en masse, dans ce fameux virage qui porte leur nom, les fumigènes comme dans un stade de foot... Et cette foule, ce bruit ! Il faut le vivre pour comprendre !

L'Alpe d'Huez n'est pas une montée magnifique, majestueuse comme peuvent l'être l'Izoard ou le Galibier. « En regard de ces cathédrales de roche et de pierre, l'Alpe d'Huez n'a pas de passé, pas de mémoire mais un théâtre sans pareil, à ciel ouvert » écrit le journaliste de *L'Équipe* et écrivain Philippe Brunel. C'est une route qui amène à une station de ski. Longue de 14 kilomètres. À 1 860 mètres d'altitude. Qui fait partie du massif des Grandes Rousses. La station se développe dans les années 20. Il se dit que le premier téléski y a été ouvert en 1936. Lors des jeux Olympiques de Grenoble en 1968, la station accueille la piste de bobsleigh.

Puis elle s'est ouverte au tourisme de masse, comme l'une des plus grandes stations françaises. Mais c'est bien le Tour de France qui a fait sa légende. Une réputation mondiale qui en fait le spot incontournable pour les amoureux du vélo, qui veulent défier le mythe. L'Alpe, c'est un peu la vague Jaws à Hawaï pour les surfeurs mais abordable pour le commun des mortels, ou presque. Chaque été, ils sont 400 par jour à essayer de la gravir à vélo. Pour la plupart, des Hollandais, mais aussi des Anglais, des Américains, des Allemands, tous passionnés de cyclisme et par le Tour, et des Français bien sûr. Des papys, des hommes, des femmes, et parfois des gamins de 10 ans. L'Alpe d'Huez est terrible, ne laisse aucun répit et peut vous mettre K.-O. si elle le veut. Elle vous hante avec ses numéros de virage qui s'égrènent si lentement (de 21 à 0), comme un tic-tac ronflant et lancinant. C'est pour cela que l'on aime l'Alpe d'Huez, qu'on ne l'aime pas ou qu'on la déteste. Mais que l'on y revient toujours.

PROFIL

13,8 KILOMÈTRES À 8,1 % DE MOYENNE
POURCENTAGE MAXIMUM : 11,5 %
CLASSÉ HORS CATÉGORIE
NIVEAU : CONFIRMÉ

Les 2 premiers kilomètres vous font très mal avec leurs 10,4 et 10 % de moyenne. Du troisième au huitième kilomètre, la pente est régulière entre 8 et 9,5 % de moyenne et ne descend jamais sous les 7,5 % ! Puis après un léger « replat » à 6,5 %, 1 kilomètre à 11,5 % de moyenne vous attend à la sortie d'Huez ! Il reste ensuite 1 kilomètre dur à 9 %, puis les 3 derniers sont plus abordables à 5 %.

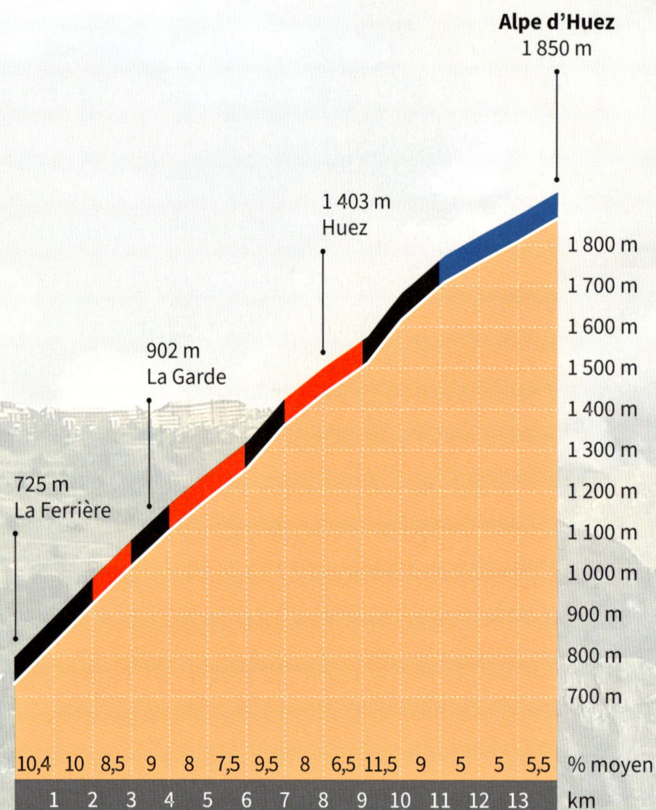

CONSEILS

MON CONSEIL MATOS

Si vous êtes fort, vous pouvez opter pour des jantes semi-hautes, des 35 ou 40 millimètres tout au plus. Côté braquet, je ne saurais que vous conseiller la prudence avec un 36, voire un 34 x 28 ou 30.

LE BON PLAN

Je vous conseille de bien regarder les noms inscrits sur les panneaux à chaque virage. C'est une façon de revisiter l'histoire de cette montée et du cyclisme. Et n'hésitez pas à prendre un selfie devant celui qui porte le nom de l'une de vos idoles !

MA MONTÉE

DATE : 27 MAI VERS 10 HEURES
CONDITIONS MÉTÉO : LÉGÈREMENT COUVERT, 20 °C
TEMPS RÉALISÉ : 1 H 10

Exceptionnellement, j'ai fait cette montée avec un invité, une invitée plus précisément. Une « *guest* » comme l'on dit… Je suis venu reconnaître l'Alpe d'Huez pour France Télévisions avec Marion Rousse, notre consultante. C'était l'occasion d'avoir l'avis de la championne de France sur route 2010 sur cette ascension et d'avoir aussi une parole féminine dans ce livre, car le cyclisme féminin se développe de plus en plus et les femmes méritent tellement que l'on parle plus d'elles.

Nous attaquons donc ensemble la montée, devant la caméra de mon complice et cameraman Christophe Vignal. Et dès le virage à gauche qui annonce le début de l'ascension, un mur se dresse devant nous… Je sais ce qui m'attend. Une rampe très raide qui fait monter les pulsations et 2 kilomètres à 10,4 et 10 %. Autrement dit, le plus dur est là, au début. Il ne faut surtout pas se mettre dans le rouge. Je n'essaie donc même pas de suivre le rythme de Marion. Car avec ses 48 kilos comparés à mes 85 et sa façon de voltiger dans les cols à la Contador, c'est injouable pour moi… Je le sais pour avoir déjà monté des cols avec elle… Marion connaît très bien cette montée : « Quand tu lèves la tête, tu vois que la route se dresse devant toi et tu sais que ça ne va pas être évident… Pendant 2 bornes, c'est vraiment compliqué de trouver son rythme, parce que tu tapes la tête dedans, il faut vraiment essayer de gérer au mieux le début de ce col mais tu sais que tu vas avoir des replats… »

Justement, après, on retombe dans des pourcentages plus raisonnables. 8,5, 9, 8, 7,5… Nous trouvons chacun notre rythme. Environ à 12 km/h pour moi et plutôt 14 ou 15 pour Marion. « Après, dans ce genre de cols, c'est tellement dur, il faut se mettre à son niveau et surtout ne pas suivre quelqu'un qui s'entraîne plus ou qui a d'autres qualités. Donc, il faut vraiment trouver le bon tempo à partir du deuxième kilomètre, essayer de tourner les jambes au maximum pour que, musculairement, ce soit moins difficile et adapter les braquets évidemment. Et pourquoi ne pas s'aider d'un cardiofréquencemètre pour éviter de se mettre dans le rouge, parce que même si tu as des parties de replat, tu n'as jamais de descentes qui te font récupérer, donc c'est vraiment primordial de l'aborder assez sereinement dès le pied… »

Les virages, ces fameux lacets, nous permettent de récupérer un peu, pour moi en tout cas, et permettent à Marion de reprendre de la vitesse. Ici d'ailleurs, le nom de chaque vainqueur de l'Alpe est inscrit dans les virages… Cela nous fait un peu de lecture et nous fait revivre furtivement les grands moments de cette montée. Avec Marion, nous nous arrêtons au virage 14, où est inscrit le nom de Thibaut Pinot, vainqueur en 2015. Un petit selfie et c'est reparti. Je suis sur le 34 x 30 (même si j'ai un 32 à l'arrière) alors que mon acolyte a opté pour un 34 x 28. « Le problème d'un 34 x 28, c'est que tu moulines bien mais tu dois rouler à une certaine vitesse. Si tu es en dessous de 10 km/h, tu sens que tu tires gros et tu perds de la force. Donc, toi, le braquet que tu as utilisé, pour les gens qui n'ont pas trop l'habitude de grimper, le 34 x 32, c'est idéal… »

Malgré ces braquets, c'est à nouveau très dur après 6 bornes et 1 kilomètre à 9,5 %. Dans ces pentes, Marion voltige, je m'accroche derrière elle mais ça ne peut pas durer trop longtemps… Heureusement, avant d'arriver au village d'Huez, le replat à 6,5 % me fait du bien. Ces pourcentages-là me correspondent plus, en tout cas, c'est plus roulant et je m'y sens mieux. Je suis toujours à 12 ou 13 km/h et j'ai l'impression de bien monter mais, pour cela, il faut éviter d'essayer de suivre celle que j'appelle pour rigoler Nairo Quintanette, la

Quintana au féminin. Ce genre de col est fait pour elle, pour les petits gabarits au rapport poids-puissance avantageux. « Oui, j'ai vraiment pris du plaisir à monter l'Alpe, d'abord parce que c'est mythique, et que, quand tu vois les coureurs passer ici, cela te donne envie de le faire toi aussi, donc tu sens que tu es sur un lieu sacré du cyclisme. Après, c'est vrai que la montée en elle-même me convient bien, parce que moi qui ai un petit gabarit, j'aime les forts pourcentages, ce qu'on retrouve un peu sur toute la montée, c'est 14 kilomètres à plus de 8 %, donc c'est énorme ! »

À la sortie d'Huez, le répit est de courte durée et l'usure se fait sentir. Et pour ne rien arranger, nous arrivons dans 2 kilomètres redoutables à 11,5 et 9 % ! Je m'accroche, loin d'être ridicule, toujours à mon rythme de croisière autour des 11 à l'heure, Marion m'attend et me chambre comme pendant toute la montée… « Ah non, franchement, c'était pour t'embêter parce qu'on s'entend et qu'on se connaît bien mais Nico, chapeau, car il y a peu de gens qui peuvent le grimper. On a d'ailleurs vu beaucoup de cyclistes monter en marchant, donc non, je t'ai chambré mais franchement bravo ! »

Dans ces 2 derniers kilomètres difficiles, Marion accélère et reprend un à un les cyclistes qui sont devant nous. J'essaie de suivre le rythme et les double aussi mais, en faisant cela, je me fais péter le caisson ! Autrement dit, je me mets dans le rouge et commence à tirer la langue et, surtout, mes pulsations approchent les 200 ! On ne peut pas se voir trop beau dans l'Alpe d'Huez, sinon on le paie cash ! Heureusement pour moi, on décide de faire une photo au virage 1, c'est-à-dire à l'avant-dernier… Puis c'est reparti pour les 3 derniers kilomètres, beaucoup plus abordables sur le papier avec 5 % de moyenne mais franchement, ils font mal… Marion aussi est surprise : « Sur le sommet, tout le monde m'a dit, tu verras, c'est plus facile, les pros remettent la plaque (le grand plateau), c'est facile, mais j'ai été étonnée parce que ce n'est pas si simple ! Je pensais que ce serait beaucoup plus roulant mais avec les 10 bornes que l'on a faites avant, ça tape encore bien ! Donc, finalement, c'est peut-être le milieu du col qui est plus facile… »

Nous arrivons tous les deux sur la dernière ligne droite et, pour le plaisir, Marion et moi refaisons le geste entré dans la légende de Greg LeMond et Bernard Hinault finissant main dans la main… Rousse-Geay, LeMond-Hinault, même combat trente-deux ans plus tard mais un peu moins vite, et sans concurrence, là… Sauf qu'à Marion, du haut de ses 26 ans, le duel LeMond-Hinaul, ça ne lui disait pas grand-chose… « Moi, honnêtement ces images, je ne les ai pas connues… Pour moi, l'Alpe d'Huez, c'est plus ces dernières années quand j'ai vu les Français gagner sur le Tour de France, que ce soit la victoire de Pierre Rolland, de Christophe Riblon ou de Thibaut Pinot, ce sont ces images-là qui me restent en tête… »

Au final, nous le terminons en 1 h 10, Marion à bloc, aurait fait moins d'une heure, sans doute près de 55 minutes.

SUR LE TOUR

C'est une image pour l'histoire. Bernard Hinault et Greg LeMond franchissant la ligne d'arrivée à l'Alpe d'Huez main dans la main. Un cliché qui a fait la légende de l'Alpe et du Tour de France. Pour comprendre cette image montée de toute pièce ce 21 juillet 1986, il faut revenir un an en arrière, en 1985. Cette année-là, diminué par une sévère chute à Saint-Étienne, Hinault n'est que l'ombre de lui-même. LeMond se sacrifie pour le Français comme dans la montée de Luz Ardiden où, à la demande de Paul Köchli, leur directeur sportif, l'Américain doit attendre Hinault. Dans l'euphorie de sa cinquième victoire sur le Tour, Bernard Hinault aurait promis au jeune Américain qu'il l'emporterait l'année d'après. Mais durant l'hiver, le Blaireau nuance ses propos : « D'accord pour aider LeMond, mais à condition qu'il sache se montrer digne du maillot jaune, je veux dire sur la route… »

Sur le Tour 86, Hinault part de loin dans l'étape entre Bayonne et Pau pour piéger LeMond. L'Américain ne peut décemment pas rouler sur son coéquipier, bien aidé par le jeune Jean-François Bernard. À Pau, Hinault reprend le maillot jaune. Malgré ses déclarations, le Breton veut à tout prix une sixième victoire sur le Tour, qui lui permettrait de dépasser Anquetil et Merckx. Il remet donc ça dans la descente du Tourmalet, puis dans la montée de Superbagnères mais connaît l'effet boomerang et perd le maillot au profit de LeMond.

Arrive alors l'étape de l'Alpe d'Huez. Les coureurs y affrontent le Galibier, la Croix-de-Fer et l'Alpe. LeMond et Hinault sont seuls devant dans la Croix-de-Fer. Sur les ordres de Hinault, ils laissent le Suisse Urs Zimmermann revenir à 30 secondes avant d'accélérer. Il a eu l'espoir de rentrer mais il ne le fera jamais. Dans la montée mythique, les deux équipiers grimpent ensemble. Plus exactement, Hinault se mue en équipier de luxe pour le jeune Américain, qui est terrorisé par une foule survoltée.

À l'arrivée, au Blaireau la victoire d'étape, à LeMond le maillot jaune et le Tour de France. Les deux hommes franchissent la ligne main dans la main. Pendant longtemps, on verra la main de Bernard Tapie, alors patron de l'équipe La Vie claire dans cette mise en scène d'une réconciliation qui sonne faux. Hinault a toujours répondu que non. Dans ses mémoires, *Le Peloton des souvenirs*, il dit : « À l'Alpe d'Huez, moi aussi, j'aurais pu faire la peau à l'Américain, mais à aucun moment je n'ai cherché à le battre. Sur la fin, je lui ai seulement livré une petite guerre psychologique pour voir ce qu'il avait dans les tripes. » Toujours est-il que Greg LeMond remportera cette année-là le premier de ses trois Tours de France.

L'Alpe d'Huez a fait la légende du Tour de France. Cette montée encore inconnue des coureurs est inscrite au programme en 1952. Comme un présage, c'est l'un des plus grands grimpeurs de l'histoire qui est le premier à s'imposer au sommet, Fausto Coppi. L'Italien rejoint Jean Robic à 6 kilomètres du sommet et le passe sans un regard. Le Campionissimo s'impose en 45 minutes et 22 secondes, mais cette première expérience ne convainc pas les organisateurs du Tour. La grande Boucle reviendra à l'Alpe d'Huez 24 ans après, en 1976. Pour de bon.

L'Alpe devient alors la « montagne des Hollandais ». Entre 1976 et 1989, les Orange s'y imposent à huit reprises. Joop Zoetemelk, Hennie Kuiper et Peter Winnen à deux reprises, puis Steven Rooks et Gert-Jan Theunisse. Devant cette domination batave, les Néerlandais affluent en masse chaque année, investissant la montée avec leurs camping-cars deux à trois jours avant l'étape. Ils se massent dans le virage 7 qui deviendra « le virage des Hollandais », où coule la bière, dans une ambiance de match de foot, pas toujours pour le meilleur avec ses fumigènes et ses excès en tout genre.

Marco Pantani aussi était un homme d'excès et détient encore et sans doute pour longtemps le record de la montée de l'Alpe d'Huez. En 1997, l'Italien remporte

Ce 21 juillet 1986, Bernard Hinault et Greg LeMond terminent main dans la main à l'Alpe d'Huez. Au Français l'étape, à l'Américain la victoire finale à Paris au terme d'une guerre psychologique entre les deux équipiers et rivaux.

l'étape en 36'50" ! Il tombera plus tard pour dopage et sera retrouvé mort dans une chambre d'hôtel sordide à Rimini en 2004.

Cette année-là justement, en 2004, l'Alpe d'Huez accueille un contre-la-montre. Formidable idée des organisateurs. Sauf qu'il est écrasé, archi-dominé par un robot à la fréquence de pédalage hallucinante : Lance Armstrong. Après la suspicion et les doutes, on comprendra mieux quelques années plus tard que la performance du « Boss » n'était qu'une supercherie ! Ce jour-là, David Moncoutié, réputé pour être un coureur propre à l'éthique irréprochable, termine neuvième à 2'22" d'Armstrong derrière des coureurs rattrapés depuis par la patrouille ou fortement suspectés de dopage. Le Français a signé lors de cette étape l'une des plus grandes performances des années 2000 selon moi…

Après cette période sombre pour le cyclisme, l'Alpe devient française dans les années 2010. En 2011, Thomas Voeckler est en difficulté et va perdre son maillot jaune après dix jours à faire rêver la France. De ma moto de commentateur, je l'ai vu presque à l'arrêt dans la montée. Presque en perdition. Mais sa peine sera atténuée par la victoire de son équipier Pierre Rolland. Pierrot se retrouve avec deux Espagnols : Alberto Contador, qui a mis le feu dès le Télégraphe, puis dans le Galibier, et Samuel Sánchez. Le Français va se permettre de remettre le grand plateau dans la dernière rampe avant l'entrée dans l'Alpe d'Huez et de lâcher ses deux adversaires pour s'offrir ce qui reste sans doute comme la plus belle victoire de sa carrière. Ce jour-là, Bernard Hinault l'adoube et le désigne comme son successeur pour remporter le Tour. L'Orléanais n'y parviendra jamais.

Deux ans plus tard, à l'occasion du centenaire du Tour, les coureurs empruntent la mythique ascension à deux reprises et c'est encore un Français, Christophe Riblon, qui réalise l'exploit. En 2015, après un Tour décevant, Thibaut Pinot fait vibrer la France en lâchant le Canadien Ryder Hesjedal dans le virage des Hollandais. Dans une ambiance de feu, le Franc-Comtois résiste à l'un des meilleurs grimpeurs du monde, Nairo Quintana. Dernière, l'Anglais Chris Froome connaît l'une de ses plus dures journées en montagne, victime d'une hypoglycémie et sifflé par le public. Dans les derniers kilomètres, Pinot et Quintana se livrent un duel à distance haletant. Un duel de purs grimpeurs aux styles diamétralement opposés. Le Français tourne la patte et mouline à une grosse fréquence, lorsque le Colombien, à l'allure moins esthétique peut-être mais tellement efficace, emmène du braquet. À l'arrivée, Pinot conserve 18 secondes d'avance sur Quintana et montre un poing rageur avant de lever les bras et remercier le ciel. Ce jour-là, il sauve son Tour et entre dans le cercle fermé des grimpeurs vainqueurs de cette montée mythique, des grands grimpeurs tout simplement. Quelques minutes après sa victoire, Thibaut lâchera : « L'Alpe d'Huez, c'est indescriptible ! » Que dire de plus !

En 2018, une ambiance particulière règne sur le Tour et surtout sur l'Alpe d'Huez. Après huit mois de procédure, Chris Froome n'est finalement pas suspendu par l'UCI malgré un contrôle anormal au salbutamol (Ventoline). Sifflé par le public, il est même frappé par un spectateur, mais sans conséquence. En revanche, Vincenzo Nibali, lui, se prend dans la lanière du sac d'un fan et tombe. Il finit l'étape malgré une vertèbre facturée mais doit abandonner le soir même. Au sommet, malgré plusieurs attaques de Romain Bardet, Geraint Thomas, le futur vainqueur de ce Tour 2018, s'impose avant d'être copieusement sifflé sur le podium à l'Alpe d'Huez.

THIBAUT PINOT

L'ALPE D'HUEZ ET THIBAUT PINOT

Thibaut Pinot débute sa carrière professionnelle en 2010 au sein de la FDJ. Deux ans plus tard, lors de son premier Tour de France, il remporte une étape de montagne à Porrentruy. En 2014, il termine meilleur jeune et troisième du Tour dont il remporte l'année d'après la mythique étape de l'Alpe d'Huez. En 2017, il se classe quatrième du Giro (dont il gagne une étape) puis remporte en 2018 le Tour de Lombardie, l'un des cinq monuments de la saison cycliste. L'homme de Mélisey est considéré comme l'un des tout meilleurs grimpeurs du monde.

Racontez-nous votre première expérience dans l'Alpe d'Huez…

Je l'avais reconnue la première fois en stage, c'était lors de ma première année professionnelle, avec mon équipier Cédric Pineau et notre entraîneur Jacques Decrion. Je n'en gardais pas un super souvenir, je m'attendais à une montée champêtre, car j'aime bien faire du vélo dans la nature, mais ce n'est pas ce que j'ai vu. J'avais trouvé ça très dur. Jusqu'au premier village, c'est très, très dur, avec cette première rampe qui fait peur à tout le monde.

Et en course ?

C'était sur le Dauphiné en 2011, j'avais fait un top 20. Même si les meilleurs sont là, l'ambiance n'est pas la même qu'au Tour, il y a beaucoup moins de monde et moins de ferveur…

Et puis il y a eu cette victoire sur le Tour en 2015, racontez-nous…

J'étais sorti dans la descente de la Croix-de-Fer dans un groupe avec Vincenzo Nibali et Ryder Hesjedal notamment. On a réussi à conserver 1,30 minute sur le groupe des favoris au pied de l'Alpe d'Huez. Pour moi, qui suis grimpeur, c'était trop beau, il y avait Castroviejo qui ne roulait pas, car Quintana était derrière. Cette configuration, c'était rêvé pour moi, tout était fait pour que j'arrive dans les meilleures conditions dans l'Alpe. Il y avait avec nous Ryder Hesjedal qui est connu pour ne pas compter ses coups de pédale et Pierre Rolland, vainqueur à l'Alpe en 2011. Moi, j'avais mon équipier Alexandre Geniez devant, je n'avais donc pas un coup de pédale à mettre. Je reprends Alex, il met un relais, puis j'ai attaqué dans le virage des Hollandais, c'est un moment que je n'oublierai jamais. Je réagis beaucoup à la foule, en tant que passionné de foot. J'ai toujours été attiré par le foot, par les belles ambiances, et si j'attaque dans le virage des Hollandais, ce n'est pas pour rien. Avec ces fumigènes, ces cris, je me suis senti porté par le public, je voyais qu'il y avait beaucoup de monde, j'attendais vraiment ce moment, j'étais impatient de découvrir le virage des Hollandais, comme ça en course, dans le Tour… Il y avait quand même beaucoup de stress, car Quintana a fait un numéro derrière. Avec le bruit et la clameur du public, je n'avais pas d'infos. Dans les 2 derniers kilomètres, je vois Quintana, mais j'en avais gardé sous la pédale, donc au dernier kilomètre, je savais que j'avais gagné…

C'est sans doute la plus belle victoire de sa carrière. Le 25 juillet 2015, Thibaut Pinot sauve son Tour de France en remportant en solitaire l'étape mythique de l'Alpe d'Huez.

Vous souvenez-vous de l'avoir reconnu avant et comment ? En quoi est-ce que cela aide le jour de la course ?

Je ne l'avais pas reconnu cette année-là. Je l'avais repéré, à l'hiver 2014 quand j'avais fait le Trophée Andros, je n'en avais pas vraiment besoin, car on l'a tellement fait à l'entraînement. Pour moi, il n'y a pas besoin de le faire en reconnaissance… J'accorde un peu moins d'importance aux reconnaissances. Quand on est en course, on ne reconnaît plus rien. Même sur mes cols, comme sur le Tour 2017 où on est passés chez moi sur la Planche des Belles Filles, je ne reconnaissais pas ma région. Ce sont des endroits complètement différents pendant le Tour, on a l'impression de découvrir un autre col, un autre endroit…

Selon vous, qu'est-ce qui est déterminant pour s'y imposer ?

Ce qui est déterminant, c'est de ne pas avoir peur de la foule. Les trois dernières années, ce sont des Français qui gagnent : Pierre Rolland, Christophe Riblon et moi. Ce n'est pas pour rien, car nous, les Français, nous accordons beaucoup d'importance à cette montée. Il n'y a que des grands coureurs qui ont gagné là-haut, et avoir son nom sur les virages, c'est important.

Quelles sont, selon vous, les meilleures conditions climatiques pour grimper l'Alpe d'Huez ?

On sait que moi et la chaleur, ça fait deux, on sait aussi que quand il fait vraiment chaud, la première rampe fait exploser tout le monde. J'ai gagné sous le soleil, mais je préfère le brouillard et le froid. Mais sur les photos et le poster que j'ai dans ma chambre, je dois reconnaître que c'est plus beau avec le ciel bleu et le soleil ! Cela m'est égal du moment qu'il ne fait pas 40 °C…

Que représente ce col pour vous et dans votre carrière ?

Quand tu es grimpeur, tu rêves de gagner l'Alpe d'Huez et le mont Ventoux qui sont pour le grand public les deux montées mythiques. Je serai vainqueur de l'Alpe toute ma vie. C'est l'une de mes plus belles victoires, si ce n'est la plus belle. Ce n'est pas un aboutissement mais presque. Pour moi, là-haut, le sentiment était particulier. C'était la dernière étape de montagne ; en gagnant, je sauve mon Tour *in extremis*, j'avais fait deux fois deuxième et j'avais dû renoncer au classement général, alors gagner le dernier jour à l'Alpe comme je l'ai fait, de quoi pouvais-je rêver de mieux pour sauver mon Tour… ? Ce n'est pas la plus dure, ce n'est pas la plus belle, mais c'est l'Alpe d'Huez !

Quels conseils pourriez-vous donner au lecteur qui voudrait s'attaquer à l'Alpe d'Huez ?

Déjà, pour parler de braquet, lors de ma victoire, j'avais mis un 36 x 28, les gens ont du mal à y croire quand je dis ça, mais c'est mieux de tourner les jambes… Je conseille de mettre un 36 x 30, c'est long cette montée, au moins une heure pour les cyclos (souvent plus), alors le conseil, c'est de ne pas s'enflammer dans le premier kilomètre parce qu'après, ça ne débranche pas ! Quant à la gestion de l'effort et les fameux replats après les virages, moi, je ne les prends pas comme de la récup, mais j'essaie de réaccélérer pour la prochaine rampe, pour enchaîner le plus rapidement. Pour les cyclos, ils doivent prendre ces 25 mètres de virage comme un moment de récupération, car c'est le seul répit que l'on ait…

C'est un peu paradoxal, en vous connaissant, vous l'amoureux de la nature, que vous aimiez tant l'Alpe d'Huez, on vous imaginait plus apprécier des petits cols plus préservés…

L'Alpe d'Huez, c'est une montée contradictoire, ce n'est pas une montée que je ferais à l'entraînement, car c'est un peu comme une « autoroute » avec toutes ces voitures et toute cette circulation. Et tu as le col de Sarenne juste à côté, qui est pour moi l'un des plus beaux cols que j'ai faits en France. Tu peux aussi faire ce col magnifique… Moi, je préfère par là. Le mieux, c'est de monter l'Alpe pour le mythe, de le redescendre et d'aller chercher le col de Sarenne pour remonter à l'Alpe d'Huez, parce que de ce côté-là, tu es sûr qu'il n'y a personne…

LE CORMET DE ROSELEND

VIA LE COL DU PRÉ

PRÉSENTATION

UNE PETITE ROUTE AU MILIEU DES ALPAGES.

Un décor digne de *Heidi*, cette série un brin désuète et souvent triste qui a animé nos mercredis après-midi à une époque où Netflix et Facebook n'existaient pas. On se croirait dans le Tyrol ou en Suisse avec ces sapins, et ce vert à perte de vue, ces pentes aux formes douces et arrondies et ces chalets en bois à flanc de montagne. Bercé par le cliquetis des cloches accrochées aux cous des vaches, vous ressentez une incroyable quiétude malgré l'effort. De la sérénité se dégage de cet endroit. Le Beaufortain est un joyau, assez peu connu, une région qui recèle de trésors comme le col du Pré. Il y a de la poésie dans cet endroit, je crois.

C'est un lieu qui me rappelle pourquoi j'aime ce sport passionnément, pour découvrir des paysages aussi beaux et préservés. Et y être seul. Mais je ne vais pas vous parler que du col du Pré. Non, je vous propose deux cols en un. Le Cormet de Roselend *via* le col du Pré.

Il y a deux façons de monter le Cormet de Roselend en venant de Beaufort : prendre la route principale par la D925 ou par le versant ouest en prenant à Arêches le col du Pré par la D218, puis reprendre la route du Cormet au barrage. C'est l'option que je vous propose. Celle choisie par le Tour de France 2018. Plus dure, beaucoup plus dure mais tellement plus nature, plus authentique avec ses routes étroites, ses vues abso-

lument superbes et sa tranquillité. Le col du Pré est assez peu connu, mais il est redoutable, à cause de ses pourcentages, 12,6 kilomètres en partant de Beaufort à 7,7 %. Mais le vrai début du col se trouve à Arêches. Et là, vous ne passez plus sous les 7,5 % pendant 7 kilomètres. Sur une route cabossée au début, puis granuleuse. Une route qui tournoie avec ses lacets dans les alpages, puis dans la forêt. Ce col est redoutable. Il culmine à 1 748 mètres et permet de basculer pour rejoindre la route traditionnelle du Cormet de Roselend. Là vous attend une descente de 2 kilomètres qui plonge littéralement dans le barrage de Roselend. S'il fait beau, c'est superbe. Puis après avoir roulé sur ce barrage de 800 mètres de long mis en eau en 1960, vous attaquez le deuxième gros morceau de la journée avec 6 kilomètres pour atteindre le sommet du Cormet de Roselend à 1 968 mètres. Là, le décor n'est plus du tout le même. L'aspect bucolique laisse place à la haute montagne et ses parois parfois hostiles. Ici, plus de vert ou presque, vous êtes entouré de roches grises qui savent se montrer oppressantes… Mais franchement, après ce que vous avez fait, cela paraît presque facile, du moins abordable par rapport aux pourcentages impressionnants du col du Pré.

Mais après 20 kilomètres, vous commencez à avoir mal aux jambes. Sur la droite, des torrents, des petites cascades, puis des tourbières que l'on retrouve beaucoup dans la région… Vous n'êtes pas à 2000 mètres mais presque… 1968 mètres d'altitude et des petits cours d'eau çà et là… Cet enchaînement vaut vraiment le coup. Difficile, préservé et tellement varié. Si vous faites demi-tour, cela mérite bien une petite halte dans une coopérative de Beaufort pour se ravitailler !

PROFIL

12,6 KILOMÈTRES À 7,7 %, PUIS 5,7 KILOMÈTRES À 6,5 % DE MOYENNE
POURCENTAGE MAXIMUM : 12 %
CLASSÉ HORS CATÉGORIE
NIVEAU : CONFIRMÉ

En optant pour le col du Pré, on monte quasiment deux cols. Le col du Pré est plus dur que la route « classique » et ne redescend pas sous les 9 % après le cinquième kilomètre. Dites-vous que vous avez fait le plus dur avec ce col qui ne nous facilite pas la tâche niveau difficulté.

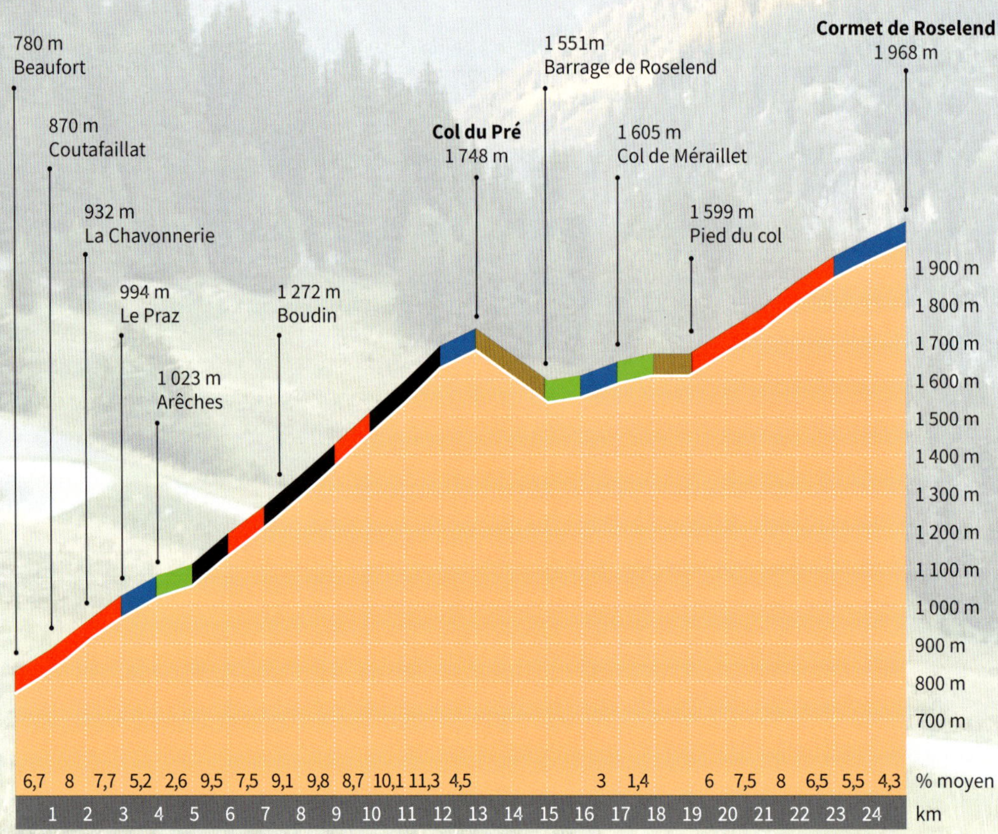

CONSEILS

MON CONSEIL MATOS

Pour passer le col du Pré et ses parties très raides, jouez la prudence avec un 36 ou même un 34 x 28.

Vous pouvez aussi utiliser des roues carbone légères pour la petite descente et la partie roulante sur le barrage.

LE BON PLAN

À Beaufort, c'est un incontournable, allez à la coopérative acheter du fromage du même nom. Fruité, aux saveurs de foin, ce Beaufort est un régal. L'autre spot incontournable, c'est la vue sur le lac du barrage de Roselend.

Arrêtez-vous pour la regarder dans la descente, puis pour prendre un verre en terrasse à l'Étoile des neiges au bord de l'eau.

MA MONTÉE

DATE : 23 MAI VERS 10 H 30
CONDITIONS MÉTÉO : TEMPS COUVERT ET LÉGÈREMENT PLUVIEUX, 15 °C À BEAUFORT
TEMPS RÉALISÉ : 1 H 15 (JUSQU'À 3 KILOMÈTRES DU SOMMET)

Soyons honnête, je vais vous parler d'un col dont je n'ai pas vu le sommet, en tout cas pas ce jour-là (j'y étais déjà monté auparavant). Pas que je n'avais plus les jambes pour aller là-haut. En fait, j'ai dû rebrousser chemin à moins de 3 kilomètres du sommet du Cormet de Roselend, bloqué par la neige et les déneigeuses. Fin mai ! J'ai essayé, mais les pneus lisses de mon vélo ne sont pas très adaptés au pilotage sur neige !

Je vais vous parler du reste de ma double ascension et de cette découverte du col du Pré. En partant de Beaufort, ça monte d'entrée, et je prends cela comme un bon échauffement. 3 kilomètres entre 6,5 et 8 %. En arrivant à Arêches, je tourne à gauche et là, le col commence vraiment. En tout cas, c'est ce que je me dis. Je ne savais pas qu'il commençait en fait à Beaufort. Ce qui me surprend, c'est cette route abîmée avec des trous et des nids-de-poule. Là, un premier virage à gauche. Je prends mon rythme sur un premier kilomètre à 7 %. J'enchaîne les lacets qui me permettent de reprendre un peu de vitesse. Je suis seul au monde. Aucune voiture ne vient troubler ce moment de quiétude et d'effort solitaire. Je regarde sur la droite et je découvre une vue magnifique. Le décor est magique. Je suis seul au monde donc, ou presque, avec mes copines les vaches qui semblent tellement bien ici. Chez elles en fait. Ces mêmes vaches qui nous offrent ce délicieux Beaufort... On sent d'ailleurs l'odeur de leur bouse et, franchement, j'adore. Là, on est dans la nature dans ce qu'elle a de plus beau.

J'avance sur une route étroite : 2 mètres, 2,50 mètres maximum. Et dans le col du Pré, pas de panneaux sur le côté pour m'indiquer le nombre de kilomètres restant et le pourcentage moyen de chaque borne. Tout cela est fidèle au lieu, préservé, nature et bucolique. 3 kilomètres après Arêches, la route se raidit. Je ne sais pas à quelle sauce je suis mangé mais, à cet endroit, on est entre 9 et 9,8 % de moyenne. Pourtant, je suis bien et monte à mon rythme. À environ 11 km/h sur le 34 x 28. Ce col est un régal ! Je ne me lasse pas de contempler la vue. Malgré la difficulté de la pente, je savoure et apprécie le fait de découvrir un endroit aussi beau. Et comme cela, ça passe plus vite ! Jamais je ne trouve le temps long.

Je rentre dans la forêt de sapins. C'est de plus en plus pentu et dur, à plus de 10 %, mais j'arrive à garder mon rythme et à avancer de façon régulière, à 10 km/h. Surtout ne pas s'impatienter et avancer, sans penser. Regarder devant. On est à près de 1 600 mètres, un petit replat qui fait du bien. Les nuages montent petit à petit et recouvrent le sommet. Il se met à pleuvoir, juste ce qu'il faut pour me rafraîchir... Au bout de 40 minutes, j'arrive au sommet du col du Pré. L'ascension était moins dure et moins longue que je ne le pensais, car j'ai cru que le col partait d'Arêches alors que, dans les profils, le début est répertorié 3 kilomètres plus bas à Beaufort. Il y a encore un peu de neige sur les côtés. J'attaque une petite descente d'un tout petit peu plus de 2 kilomètres. Je me laisse griser par la beauté du paysage. J'ai l'impression de plonger dans la retenue du barrage de Roselend, mais je suis vite rappelé à la raison. Je pars à la faute et manque de percuter le muret sur la gauche ! Je m'en sors bien. Puis j'arrive sur le barrage proprement dit, qui est un brin hostile, j'avoue.

J'aperçois plus haut la route qui serpente jusqu'au sommet du Cormet de Roselend. J'ai froid. Il fait moins de 8 °C. Sous les nuages, le lieu est gris, inamical, presque menaçant, comme sait l'être la haute montagne que j'approche... Je vois le panneau « route barrée », mais je m'y engouffre sans savoir jusqu'où je pourrai aller. Sur la droite, deux grandes cascades, impressionnantes et pas très accueillantes, elles non plus… Dans cette montée, je ne sens pas mes jambes. En fait, après le col du Pré, cette dernière montée paraît vraiment abordable et je me surprends à accélérer et à rouler à plus de 15 km/h. La route est complètement éventrée en son milieu, sans doute endommagée par la neige. Sur ma droite, des congères de neige de plus de 3 mètres. Devant moi, des déneigeuses, et je comprends que mon périple s'arrête là. Je ne verrai pas le sommet et ne pourrai pas y faire les fameux selfies… J'ai le souvenir de tourbières et de petits points d'eau. L'endroit est magnifique en été lorsqu'il fait beau. À ce moment-là, j'ai en tête la phrase de Romain Bardet pour décrire les cols comme « ces lieux fermés d'octobre à mai, qui se font désirer ». On est fin mai et le Cormet de Roselend s'est fait désirer. Mais j'ai découvert un col sublime pour y monter. Seul au monde.

SUR LE TOUR

Pour le grand public, le Cormet de Roselend est moins associé au Tour de France que ne peuvent l'être le Galibier, l'Izoard ou la Bonette. Disons qu'il n'est pas considéré comme l'un des géants des Alpes. Pourtant, ce col a été emprunté à onze reprises par le Tour de France. Le 13 juillet 1979, les coureurs le découvrent lors de l'étape Morzine-les-Ménuires. Henk Lubberding devient le premier de l'histoire à franchir le sommet du Cormet de Roselend dans le Tour. Le champion des Pays-Bas passe avec 2'28" d'avance sur Kelly, Bonnet et Laurent. Il est repris à une quinzaine de kilomètres de l'arrivée aux Ménuires, Lucien Van Impe s'impose devant Bernard Hinault et Claude Criquielion. Joop Zoetemelk, lui, a craqué et perd près de 1 minute sur Hinault qui consolide son maillot jaune. À l'arrivée à Paris, le Français remporte son deuxième Tour avec plus de 13 minutes sur le Néerlandais.

En 1992, le Cormet de Roselend sert de tremplin à Claudio Chiappucci qui franchit seul ensuite l'Iseran, le Mont-Cenis, puis enfin la montée vers Sestrières. L'Italien prend en chasse un groupe de onze hommes dans la descente du col des Saisies, puis les rejoint à Beaufort. Après avoir gravi le Cormet avec eux, il s'en va seul dans l'Iseran pour aller s'imposer devant son public à Sestrières pour ce qui restera l'un des plus grands exploits de l'histoire du Tour, certes entouré de suspicions. Pascal Lino, lui, perd son maillot jaune dans cette fameuse étape. Après avoir grimpé le Cormet, il attaque dans l'Iseran Miguel Indurain sur lequel il n'a plus qu'1'27 d'avance au classement général, avant de rendre les armes dans dans le Mont-Cenis après dix jours passés en jaune.

Trois ans plus tard, en 1995, le Cormet de Roselend est situé cette fois en fin d'étape. Et lors de cette étape entre Le Grand-Bornand et La Plagne, il est le théâtre d'un autre exploit solitaire. C'est un Suisse, Alex Zülle, qui en est l'auteur. À près de 100 kilomètres de l'arrivée, il part dans le col des Saisies, accompagné par Bo Hamburger. Les deux hommes rejoignent vite Muñoz qui était seul en tête. Dès les premières rampes du Cormet de Roselend, Zülle distance ses deux compagnons d'échappée. Au sommet du col, il compte près de 5'30 d'avance sur le peloton, alors qu'il pointe à 4'30 au général de Miguel Indurain. Autrement dit, il est en train de faire un putsch et de contester la suprématie du coureur de Pampelune. Indurain l'a compris et au pied de la Plagne, la dernière difficulté du jour, il lâche un à un tous ses rivaux. Assis, en force, il écrase les pédales et le Tour, et revient à 2 minutes de Zülle. Le Suisse remonte à la deuxième place du général derrière Miguel Indurain qui va bientôt remporter son cinquième Tour de France.

Le Cormet de Roselend aura décidément marqué la carrière d'Alex Zülle puisque, après avoir vécu l'étape comme dans un rêve en 1995, il vit une journée cauchemardesque dans ce col un an plus tard. Ce 6 juillet 1996, il tombe des cordes, la montagne se drape d'un épais brouillard et le Suisse qui porte des lunettes n'y voit plus rien. Il chute dans la descente à deux reprises sans gravité. Aux Arcs, il termine finalement à 3'29" du vainqueur. L'étape est marquée par une autre chute spectaculaire dans la descente du Cormet de Roselend, celle de Johan Bruyneel. Le Belge, qui deviendra deux ans plus tard le mentor de Lance Armstrong, ne parvient pas à freiner sur une route détrempée et fait un tout droit dans le ravin. Aidé par un suiveur, il remonte et repart. Le col du Beaufortain sera également fatal à Stéphane Heulot. Lâché dans la Madeleine, le maillot jaune abandonne à 2 kilomètres du sommet du Cormet à cause d'une vive douleur au genou.

Devant, Luc Leblanc, lui, est euphorique. Le champion du monde 1994 s'envole vers la victoire aux Arcs. Ce jour-là, ironie de l'histoire, un an après avoir craqué dans le Cormet et avoir terminé à plus de 17 minutes, le Russe Evgueni Berzin s'empare cette fois du maillot jaune pour seize centièmes d'avance sur Abraham Olano.

Nous éviterons de parler de la démonstration de Michael Rasmussen sur les pentes du Cormet en 2007, avant d'être exclu par son équipe pour avoir menti sur sa localisation et s'être dopé.

Un autre coureur, beaucoup plus recommandable, marque de son empreinte ce col. En 2009, lors de l'étape Bourg-Saint-Maurice-Le Grand Bornand, Thor Hushovd va surprendre tous les suiveurs. Le Norvégien est en effet tout sauf un grimpeur. Il pèse plus de 80 kilos et est l'un des meilleurs sprinteurs du monde. Mais il parvient à se trouver dans le groupe de tête dans le Cormet de Roselend, première difficulté de la journée. Coup de maître, car, après la descente, il y a un sprint intermédiaire avec des points pour le maillot vert de meilleur sprinteur. Le Norvégien le remporte, accroît son avance sur Mark Cavendish et prouve qu'il est bien le meilleur grimpeur des sprinteurs.

En 2018, le Tour de France découvre le col du Pré et effectue pour la première fois l'enchaînement avec le Cormet dans sa partie finale à partir du barrage. La onzième étape relie Albertville à La Rosière. Deux Français animent cette double ascension. Julian Alaphilippe, d'abord, maillot à pois sur les épaules depuis la veille, s'échappe dans le col de Bisanne dans un groupe de cinq avec notamment Warren Barguil, le porteur de ce fameux maillot en 2017. Alaphilippe passe en tête du col et consolide son avance au classement de la montagne. Mais, fatigué de ses exploits de la veille et de sa victoire au Grand Bornand, le Français s'écroule dans le col du Pré. Warren Barguil, lui, est emmené dans un fauteuil par ses deux équipiers Amaël Moinard et Élie Gesbert au sein d'un groupe d'une dizaine de coureurs. Le Français bascule en tête au sommet du col du Pré, puis du Cormet de Roselend et inscrit des points précieux pour récupérer le maillot de meilleur grimpeur qu'il avait remporté un an plus tôt. Derrière, Alejandro Valverde, l'un des favoris, ose enfin attaquer Chris Froome et les Sky. Attendu par son équipier Marc Soler, il part de loin dans le col du Pré et continue sa chevauchée dans le Cormet. Mais il sera repris, happé par l'armada Sky dans la montée vers La Rosière. Une nouvelle fois, l'équipe britannique est intraitable et frappe un grand coup avec la victoire de Geraint Thomas et la démonstration de Chris Froome.

En 2018, le Tour de France découvre le col du Pré. Les Fortuneo Samsic y dynamitent la course pour aider Warren Barguil à reprendre le maillot du meilleur grimpeur.

INTERVIEW

ÉLIE GESBERT

LE CORMET DE ROSELEND (*VIA* LE COL DU PRÉ) ET ÉLIE GESBERT

Élie Gesbert est considéré comme une pépite et l'un des plus grands espoirs du cyclisme français. Passé par le VCP Loudéac, il est depuis 2016 au sein de l'équipe Fortuneo Samsic avec qui il a disputé deux Tours de France et dans laquelle il est devenu l'un des plus précieux équipiers de Warren Barguil.

Racontez-nous votre première expérience dans le col du Pré et dans le Cormet de Roselend…

C'était lors du Tour de l'Avenir en 2015 quand Guillaume Martin avait gagné à La Rosière. C'était la première fois que je faisais l'enchaînement de ces deux cols. Je les avais trouvés beaucoup plus durs et plus longs que sur le Tour…

Et sur le Tour justement ?

C'était cette année en 2018, on était déjà échappés depuis le départ. L'objectif était de faire le « taf » (le travail) pour Warren (Barguil) et pour l'emmener le plus loin possible afin qu'il inscrive des points pour le classement de la montagne et qu'il gagne l'étape. Maxime Bouet a fait le pied du col et nous, avec Amaël Moinard, on a fait le tempo à partir de la sortie d'Arêches. C'est vraiment là que c'est compliqué de trouver son rythme parce que, avant, c'est roulant, on est presque à 30 km/h, puis on change de rythme d'un coup. C'est très dur.

Racontez-nous votre ascension et le sentiment de peser sur le déroulement de la plus grande course du monde.

Forcément, ça fait quelque chose, quand à l'oreillette on te dit que Pierre Rolland, puis Julian Alaphilippe explosent, quand tu entends que tu fais exploser le groupe de tête. Ça te donne du courage. Et il y a aussi l'engouement du public qui amplifie cette sensation, ça donne de la force en plus…

C'est un col qui est particulier du fait des changements de rythme. J'ai un peu de mal à faire un tempo, c'est-à-dire à monter à un rythme très régulier, je n'ai pas encore l'expérience d'un coureur comme Amaël Moinard. Je me faisais un peu engueuler parce que je mettais des à-coups ou des changements de rythme, il me disait de réguler mon allure…

Vous souvenez-vous d'avoir reconnu ces cols ? Et en quoi est-ce que cela aide le jour de la course ?

Non, pas du tout, je ne les ai pas reconnus… Je me souvenais bien quand même des deux cols, mais le jour où je les ai faits sur le Tour de l'Avenir, je n'étais pas aussi en forme. Et j'étais beaucoup plus jeune, je pense que, sur le Tour, j'étais très bien ce jour-là…

Là, ce n'est pas un col, mais un enchaînement de deux cols, l'un très dur et l'autre un peu moins, est-ce que cela change quelque chose ?

Oui, carrément, entre les deux, il y a une descente qui fait 4 ou 5 kilomètres. Elle est vraiment courte et, après, on prend le barrage et, tout de suite, on attaque des rampes très dures. Ça casse les pattes, c'est différent d'un col classique de 20 kilomètres avec une descente. Et le Cormet, c'est plus court, certes, mais, avec l'enchaînement, on peut parler d'un même col. Cela ne m'a pas posé de problème, je me dis : « Tu as basculé de celui d'avant, ça va aller, il y a moyen de basculer. » J'étais avec Warren, c'est une motivation particulière, je me dis : « Je me livre à 200 % pour un mec qui peut aller chercher l'étape » et ça, c'est une victoire d'équipe…

Avez-vous d'autres souvenirs ou anecdotes sur ce col ?

Au Tour de l'Avenir, je me rappelle Jérémy Maison qui avait chuté entre les deux cols dans la descente. Je me souviens l'avoir vu au bord de la route avec la clavicule dans le sac (*sic*) !

Selon vous, qu'est-ce qui est déterminant pour passer en tête au sommet de ces deux cols ou s'y imposer ?

C'est d'essayer de rester sur un train le plus régulier possible en termes de watts, d'être sur un tempo pas supérieur à ce que l'on peut faire, de garder une puissance réalisable mais soutenue sans jamais se mettre au-dessus et d'être bien sûr un bon grimpeur. Pendant la montée, je regardais mon capteur de puissance, et je me fixais à 320-330 watts… Il ne fallait pas oublier non plus qu'il y avait un col avant avec Bisanne, puis la montée finale vers La Rosière…

Quelles sont, selon vous, les meilleures conditions climatiques pour grimper ces deux cols ?

Ce sont les conditions que l'on avait lors de l'étape du Tour : pas un cagnard trop intense, une température supportable entre 25 et 28 °C et de l'air pour respirer. Le pire, c'est d'avoir une grosse chaleur et pas d'air pour respirer quand ça ne roule pas vite dans un col…

Que représente ce col pour vous et dans votre carrière ? Et qu'est-ce que vous aimez ou n'aimez pas dans ce col ?

Il m'a permis de pouvoir peser sur la course dans le Tour de France, d'être acteur et de me dire : « J'ai mon mot à dire. » Et rien que cela, ça donne des frissons. En revanche, je n'ai aimé ni le revêtement – c'est râpeux et ça ne rend pas très bien – ni l'aspect irrégulier de ce col.

Quels conseils pourriez-vous donner au lecteur qui voudrait s'attaquer au col du Pré et au Cormet ?

Je conseillerais au moins d'avoir un braquet adapté comme un 36 x 32 ; moi, j'avais un 39 x 32…

Le col du Pré est un endroit magnifique mais, en course, avez-vous le temps de profiter du paysage ?

Oui, c'est très beau. Surtout le col du Pré, puis, quand tu arrives du côté du barrage, la beauté de cet endroit te marque, mais je ne regarde pas forcément le paysage, peut-être en revenant en vacances un jour, mais ce n'est pas le truc majeur que je regarde…

Sur le Tour 2018, Élie Gesbert fait un énorme travail pour son leader Warren Barguil dans le col du Pré qu'il grimpe pour la deuxième fois de sa jeune carrière.

JOUX PLANE

PRÉSENTATION

JOUX PLANE RESTERA D'ABORD CONNU COMME LE CAUCHEMAR ET LE COL HONNI PAR LANCE ARMSTRONG !

Le seul endroit où en sept ans de règne et d'imposture, l'ancien dopé a essuyé une défaillance. Sans perdre le Tour, il a craqué ce jour de juillet 2000. C'est tout sauf un hasard. Car au-delà de cet épisode qui restera forcément dans la (sombre) histoire du cyclisme, Joux Plane est un col qui vous pousse dans les cordes et vous met K.-O.

« C'est un col qui vous lamine. Quand tu l'as déjà monté, tu sais que tu vas perdre contre Joux Plane. Quel que soit le coureur, il est sûr de perdre. La souffrance est horrible, tous ceux qui y basculent le font dans la souffrance, on ne peut pas sortir indemne d'une montée dans Joux Plane » prévient l'ancien porteur du maillot jaune Cédric Vasseur. De quoi vous décourager de vous attaquer à ce col. Cédric Vasseur, encore lui, m'a toujours dit que Joux Plane était selon lui l'un des cols les plus durs de France avec le Ventoux et le mont du Chat ! C'est dire ! Me voilà et vous voilà prévenus ! Et un peu refroidis…

Je vous parle du côté emprunté par le Tour en venant de Samoëns, c'est d'ailleurs celui que je vous conseille. Joux Plane est redoutable, vous l'aurez compris, mais court. Il ne fait que 11,6 kilomètres mais à 8,5 % de moyenne. Ici, contrairement au Galibier (p. 12) ou à l'Iseran (p.80), vous n'avez jamais l'impression d'être en haute montagne, et vous n'y êtes pas ! Au sommet, vous n'êtes « qu'à » 1 691 mètres d'altitude. Même pas le point de départ de l'Iseran ! Pas d'impression donc d'être asphyxié par le manque d'oxygène, mais une terrible souffrance qui vous rappelle que vous grimpez un monstre. Pourtant, ici, pas de roches ni de pierres ou très peu. Jamais de gris, non, du vert à perte de vue du début à la fin. Avec des changements de végétation, des alpages à la forêt, puis aux sapins. Le vert est là, même au sommet.

Pourtant, Joux Plane vous fait mal et vous remet à votre place si vous ne le prenez pas au sérieux. Il n'y a qu'à voir le profil du col pour comprendre que sa réputation n'est pas usurpée. Sur ce profil, il n'y a que du rouge et du noir, couleurs stendhaliennes comme une métaphore de la souffrance, preuve qu'on ne descend jamais sous les 7 %. Hormis 2 kilomètres de « répit » à 6,8 %, on est toujours entre 7,2 et 10,5 % ! Ça part fort d'entrée, à près de 10 %. Un peu comme dans l'Alpe d'Huez (p. 38), on « tape la tête dedans » comme disent les coureurs. Pas possible de s'échauffer, du moins de prendre un rythme, on essaie d'avancer, on survit et on voit ! Puis, on s'accroche jusqu'à cette forêt qui annonce le sommet.

Elle vous offre peu d'ombre, le pied du col étant totalement à découvert et donc sans la moindre possibilité de s'abriter lorsqu'il fait beau et chaud. Et là, c'est une fournaise. La troisième difficulté, en plus du pourcentage et de la chaleur, c'est la route elle-même. Elle ne rend pas. Granuleuse, elle vous donne cette sensation d'être collé !

Au sommet, la vue qui s'offre à vous est à couper le souffle ! Lorsqu'il fait beau, vous surplombez la vallée du Giffre et pouvez presque toucher le Mont-Blanc ! Sur votre gauche, un petit lac et sa petite île. Malgré sa faible altitude, ce col est un épouvantail, et rappelez-vous cette phrase de Cédric Vasseur, en guise d'avertissement : « On ne sort pas indemne d'une montée comme Joux Plane ! » Lance Armstrong peut le confirmer !

PROFIL

11,6 KILOMÈTRES À 8,5 % DE MOYENNE
POURCENTAGE MAXIMUM : 13 %
CLASSÉ HORS CATÉGORIE
NIVEAU : CONFIRMÉ

Joux Plane est un mur, pas très long certes mais impitoyable. Hormis 3 kilomètres à moins de 8 %, vous ne descendrez pas en dessous, surtout à partir du septième kilomètre. Là, préparez-vous à souffrir, constamment au-dessus des 9 % hormis sur un dernier « replat » à 8 % sur le dernier kilomètre !

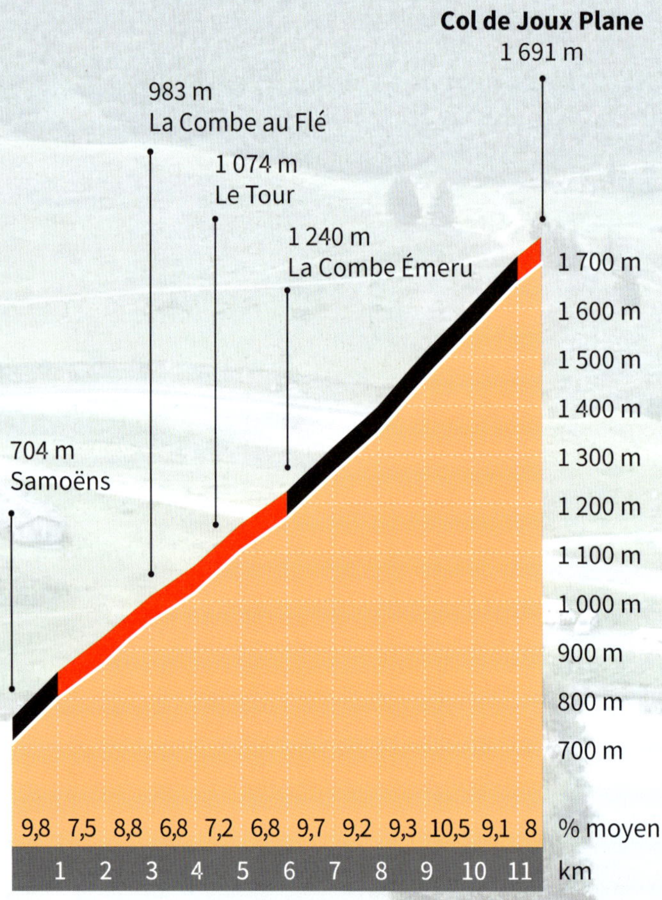

CONSEILS

MON CONSEIL MATOS

Ici, un 34 x 28 ou 30 est idéal. Vu les pourcentages, armez-vous de patience et tournez la patte.

Et prenez les roues les plus légères.

LE BON PLAN

Soyez attentif, après une première forêt, à mi-col, sur la gauche de la route, vous verrez une table avec des pichets d'eau. Ce sont des habitants qui les mettent à disposition des cyclistes pour remplir leurs bidons pendant l'été ! Ce sera très utile vu la fournaise que peut être Joux Plane.

MA MONTÉE

JOUR : 22 MAI VERS 10 H 30
CONDITIONS MÉTÉO : BEAU, 23 °C À SAMOËNS
TEMPS RÉALISÉ : 1 H 02

Cédric Vasseur m'avait prévenu, j'allais perdre contre Joux Plane. En même temps, je gagne rarement contre les cols, mais j'étais prévenu et prêt à souffrir encore plus qu'ailleurs… Et dès le début, j'ai compris. J'ai compris à quelle sauce j'allais être mangé.

Sur la place du centre-ville de Samoëns, un virage à gauche et là, la rampe qui se dresse devant moi me rappelle celle de l'Alpe d'Huez (p.38). Autrement dit, c'est très raide et ça fait mal dès les premiers mètres. J'ai beau être frais, je suis déjà tout à gauche, c'est-à-dire que je mets le braquet le plus petit avec un 34 x 32. Le soleil commence à cogner. En 1 kilomètre, j'ai un bel aperçu de ce que peut être Joux Plane et ai déjà tout ce qu'on m'avait promis, ça commence fort ! Et puis, un léger replat me permet de récupérer et surtout de reprendre mon souffle. Après 2 kilomètres, je commence à trouver mon rythme, entre 10 et 12 km/h, je tourne les jambes sur le 34 x 28. Au lieu-dit La Combe au Flé, encore un replat après 1 kilomètre à 7 %. Je baisse des dents et suis désormais à 15 km/h, ce qui, j'avoue, ne m'arrive pas souvent dans les cols. En passant devant des maisons, je dois même accélérer, attaqué par deux chiens qui veulent me mordre les jambes ! Comme si le col n'était pas assez dur ! J'ai bien

accéléré et sors indemne de cette attaque-surprise et un peu déloyale ! Un peu plus pacifiques, les vaches sur la gauche de la route dans les alpages viennent me dire bonjour, j'en profite pour faire une petite pause… De part et d'autre de la route, le vert des herbes hautes se mêle au jaune des fleurs de montagne. C'est joli, bucolique, et la vue est grandiose sur la vallée du Giffre… Le problème, c'est qu'il n'y a pas un gramme d'ombre. Heureusement, j'ai la chance qu'il ne fasse pas très chaud et que quelques nuages bien intentionnés viennent me protéger du soleil…

Du troisième au sixième kilomètre, j'aborde 3 bornes autour des 7 %. Et ça me va bien. Des lacets me permettent de récupérer et de reprendre un peu de vitesse. Contrairement à un col comme le mont du Chat (p. 140), ici, je peux accélérer et roule par moments entre 13 et 15 à l'heure. Cela devient de plus en plus dur mais les lacets m'aident un peu. Je gère plutôt bien ma montée mais on m'a tellement décrit Joux Plane comme un monstre que je m'attends à tout. À souffrir en tout cas. J'avais raison, après 6 kilomètres, un mur ! J'étais bien, je commençais à me dire qu'on m'avait survendu ce col, eh bien non ! C'était vrai ! Je suis cloué à 7 km/h. Je reconnais cet endroit et des images me reviennent… Elles me replongent dans mon enfance et mon adolescence… Je me souviens de Laurent Fignon en train de sauver son maillot jaune ou de Richard Virenque et de Jan Ullrich faisant vivre l'enfer à Lance Armstrong. Ces images me font oublier ma souffrance l'espace de quelques secondes.

À partir de là, à 6 kilomètres du sommet, on ne redescend plus sous les 9 % ! J'essaie de me relancer dans la Combe Émeru, mais la pente m'empêche désormais d'accélérer. J'ai l'impression d'être sur une pente irrégulière, d'être bien par moments et, quelques mètres plus tard, d'avoir un coup de bambou. J'arrive dans la forêt qui me rappelle un peu celle de l'Izoard (p. 30). Ici, c'est usant mais je prends du plaisir. Le sommet s'approche doucement. Et puis à 1,5 kilomètre de la fin du col, je tombe sur un panneau « route barrée » annoncé dès le début de la montée. Je décide de passer quand même. Le dernier kilomètre est long. Je vois le sommet de loin mais il prend son temps pour arriver, ou c'est moi peut-être ! On m'avait parlé d'une chaleur écrasante, d'un four, là, à plus de 1 600 mètres d'altitude ; c'est plutôt un frigo. Il fait moins de 10 °C. La preuve, sur les côtés, il y a encore de la neige. Cette neige qui recouvre la route au sommet et qui empêche de basculer vers Morzine. C'est fou, en tout cas étonnant, de voir cela fin mai dans ce col qui ne dépasse pas les 1 800 mètres.

Au final, je pensais que je souffrirais plus dans Joux Plane, que j'ai trouvé très dur bien sûr mais plus abordable que le mont du Chat. Sans doute parce que les conditions météo et la douceur relative des températures ont rendu cette montée moins terrible qu'elle ne peut l'être l'été. Alors, je ne sais pas si j'ai perdu contre Joux Plane comme on me l'avait promis, mais j'ai pris beaucoup de plaisir à grimper ce col redouté par les coureurs. Donc, je dirais que j'ai presque gagné !

« Et Armstrong vient de se rasseoir et est en train de perdre, allez, il y a 7-8 mètres. Jan Ullrich s'est retourné et il a vu que Lance Armstrong était en difficulté ! Armstrong est en train d'être décroché, c'est incontestable ! » hurle Jean-René Godart de la moto 1 de France 2. Et il y a de quoi ! Ce sera la première et la seule fois en sept années de règne sans partage que l'Américain se trouvera en difficulté. Ce fut donc « la journée la plus difficile de sa vie sur un vélo ».

Ce 18 juillet 2000, l'étape fait 196,5 kilomètres et emprunte le col des Saisies, des Aravis, de la Colombière, la côte de Châtillon et donc Joux Plane. Ce jour-là, Marco Pantani veut prendre sa revanche sur l'Américain justement. La veille, Armstrong a regretté publiquement son offrande en haut du Ventoux faite à Pantani. Deux jours plus tôt en effet, le Boss avait laissé la victoire au Romagnol au sommet du mont Chauve. L'Italien est vexé. Et il a de l'orgueil. Alors, il s'échappe dès les premiers lacets du col des Saisies avec Fernando Escartín et Pascal Hervé, avec encore trois cols au programme dont Joux Plane. L'écart ne dépassera jamais les 2 minutes.

En attaquant dans la descente de la Colombière, Richard Virenque condamne le raid de Pantani. Dans Joux Plane, le Romagnol est en perdition et ne rééditera pas son exploit réalisé trois ans plus tôt où il avait pourtant battu Virenque et Ullrich sur ces mêmes pentes : « Comme j'étais le seul à travailler devant, je n'ai pas pu m'alimenter convenablement. En ne prenant que du sucre et du liquide, j'ai assez vite eu des maux de ventre qui m'ont affaibli. Par moments, la douleur était terrible et mes jambes m'ont lâché. » Il finira trente-huitième de l'étape à 13'44'' du vainqueur Richard Virenque et ne prendra pas le départ le lendemain mais sera parvenu à ses fins en faisant rouler l'US Postal et en faisant perdre Amrstrong.

À 7 kilomètres du sommet de Joux Plane, l'Américain est encore avec Jan Ullrich et Richard Virenque. Le Français et l'Allemand sentent soudain Armstrong lâcher 2, puis 3, puis 10 mètres. Et accélèrent donc ! Armstrong lâché ! À l'époque, on ignore que ce sera la seule et unique défaillance (durant son règne de 99 à 2005 et avant son retour raté) de celui qui n'a encore remporté qu'un seul Tour de France. Virenque et Ullrich s'en vont et lâchent Armstrong. Rarement, on a vu l'Américain dodeliner ainsi, piocher et avoir ce coup de pédale saccadé. Armstrong dira qu'il a oublié de s'alimenter. Soit… On ne connaîtra jamais les vraies raisons de cette défaillance !

Toujours est-il que Richard Virenque, lui, s'en va seul en danseuse, bouche grande ouverte, et lâche à son tour Ullrich. L'Allemand continue d'emmener de la « braquasse » (son grand braquet) avec une force incroyable. Pendant ce temps-là, Richard Virenque a repris Roberto Heras seul en tête. Les deux hommes font la descente ensemble, mais l'Espagnol part à la faute et rate un virage à 2 kilomètres de l'arrivée. Virenque triomphe à Morzine et prend sa revanche deux ans après avoir été exclu du Tour lors de l'affaire Festina. Armstrong termine huitième à 2'01 d'Ullrich, deuxième, mais conserve 5'37'' d'avance sur l'Allemand. Un matelas suffisant pour remporter son deuxième Tour de France malgré cette alerte, la seule de sa carrière. Deux ans après « la journée la plus difficile de sa vie sur un vélo », le leader de l'US Postal prendra sa revanche en s'imposant à Morzine, *via* Joux Plane, sur le Dauphiné et en dédiant son succès au col qui lui avait causé tant de misères. En 2012, après le rapport de l'agence américaine antidopage et ses aveux à Oprah Winfrey, il sera rayé des tablettes.

Hormis cette édition qui a marqué les esprits, le Tour de France a emprunté onze autres fois le col de Joux Plane. Toujours dans le même sens, en venant de Samoëns pour arriver ensuite à Morzine. Un autre Américain a marqué lui aussi de triste manière ce col, dans ce que l'on considéra un instant comme un véritable exploit.

Ce 18 juillet 2000 dans Joux Plane, Lance Armstrong connaît la journée la plus dure de sa carrière. À l'arrivée, il perd du temps sur Jan Ullrich et Richard Virenque mais remportera son deuxième Tour de France.

Dopé lui aussi, rattrapé lui aussi par la patrouille : Floyd Landis.

La veille, l'Américain de la Phonak avait craqué dans la montée vers la Toussuire et perdu son maillot jaune. Le lendemain, Landis part dès le pied du col des Saisies et se lance dans une échappée en passant seul les Saisies donc, les Aravis, la Colombière, la côte de Châtillon, puis Joux Plane. 130 kilomètres de raid solitaire pour Floyd Landis, plus rapide que le peloton lorsque celui-ci se mit en route. Tout simplement improbable et impossible ! À Morzine, l'Américain s'impose avec 5'29" d'avance sur l'Espagnol Carlos Sastre et remporte le Tour quelques jours plus tard. On apprendra trois jours après l'arrivée à Paris que Landis a été contrôlé, le soir de Morzine, positif à la testostérone. Je serai quelques mois plus tard le premier journaliste au monde à obtenir une interview avec ce fils d'amish mennonite, qui continuera de s'empêtrer dans son mensonge avant de passer aux aveux l'année suivante.

Américains maudits donc sur Joux Plane, Français heureux. Six coureurs tricolores sont passés en tête au sommet du col. Christian Seznec lors de sa première ascension en 1978, Mariano Martinez en 1980, Robert Alban en 1981, Jacques Michaud en 1983, Thierry Claveyrolat en 1991 et Richard Virenque donc.

Arrêtons-nous sur cette année 1983. Lors de l'étape entre l'Alpe d'Huez et Morzine, vingt-huit coureurs s'échappent dont le Savoyard Jacques Michaud et le Néerlandais Peter Winnen. Le premier chasse l'étape, le deuxième court pour le général. Dans le col des Aravis, l'écart des hommes de tête avec Laurent Fignon, porteur du maillot jaune pour la première fois de sa carrière, est de 4'30". Le Français doit revenir sur Winnen s'il ne veut pas perdre le Tour. C'est ce qu'il fait dans la Colombière en réduisant l'écart.

Devant, Jacques Michaud, lui, est survolté. Il attaque dans la Colombière, saute le ravitaillement, puis gravit seul le col de Joux Plane. Le Savoyard s'impose à Morzine et « vit le plus beau jour de sa vie » comme le commente Robert Chapatte. Dans Joux Plane, c'est l'heure de vérité pour Laurent Fignon. Le Parisien se déhanche sur son vélo, emmène un gros braquet. Et revient au train. Bandeau vissé sur le front, il reprend un à un les anciens échappés. Cyrille Guimard, son directeur sportif vient à sa hauteur et lui dit : « Monte à ta main, tout va bien ! » De cette façon, Fignon reprend Peter Winnen, son principal rival pour le général. Le Parisien termine à 3'42" de Jacques Michaud, mais avec Winnen, et remportera quatre jours plus tard le premier Tour de France de sa carrière !

Quant à la dernière fois que le Tour est venu à Joux Plane, en 2016, pas grand-chose à dire. La veille, Romain Bardet s'est imposé au Bettex et a repris la deuxième place du général derrière Chris Froome. Mais trop loin pour espérer s'emparer du maillot jaune. On attendait quand même des attaques pour déstabiliser l'Anglais ou pour le podium, mais les leaders escamotent Joux Place. À leur décharge, les conditions climatiques dantesques – pluie, froid et brouillard – ont découragé les coureurs ! À Morzine, l'Espagnol Ion Izagirre s'impose devant le Colombien Jarlinson Pantano et l'Italien Vincenzo Nibali… Une arrivée passée un peu inaperçue après Joux Plane… Pas plus mal après les épisodes Armstrong et Landis !

INTERVIEW

CÉDRIC VASSEUR

JOUX PLANE ET CÉDRIC VASSEUR

Cédric Vasseur débute sa carrière professionnelle en 1994 et a notamment couru pour l'US Postal comme équipier de Lance Armstrong, la Cofidis et enfin la Quick-Step. Il dispute dix Tours de France dont il remporte deux étapes, à La Châtre en 1997, année où il portera cinq jours le maillot jaune, puis à Marseille dix ans plus tard. Il est ensuite devenu consultant pour BeIn Sport, puis France Télévisions. Il est désormais manager de l'équipe Cofidis.

Racontez-nous votre première expérience dans Joux Plane…

Ma première expérience dans Joux Plane a été assez douloureuse. C'était en 2000, avec cette fameuse défaillance d'Armstrong, dont j'étais à l'époque le coéquipier. J'ai le souvenir d'une journée particulière. Pantani a voulu se venger, car il avait considéré que la façon de se comporter de Lance en lui offrant la victoire dans le Ventoux quelques jours plus tôt tout en le regrettant publiquement avait été un affront. Dans le Ventoux, il a joué avec Pantani ! Dès le pied des Saisies, on assurait le tempo et quand on a vu Pantani partir seul, on s'est dit qu'on allait passer une sale et très longue journée. Il ne voulait pas gagner le Tour mais faire couler Armstrong et l'US Postal. Il s'est sacrifié, et l'énergie qu'a dépensée Armstrong toute la journée dans cette poursuite effrénée, il l'a payée ensuite dans Joux Plane. Moi, je l'ai monté à 8-9 kmh. Le soir, à l'hôtel, Armstrong est venu nous voir un par un dans nos chambres, chaque coéquipier, en disant : « Les gars, on a failli perdre le Tour, désolé, ça n'arrivera plus ! » Il faisait partie des champions qui ne veulent pas montrer la moindre faiblesse, car il pensait que s'il montrait l'image d'un coureur en difficulté, alors ses rivaux voudraient recommencer à l'attaquer les autres jours. C'était son orgueil, de ne surtout pas montrer le moindre signe de faiblesse. Il nous disait : « Les gars, travaillez pour moi et je gagne ! » Joux Plane a été plus fort qu'Armstrong, et Armstrong n'aimait pas tomber sur plus fort que lui. Preuve que ce col est une « saloperie » !

Vous avez d'autres souvenirs dans Joux Plane ?

Oui, le deuxième souvenir, c'est lorsque Floyd Landis a gagné en 2006, on était tous en file indienne dans le peloton, on était à plus de 7 minutes de lui et on ne pouvait pas aller plus vite. Dans Joux Plane, on luttait pour rentrer dans les délais, ce qui montre bien le côté surhumain de ce qu'a fait Landis, il aurait dû buter dans cette pente après autant de kilomètres seul devant. Mais il a accentué son avance, ça posait des questions et on ne se les est pas posées longtemps avec son contrôle positif !

Cédric Vasseur a une histoire mouvementée avec Joux Plane. L'ancien porteur du maillot jaune y a beaucoup souffert, comme en 2000 où il est alors l'équipier de Lance Armstrong.

Vous souvenez-vous d'avoir reconnu Joux Plane avant ? En quoi cela est-il important ici ?
Oui, bien sûr, il faut absolument le reconnaître, c'est un avantage, une nécessité. Il n'est pas possible d'aborder Joux Plane en fin d'étape, comme il est toujours placé, sans le reconnaître, ce serait une erreur. C'est un col que tu as besoin de connaître mètre par mètre, que tu sois leader ou équipier, tu dois savoir ce qui t'attend pour gagner ou rentrer dans les délais, sinon tu es à la maison le lendemain ; un coureur professionnel est obligé de passer dans ses reconnaissances et ses stages dans ce col…

Parlez-nous de Joux Plane, avec votre œil d'expert…
Je le disais, il est toujours placé dans le final d'une étape : quand tu arrives au pied, c'est toujours après 150 ou 160 kilomètres de vélo, il y a cette traversée sinueuse de Samoëns et, tout de suite, ces pourcentages importants, avec un revêtement qui ne rend pas, qui te colle à la route. C'est un col pour purs grimpeurs, tu as souvent utilisé le grand plateau dans la vallée et quand tu arrives, tu ne peux absolument pas garder le grand plateau même au début, tu mets le 39 x 21, 23 ou 25, et tu comprends que c'est un col pour vrais grimpeurs. Tu as cette première rampe pour les grimpeurs qui se replacent et toi qui ne l'es pas, tu exploses, tu es dans la douleur sur cette route qui monte continuellement. Je le compare souvent au Ventoux, où il n'y a pas non plus d'endroit où tu peux souffler, contrairement à l'Alpe d'Huez et ses virages. La deuxième partie, c'est un peu comme le Ventoux où tu vois le sommet et tu as l'impression que tu ne vas jamais y arriver. Mes souvenirs ne sont que des souvenirs de douleur.
C'est un col qui te lamine. Quand tu l'as monté, tu sais que tu vas perdre contre Joux Plane. Quel que soit le coureur, il est sûr de perdre. La souffrance est horrible, tous ceux qui y basculent le font dans la souffrance, on ne peut pas sortir indemne d'une montée dans ce col. Lorsqu'ils ont construit la route, ils n'ont pas pensé aux cyclistes ! Quand tu n'es pas un pur grimpeur, tu ne peux pas être à l'aise et rivaliser, contrairement à certains cols où tu peux limiter la casse, au-dessous de 7-8 % de moyenne. Tu n'es pas haut, 1 700 mètres, tu ne ressens jamais la dette d'oxygène ; c'est rare de voir un col qui n'est pas haut en altitude mais qui fait aussi mal, un peu comme le mont du Chat… mais c'est plus dur que le mont du Chat, c'est méchant du pied au sommet, il y a à peine 200 mètres où tu peux souffler…

Selon vous, qu'est-ce qui est déterminant pour passer en tête au sommet ?
On ne peut pas y arriver si on n'est pas grimpeur ou alors il faut avoir 10 minutes d'avance, c'est fait sur-mesure pour un poids plume, pour le rapport poids-puissance des purs grimpeurs, explosifs…

Quelles sont, selon vous, les meilleures conditions climatiques pour grimper Joux Plane ?
Il peut y faire chaud à crever et plus de 30 °C, tu n'as pas du tout d'air au pied du col, tu es comme dans un four ; cela s'additionne à la difficulté. Donc les conditions idéales, c'est maximum 20 °C, sinon tu as l'impression d'être dans une cocotte-minute. Cette sensation est accentuée par le fait que la route est étroite.

Que représente ce col pour vous et dans votre carrière ?
Pour moi, Joux Plane, ce sont des souvenirs d'enfance, quand je regardais le Tour à la télé, et sur le vélo quand tu rentres dans la légende du Tour parce qu'il fait partie des cols les plus prestigieux. Son nom l'est moins que certains comme le Galibier ou l'Izoard, mais quand tu bascules au sommet, c'est une vraie fierté, même pour un coureur professionnel comme je l'étais…

Quels conseils pourriez-vous donner au lecteur qui voudrait s'attaquer à Joux Plane ?
Mettre un 34 x 32, prendre le braquet le plus petit, c'est important de garder de la souplesse dans le coup de pédale, parce que monter Joux Plane peut devenir un calvaire. Surtout quand tu ne connais pas, c'est un secours.

Cédric, parlez-nous du paysage…

C'est magnifique, à l'entraînement, on peut vraiment profiter du calme : il y a quelques vaches, beaucoup de sapins ; l'endroit le plus joli, c'est le sommet avec le lac, un peu comme dans une réserve… Tu as ce sentiment de calme qui règne, c'est bien pour se ressourcer. En course, tu as l'hélicoptère que tu sens près de toi et tout ce monde qui crie. Quand tu l'abordes pour la gagne, tu ne t'aperçois pas de la beauté des paysages mais lorsque tu es dans le gruppetto (peloton formé par les sprinteurs et les coureurs lâchés) comme moi, tu t'en aperçois. L'arrivée est toujours en bas, il faudrait un jour faire une arrivée au sommet… Là, le col ferait encore plus mal… on pourrait imaginer une arrivée comme au Ventoux ou à l'Alpe d'Huez, car la réputation de Joux Plane pâtit du fait que l'arrivée est toujours jugée à Morzine et pas au sommet… Une arrivée au sommet lui donnerait encore plus de la grandeur que ce col mérite… Il mérite aussi d'être un col d'arrivée et pas seulement un col de passage…

L'ISERAN

PRÉSENTATION

« POUR MOI, UN COL EST FERMÉ L'HIVER, CE SONT DES ROUTES QU'ON NE PEUT PRATIQUER QUE DANS LA BELLE SAISON, QUI SE LAISSENT DÉSIRER, QUI OFFRENT UN PANORAMA MAGNIFIQUE ET QUI PERMETTENT DE VOIR DIFFÉRENTES VÉGÉTATIONS PENDANT LA MONTÉE. »

En quelques mots, il a posé ses conditions. En quelques mots, Romain Bardet a dressé le portrait-robot de son col, l'Iseran. Quand l'un des meilleurs grimpeurs du monde et un géant se trouvent, se reconnaissent. C'est ici plus qu'ailleurs que le deuxième du Tour 2016, un peu corseté dans le cyclisme moderne où il doit parfois courir contre nature, lui, l'attaquant, vient respirer et jouer. Et être lui-même : « Les cols, c'est la raison pour laquelle je fais du vélo, c'est mon terrain d'expression, ce sont sur ces routes-là que je m'exprime et que je prends du plaisir à pratiquer du vélo. »

Un sommet, une inspiration, un donneur de sens. Comment pouvais-je faire l'impasse sur l'Iseran ? « L'Iseran, c'est le passage entre la Maurienne et la Tarentaise, c'est la fin de la carrière de Bobet, c'est tout ça… » me répondit Yves Perret, responsable de relations médias d'AG2R La Mondiale, l'équipe de Romain Bardet, lorsque j'émettais des doutes sur le fait de parler de ce col. Finalement, c'est aussi pour cela que j'ai fait ce livre, pour ces débats, ces passions qui font qu'un col vous ramène souvent en enfance, dans vos souvenirs… En bon élève, j'ai donc mené des recherches sur ce col que je n'avais jamais fréquenté ni à vélo ni en moto… Et pour cause, le Tour n'y est pas repassé depuis 2007. Et je me suis dit que si c'était la montée préférée de Romain Bardet, coureur en quête de plaisir, de perfection, d'un idéal aussi, je ne pouvais pas en effet l'occulter. Ne pas au moins essayer de faire sa connaissance et de comprendre « ce col ludique, accessible et mystique », comme il le décrit. Déjà, avec 2 770 mètres d'altitude, l'Iseran est le plus haut col routier de France et des Alpes dans leur ensemble. Ça cause. Moins haut que la cime de la Bonette (p. 106) et ses 2 802 mètres, mais elle n'est pas considérée comme la route d'un col. L'Iseran relie les vallées de la Maurienne et de la Tarentaise et se trouve dans le parc national de la Vanoise. En venant de Bonneval-sur-Arc, le versant le plus intéressant et le plus exigeant selon moi, le col dure 13,4 kilomètres avec un pourcentage moyen de 7,3 %. De l'autre côté, en venant de Bourg-Saint-Maurice, l'Iseran dure 47,6 kilomètres, ce qui en fait le col le plus long de France. Mais on considère qu'il part vraiment de Val-d'Isère. Comme le Galibier (p. 12), il est fermé d'octobre à fin mai. Et pour cause, la route se fond avec les pistes de Val-d'Isère du côté de la Tarentaise.

Cette route a été construite en 1935 et achevée en 1937. Inaugurée le 10 juillet de cette année sur l'Iseran par le président de la République de l'époque Albert Lebrun, cette « route des Grandes Alpes » relie Thonon-les-Bains à Menthon et fait de Tignes et surtout de Val-d'Isère des stations courues.

Du côté sud, que je vous conseille, le col commence vraiment à Bonneval-sur-Arc à 1 785 mètres, un vrai bijou considéré comme l'un des plus beaux villages de France. Il vous reste 13,4 kilomètres à parcourir, pour une grande partie au milieu des alpages. Vous arriverez au bout de 8 kilomètres à un petit pont qui passe au-dessus d'un torrent. Ce paysage est un ravissement avec ces fleurs jaunes au milieu de l'eau et ce vert à 360 degrés. Ce lieu vous rappellera un peu Plan Lachat dans le Galibier. Comme ce dernier, ce col est dur, mais les pourcentages sont moins élevés et redoutables que le Ventoux (p.120) ou le mont du Chat (p.134).

Au sommet, vous verrez sans doute un attroupement de cyclistes en train de se prendre en photo devant ce panneau mythique posé sur un muret de pierres au milieu d'un décor désolé où le vert vire parfois au grisâtre. « Col de l'Iseran. Altitude 2 770 mètres. »

PROFIL

13,4 KILOMÈTRES À 7,3 % DE MOYENNE
POURCENTAGE MAXIMUM : 11,1 %
CLASSÉ HORS CATÉGORIE
NIVEAU : CONFIRMÉ

Si le début est abordable, attention, le quatrième kilomètre est terrible à près de 11 %. Puis du sixième au dixième, pas le moindre répit sous les 8 %. Enfin, l'avant-dernier kilomètre fait aussi très mal à près de 10 %.

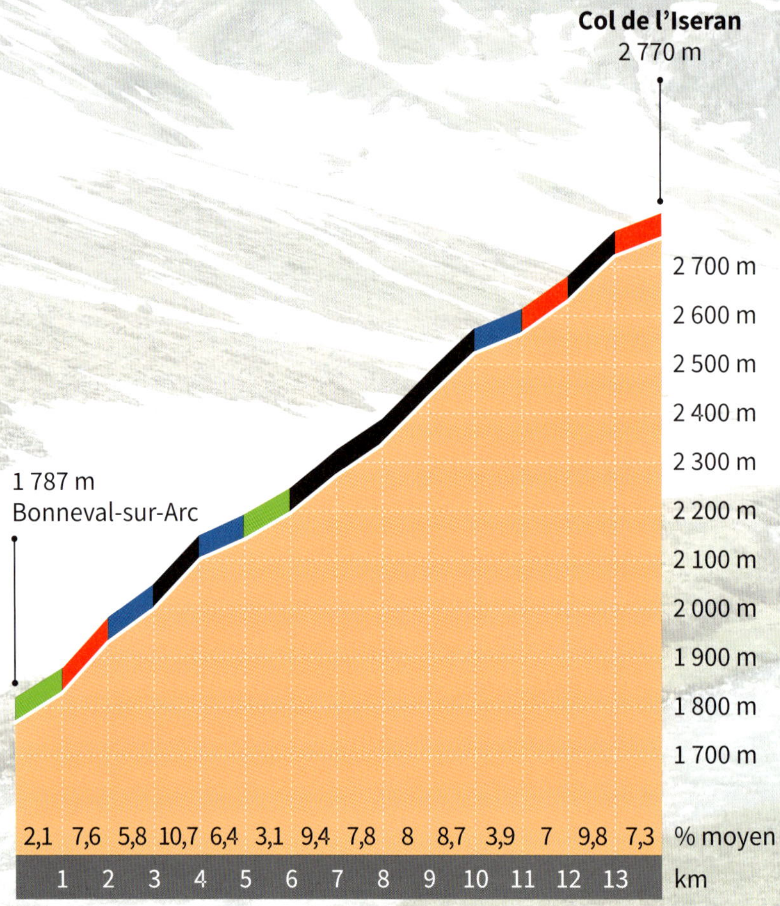

CONSEILS

MON CONSEIL MATOS

Jouez la prudence. Partez avec un 34 dents, avec une cassette de 28 ou 30 et optez pour des jantes basses ou semi-hautes.

LE BON PLAN

À n'en pas douter, le village de Bonneval-sur-Arc, au pied du col : une merveille d'architecture avec ses maisons et son église en pierre. Bonneval est considéré comme l'un des plus beaux villages de France.

MA MONTÉE

DATE : 5 JUIN VERS 16 HEURES
CONDITIONS MÉTÉO : TEMPS COUVERT, 15 °C
TEMPS RÉALISÉ : 1 H 15

Romain Bardet m'a parlé de l'Iseran avec tellement de passion, je dirais presque d'amour, que je devais venir, venir défier et sentir ce monument. Je pars de Bonneval-sur-Arc. Avec ses maisons en pierre, ce village est une merveille. Je m'élance et surplombe rapidement celui-ci. Le premier kilomètre est un gros faux plat. Puis après un premier lacet, la route se raidit. En regardant à droite, un vrai cirque s'offre à moi. Je roule sur cette crête, avec des éboulis sur la gauche, tombés du muret. 7,6 puis 5,8 %, les pourcentages ne sont pas indigestes. Du moins pas encore, puisque le quatrième kilomètre atteint les 10,7 % : le kilomètre le plus dur de ce col. J'ai beau avoir grimpé le Galibier (p. 18) avant, je suis encore frais, donc ça passe plutôt bien. Je suis à 10 km/h sur le 34 x 28 en mode gestion et découverte. Je suis surtout en sursis, car je sais que le col est fermé en ce début juin et que je n'irai sans doute pas au bout. Un virage sur la gauche, et là me voilà sur une longue ligne droite au milieu d'un mur de neige… Je ne souffre pas, je gère et je trouve que cela se fait plutôt bien.

Autour de moi, du blanc à perte de vue dans un amphithéâtre grandiose. J'ai plus l'impression d'être à ski que sur mon vélo… Pas d'arbres, pas de sapins, mais des torrents qui viennent vous chatouiller les oreilles et créer une petite musique qui rythme votre montée.

J'arrive à un petit pont qui surplombe un torrent justement. Je m'arrête pour admirer ce spectacle si surprenant. Cette eau si pure et limpide au milieu du blanc immaculé. Une barrière empêche de passer mais je décide de poursuivre mon ascension. Et là un mur à 9,4 %, avant 3 kilomètres à 7,8 %, 8 %, 8,7 %… C'est sans doute le passage le plus difficile du col. Mais franchement, cela passe bien grâce aux lacets qui permettent de me relancer et de récupérer. Je souffre moins que dans la Bonette (p. 112) ou le Ventoux (p. 126). Sur la droite, des murs de plus en plus hauts me regardent, me toisent… Je suis de plus en plus en sursis. Car la neige s'invite au sol et je commence à perdre l'adhérence… Je descends du vélo à trois reprises pour passer ces zones enneigées jusqu'à trouver un mur de neige devant moi. La fin de mon ascension, de mon épopée à 3 kilomètres du sommet ! C'est tellement frustrant de ne pas aller en haut alors que je me sens bien même si je commençais à sentir les effets de l'altitude et du manque d'oxygène, 25 % en moins qu'au niveau de la mer. Je n'irai pas au-dessus de 2 500 mètres et m'arrête à 3 kilomètres du sommet.

Je repense à la phrase de Romain Bardet qui me disait au sujet de l'Iseran qu'un grand col se laissait désirer. Eh bien, il s'est laissé désirer et s'est joué de moi. Mais je reviendrai pour aller là-haut et terminer mon histoire avec lui.

SUR LE TOUR

L'ombre de Louison Bobet plane toujours sur le sommet de l'Iseran. C'est ici, le 14 juillet 1959, que le triple vainqueur du Tour (1953, 54 et 55) abandonne ce qui sera sa dernière Grande Boucle. Pas n'importe où, non, au sommet du plus haut col routier d'Europe, l'Iseran. À près de 2 800 mètres. Pour boucler la boucle. Comme un symbole. La révérence d'un grand tout en haut.

Au départ de ce Tour 59, Marcel Bidot, le patron de l'équipe de France scelle un pacte, sorte d'entente cordiale entre ses quatre leaders Jacques Anquetil, Raphaël Geminiani, Roger Rivière et Louison Bobet. Loin de son meilleur niveau et des leaders de ce Tour, le Breton enchaîne défaillance sur défaillance. Au matin de cette dix-huitième étape entre Grenoble et Aoste, il sait qu'il ne remportera plus le Tour de France. Bobet est lâché dès les premiers kilomètres du Galibier. Il s'impose un effort titanesque, et atteint au bout du rouleau le sommet de l'Iseran, fait quelques mètres dans la descente, avant de mettre pied à terre, transi de froid. « Dix fois, j'ai eu envie d'abandonner. Mais je me disais : ce n'est pas possible, tu ne peux pas finir comme ça ! Je voyais bien que tout le monde attendait mon abandon. Je me disais que ce n'était pas le moment de jouer à la vedette. Et puis ce col de l'Iseran, je ne l'avais jamais monté et c'est la plus haute route d'Europe. J'ai voulu monter là-haut » dira-t-il aux journalistes. Il abandonne son dixième et dernier Tour sous les yeux d'un autre immense champion, Gino Bartali. Il lui confie son vélo. Sur cet épisode, Antoine Blondin écrira : « L'équipe de France a tout perdu en perdant Louison Bobet, son capitaine, son panache bleu, au sommet de l'Iseran. Encore voulut-il livrer un dernier message à ses héritiers collatéraux en quittant le Tour de France à son point culminant et non au pied de l'obstacle. Il y a des abandons au sommet et des abandons à la base qui n'ont pas le même sens. »

Ces adieux font rentrer l'Iseran dans la légende du Tour de France. Pourtant, la course n'emprunte que sept fois le plus haut col routier des Alpes. Sept fois seulement. Pour ne pas banaliser l'exceptionnel. Et finalement tant mieux. En 1938, un an après la fin de la construction de la route touristique des Grandes Alpes reliant le lac Léman à la Méditerranée, le Tour de France en emprunte une partie lors de la quinzième étape longue de 311 kilomètres entre Briançon et Aix-Les-Bains. Le Belge Félicien Vervaecke est le premier à passer en tête au sommet de l'Iseran.

L'un des plus grands exploits du Tour de France de l'ère moderne s'écrit en partie sur les pentes de l'Iseran. Le 18 juillet 1992, l'étape relie Saint-Gervais à Sestrières en Italie. Et un Italien, Claudio Chiappucci, qui a failli gagner le Tour deux ans plus tôt, se lance dans une incroyable épopée. Un défi complètement fou. Il part seul dès la première difficulté pour enchaîner les Saisies, le Cormet de Roselend, l'Iseran, le Mont-Cenis, puis enfin la montée vers Sestrières. Maillot à pois sur les épaules, le grimpeur de la Carrera passe seul en tête de ces monuments et consolide son maillot de meilleur grimpeur qu'il remporte à Paris pour la deuxième fois consécutive. El Diablo s'impose chez lui en Italie devant des *tifosis* survoltés. Mais il ne gagnera pas le Tour. Surclassé quelques jours plus tôt par Miguel Indurain lors du contre-la-montre de Luxembourg, il avait concédé près de 6 minutes à l'Espagnol et dit adieu à ses espoirs de victoire. Comment croire à une échappée et à cet exploit surhumain au début de l'ère du dopage sanguin ? Claudio Chiappucci est fortement suspecté de dopage dans son pays mais n'a jamais été contrôlé positif. Des enquêtes, notamment celle du juge italien Franca Oliva, affirment que les coureurs de la Carrera auraient utilisé de l'EPO dans les années 90.

Une autre image de l'Iseran reste gravée dans les mémoires. Elle aussi associée aux années EPO mais devenue célèbre en tant qu'image peu habituelle, voire rare sur le Tour. Étonnamment, ce jour de juillet 1996, les coureurs franchissent le col… en voiture.

L'étape devait relier Le Monêtier-les-Bains à Sestrières *via* le Galibier et l'Iseran. Mais le Tour découvre la neige en juillet. En effet, une tempête de neige contraint les organisateurs à réduire l'étape à 46 kilomètres et à escamoter l'Iseran et le Galibier. Les voitures s'arrêtent une dizaine de kilomètres avant le pied de Montgenèvre. Le Danois Bjarne Riis attaque très tôt, s'impose à Sestrières et reprend le maillot jaune au Russe Evgueni Berzin. Il remporte le Tour à Paris. Il avouera plus tard s'être dopé.

On avait l'habitude de voir Louison Bobet se battre et ne jamais renoncer. Pourtant, ce 14 juillet 1959, le Breton abandonne quelques mètres après le sommet de l'Iseran, ce qui sera son dernier Tour de France.

ROMAIN BARDET

L'ISERAN ET ROMAIN BARDET

Il est l'homme du Tour et des cols. Romain Bardet est passé professionnel en 2012 au sein de l'équipe AG2R La Mondiale. Vainqueur de trois étapes sur le Tour de France, il termine deuxième, puis troisième du classement général en 2016, puis en 2017. Il est considéré comme l'un des cinq meilleurs grimpeurs du monde. L'Iseran est son col préféré…

Racontez-nous votre première expérience dans l'Iseran…

Chaque année, je viens en stage en famille à Val-d'Isère depuis 2010. J'avais 20 ans, c'était ma découverte, on était entre copains, on est arrivés en voiture, on a déchargé nos valises, on est partis tout de suite, on a monté l'Iseran en fin d'après-midi et on est revenus à la tombée de la nuit : c'était magnifique de le monter au soleil couchant sur une route accessible. C'est un col qui se laisse appréhender, la route y est pittoresque, étroite. On a l'impression d'être en haute altitude, il y a très peu de lignes droites, on s'ennuie très peu. J'adore ce col, il faut 40 à 45 minutes depuis Val-d'Isère, je l'ai beaucoup refait et le plaisir reste identique à chaque fois.

Et en course ?

Non, je ne l'ai jamais fait… Je n'en ai pas eu l'occasion, c'est un peu compliqué avec le parc de la Vanoise pour avoir l'autorisation d'y organiser une course…

Vous aimeriez le faire dans le Tour ?

Oui, j'aimerais le faire sur le Tour en partant de Bonneval. C'est un col très difficile et la descente est très technique vers Val-d'Isère… Cela me plairait beaucoup.

Selon vous, qu'est-ce qui est déterminant pour passer en tête au sommet ou s'y imposer ?

C'est la tolérance à l'altitude, comme au Galibier, ça fait toute la différence…

Quel est votre côté préféré ?

Je préfère venir de Val-d'Isère, mais il est aussi magnifique et plus dur de l'autre côté. Les paysages, là aussi, sont magnifiques, les 2 derniers kilomètres sont géniaux. Tu passes à flanc de falaise, c'est superbe ; à la dernière ligne droite, tu es dans les roches, c'est impressionnant comme panorama. De Val-d'Isère, c'est plus accessible…

Qu'est-ce que vous aimez tant dans ce col ?

Il y a plusieurs choses que j'aime ici. Le changement marquant de végétation et un côté plutôt mystique, on a l'impression d'être en haute montagne. À Val-d'Isère, on est à 1 800 mètres, tu te dis que tu es au sommet, mais tu peux encore prendre 1 000 mètres de dénivelé et, pour le cycliste sur route, ça donne un côté mystique au col. L'hiver, c'est une piste de ski et ça reste préservé pendant la belle saison, c'est particulier, alors qu'à l'Alpe d'Huez notamment, on est à

1 800 mètres, tu peux monter 100 mètres et après c'est fini ! Pour moi, sans être égoïste, un col, ça se grimpe seul. C'est difficile de suivre quelqu'un dans un col. Un grimpeur va jouer avec la pente, monter à son propre rythme, être assis, se mettre en danseuse, mettre du braquet, ne pas prendre un rythme comme dans le Ventoux par exemple. Ici, il y a tellement de virages, la pente est assez douce, j'ai même des fois dû freiner dans certains virages, on peut remettre le grand plateau, il y a des changements de rythme incessants. C'est un col très ludique.

Pour vous, finalement, c'est presque plus privilégié de ne pas le grimper en course ?

Le mieux pour monter un col, c'est d'être seul, au milieu de la nature. Tu as souvent le souffle court avec l'altitude ; le seul bruit environnant, c'est le souffle, le bruit de ton cœur et les cris des marmottes, c'est un univers très préservé… À propos des marmottes, les gens de Val-d'Isère m'ont dit de faire attention quand je descendais à ne pas prendre une marmotte, je ne les ai pas pris au sérieux et ça a failli m'arriver !

C'est l'occasion aussi de mieux se connaître physiquement et moralement ?

C'est propre à tous les cols, mais c'est renforcé dans l'Iseran, il n'est pas hyper dur, mais on est face à soi-même ; l'ascension d'un col, ça te met en face de toi, ça donne une dimension spirituelle à la chose…

Selon vous, quelles sont les meilleures conditions pour grimper l'Iseran ?

Pour moi, c'est tôt le matin, les paysages sont fabuleux, avec le soleil qui se lève, les montagnes qui se réveillent, la lumière qui se reflète sur les alpages, la rosée du matin, c'est absolument sublime de voir le soleil qui se lève sur la montagne…

Que représente ce col pour vous ?

Ce sont des moments de vrai plaisir entre amis, en famille : une tarte à la myrtille partagée au refuge au sommet, des entraînements intensifs, des rallonges improvisées après des sorties dans la Tarentaise, des mètres accumulés en plus, des ascensions en VTT. C'est une montagne qui me laisse de nombreux souvenirs, et ce, préservés du cadre de la compétition, ce qui rend son profil tout à fait singulier…

Quels conseils pourriez-vous donner au lecteur qui voudrait s'attaquer à l'Iseran ?

C'est un col où le vent a une vraie importance : si l'on ne se sent pas super, il faut le monter quand il y a vent de dos et faire des pauses comme au pont Saint-Charles ; on peut s'arrêter au lac de l'Ouillette, pour pêcher. Et le sommet est vraiment préservé, l'Iseran relie deux côtés de la vallée, Bonneval et Val-d'Isère, qui sont isolés une grande partie de l'année avec l'enneigement…

Romain Bardet n'a jamais emprunté l'Iseran dans le Tour de France, mais c'est bien son col préféré, celui où il aime jouer et s'évader seul.

LA LOMBARDE

PRÉSENTATION

BELLISSIMA ! MA COSI DIFFICILE !

J'ai découvert la Lombarde au mois de mai 2008. Je suivais alors l'équipe Agritubel de Christophe Moreau. Nous partions de Barcelonnette et sommes arrivés dans ce col que je ne connaissais pas. Côté italien. Et ce fut une très belle surprise. Une révélation même. Dès les premiers mètres, j'ai été séduit et conquis par ces routes étroites, ce cadre bucolique, ce ruisseau et ces lacets qui serpentent. Sur ce col, l'équipe française simulait un train pour mettre sur orbite son leader, le grand Moreau. Et l'émerveillement s'est poursuivi dans les derniers kilomètres avec ces petits points d'eau au milieu de ces paysages si verts.

À certains égards, ce col m'a rappelé l'Izoard (p. 24). Même si son voisin du Queyras est plus majestueux, ils offrent tous les deux un passage dans une forêt, vous permettent de longer un petit ruisseau et vous propulsent dans la même atmosphère, au milieu d'une nature préservée et variée.

Longtemps, j'en ai fait l'un de mes cols préférés, l'un des plus beaux assurément. Oui, la Lombarde est belle mais tellement difficile. En venant de Pratolungo, côté italien, elle fait 21 kilomètres à 6,8 % de moyenne. Je vous parle de ce versant, car c'est vraiment le plus beau des deux, celui que je vous conseille de prendre, pour ses routes atypiques et si dépaysantes.

La Lombarde marque la frontière qui relie la vallée de la Tinée en France à celle de la Stura di Demonte dans le Piémont italien. Avec ses 2350 mètres d'altitude, il est le sixième plus haut col routier français. Il est situé entre la cime de la Lombarde (2800 mètres) et la tête de l'Adrech (2475 mètres). Avec sa position, ce col est un point stratégique, et l'a notamment été pendant la Seconde Guerre mondiale. Vous pourrez d'ailleurs apercevoir en son sommet des blockhaus construits par l'Italie fasciste durant l'entre-deux-guerres comme celui du val de Castiglione, bâti entre 1935 et 1940.

Positions de tir, ouvrages d'infanterie, galeries souterraines. Plus bas, sous la station d'Isola 2000, quatre casemates contrôlent la route venant d'Isola. Construit entre 1925 et 1940, l'ouvrage du val de Castiglione offre lui aussi des galeries desservant des blocs de tir en béton. La Lombarde offre donc un voyage dans le temps. Un voyage tout court.

Si vous allez vers la France, vous n'êtes pas censé voir le sanctuaire de Sainte-Anne de Vinadio, théâtre de l'arrivée de la vingtième étape du Giro en 2016. Mais il vaut vraiment le détour... Allez tout droit à un croisement. Ce sanctuaire perché à 2010 mètres d'altitude est le plus haut d'Europe. Ensuite, tournez à gauche pour atteindre le sommet. Là, le paysage devient plus gris, moins vert mais vous découvrirez des points d'eau, ces tourbières et ces petits lacs qui vous feront comprendre pourquoi ce col s'appelait d'abord le col de la Brasca, littéralement « marécage » en italien. Remplacé désormais par ce nom provençal « Loumbardo », un vent du nord-est.

Au sommet, ouvrez les yeux et profitez de ce décor sublime avant d'attaquer la descente très technique vers Isola. Comme son voisin la Bonette (p. 106), la Lombarde n'est pas considérée comme l'un des cols les plus emblématiques des Alpes mais, en le grimpant, vous verrez que c'est une erreur. Si comme moi, vous êtes amoureux de la nature et des routes escarpées, vous en ferez vite l'un de vos cols préférés. *Bellissimo ! Ma cosi difficile !* Sublime mais tellement difficile…

PROFIL

21,3 KILOMÈTRES À 6,9 % DE MOYENNE
POURCENTAGE MAXIMUM : 9,1 %
CLASSÉ HORS CATÉGORIE
NIVEAU : CONFIRMÉ

Du quatrième au huitième kilomètre, attendez-vous à avoir des pourcentages entre 8 et 9 %. Puis ils s'atténuent pendant 3 kilomètres où vous pourrez récupérer un peu. Enfin, les pourcentages se stabilisent autour de 7 % dans la dernière partie.

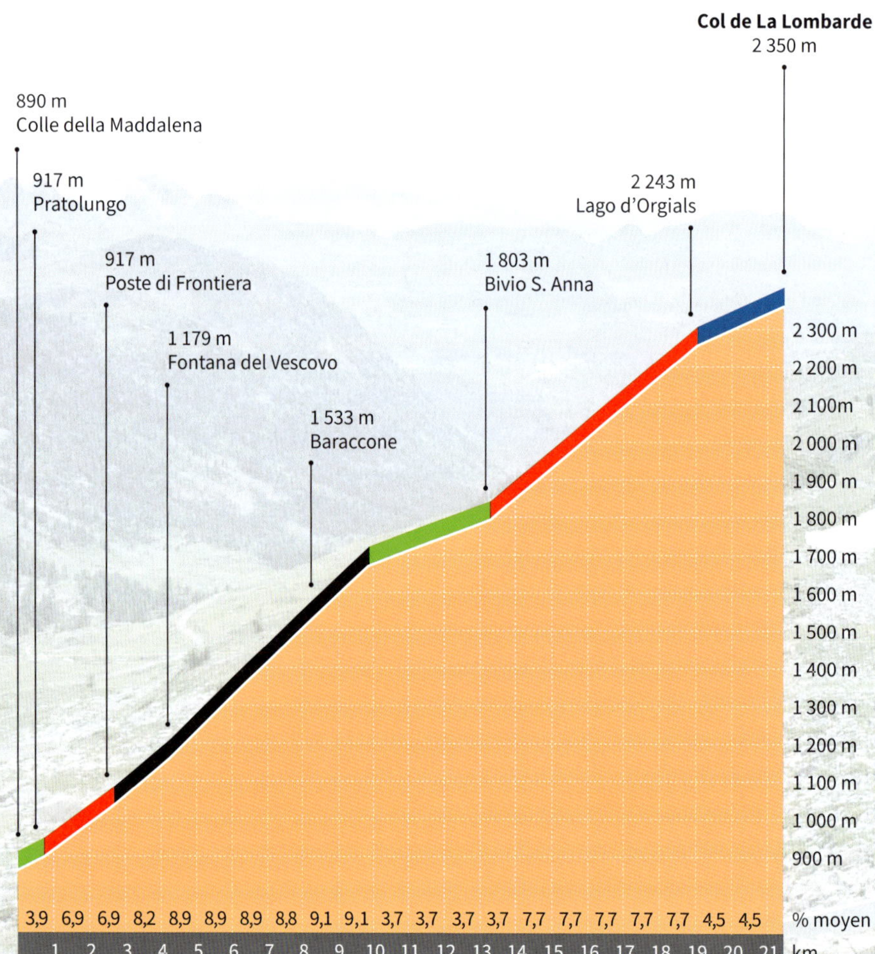

CONSEILS

MON CONSEIL MATOS

Partez prudemment et utilisez un 34 x 30 ou 32 pour négocier les kilomètres à 9 %. N'oubliez surtout pas vos bidons, car il peut faire très chaud, et votre coupe-vent en cas d'orages, fréquents pendant l'été.

LE BON PLAN

Si vous êtes encore frais physiquement, faites un détour au sanctuaire de Sainte-Anne de Vinadio, perché à 2010 mètres d'altitude. Sanctuaire le plus haut d'Europe, il est encore un refuge et vous permet, si vous le souhaitez, de vous recueillir.

MA MONTÉE

DATE : 6 JUIN VERS 14 HEURES
CONDITIONS MÉTÉO : PLUIE FORTE ET FROID, 13 °C EN BAS, 5 °C AU SOMMET
TEMPS RÉALISÉ : 1 H 45

La Lombarde m'avait laissé un souvenir si enchanteur et si poétique que je me languissais de la remonter un jour. Sauf que la météo ou les dieux du vélo, c'est selon, ont décidé de me gâcher un peu ce moment. C'est souvent comme cela en montagne. Il faut l'accepter, faire le dos rond. C'est ce que j'ai fait ce jour-là. Après avoir gravi la Bonette voisine dans la matinée (p. 112), me voici à Pratolungo. Seul problème : il tombe des cordes et il fait froid, 13 °C tout au plus. Je suis parti pour près de deux heures de galère alors que ce devait être un enchantement et un plaisir.

Je pars en manchettes et avec mon imperméable... Prêt au combat. Juste après le village de Vinadio, je tourne à gauche et passe sur un petit pont qui surplombe le ruisseau de Fiume Stura di Demonte. Je me retrouve sur une route très étroite. 2 mètres, 2,50 mètres maximum... Cela confère beaucoup de charme à cet endroit... Le pourcentage est entre 7 et 8 %, puis de 10 % dans le troisième kilomètre. Vient une enfilade de douze lacets courts et serrés qui me met tout de suite dans l'ambiance. Et me rappelle que je vais souffrir dans ce col pendant 20 bornes. Pour l'instant, je gère comme je peux. Mais du troisième au dixième kilomètre, je souffre en affrontant ces pourcentages entre 8 et 9 %. Deux facteurs expliquent que je sois émoussé : les 25 bornes de la Bonette en guise de petit-déjeuner un peu indigeste le matin et ces conditions effroyables. Il pleut de plus en plus fort et j'ai froid. Je ne sens plus mes mains en montant, ça promet pour la descente, enfin si je la fais... J'avoue que la fête est un peu gâchée et que ma montée est bien différente de celle que j'espérais, que je fantasmais même. Mais c'est ainsi, on est en haute montagne et il faut s'adapter aux conditions, c'est ce que font sans broncher les coureurs du Tour de France !

Après un passage dans une forêt et une longue ligne droite interminable, sur la droite, puis sur la gauche, je longe ce torrent, bordé de sapins... Le ciel noir et menaçant enlève le caractère idyllique de cet endroit. C'est même tout le contraire. Ici, la route est toujours aussi étroite et vous donne l'impression de sortir des sentiers battus et des grands cols trop fréquentés et aux routes trop larges.

Puis je zigzague à nouveau sur ces lacets posés sur des murs de pierre. Entre le dixième et le treizième kilomètre, un léger replat me permet de respirer sur ce petit plateau où l'on se croirait presque dans le Vercors…

Je me bats contre les éléments. Dieu que cette montée me paraît longue et dure. J'essaie d'être patient mais je peste, je jure, puis me calme. Je n'ai pas le choix. C'est aussi cela la montagne. Prévoir de monter un col, être surpris par les éléments et devoir s'adapter. Et un endroit merveilleux et envoûtant peut vite devenir un enfer. Diabolique et hostile. J'arrive dans les 3 derniers kilomètres et aperçois le sommet, là-haut. Je ne reconnais rien.

J'ai sans doute sublimé ce lieu. Je me dis qu'au fil des années j'ai idéalisé cette terre promise. Mais non, je suis encore lucide. Tout est blanc et si différent. La neige recouvre tout, le vert de l'été, ces petits points d'eau si poétiques. Seule reste ce bandeau de bitume si frêle. Moins de 2 mètres. Je me faufile entre les murs de neige. Et je tremble de froid. J'arrive au sommet. Je n'aurai pris aucun plaisir. C'est comme ça.

J'ai une obsession : monter dans la voiture et me changer. Une fois au chaud, je me promets de revenir pour voir si ce joyau est aussi beau que dans mes souvenirs.

SUR LE TOUR

Le Tour de France n'a emprunté qu'une seule fois la Lombarde. De façon surprenante, tant ce col est beau et difficile. Mais son côté frontalier avec l'Italie peut expliquer cette faible fréquentation. Le Tour est donc passé ici en 2008 en venant de l'Italie. L'étape était courte, 157 kilomètres. Elle partait de Cuneo pour arriver à Jausiers *via* la Lombarde, puis la Bonette.

Dans la Lombarde, un groupe de cinq coureurs se constitue avec Thomas Voeckler, Christophe Le Mével, Sebastian Rosseler, Samuel Dumoulin et Stefan Schumacher. Derrière, vingt-quatre hommes sont en train de revenir. Parmi eux, Sylvain Chavanel et Geoffroy Lequatre. Ces hommes seront bientôt rejoints par un petit groupe où figure Sandy Casar. Au sommet, Stefan Schumacher passe en tête. On apprendra plus tard qu'il est positif à la CERA, une EPO de troisième génération, lors de ce Tour de France. Christophe Le Mével et Thomas Voeckler passent 5 minutes après l'Allemand. Il est repris à 7 kilomètres du sommet de la Bonette par John-Lee Augustyn, David Arroyo, Yaroslav Popovych, Sandy Casar et Cyril Dessel. Dans les premiers mètres de la descente de la Bonette, Augustyn fait un tout droit dans un virage à gauche. Heureusement pour lui, ce n'est pas un ravin mais une descente de pierres. Il s'en sort sans blessures. À Jausiers, Cyril Dessel, qui avait bien étudié l'arrivée sur le *roadbook*, négocie en tête le dernier virage à gauche en descente. Le Stéphanois s'impose face à un autre Français, Sandy Casar.

En 2016, le Giro emprunte à son tour la Lombarde mais en venant d'Isola. L'étape termine au sanctuaire de Sainte-Anne de Vinadio. L'Estonien Rein Taramäe remporte cette étape marquée par la remontée de l'idole locale Vincenzo Nibali. Le Requin de Messine attaque à 11 kilomètres du sommet et reprend 1'36" au Colombien Esteban Chaves. Il remportera le Giro le lendemain !

Dans la Lombarde sur le Tour 2008, l'Allemand Stefan Schumacher distance tous ceux qui ont essayé de le suivre comme Thomas Voeckler. Il passe en tête au sommet avec 5 minutes d'avance sur le Français et 10 sur le peloton emmené par les CSC du maillot jaune Fränk Schleck.

GEOFFROY LEQUATRE

LA LOMBARDE ET GEOFFROY LEQUATRE

Geoffroy Lequatre est passé professionnel en 2004 au Crédit Agricole. Ensuite, il a couru chez Cofidis, Agritubel, Radio-Shack, l'équipe de Lance Armstrong, puis chez Bretagne Schuller. Il a disputé deux Tours de France. Il réside depuis 2007 à Saint-Laurent-du-Var et connaît comme sa poche tous les cols de la région, telle la Lombarde. Il est aussi le créateur de son entreprise de design spécialisé dans les tenues de vélo : G4 Dimension.

Racontez-nous votre première expérience dans la Lombarde…

Ma première expérience dans la Lombarde, c'était sur le Tour 2008 en partant de Cuneo en Italie. Cette étape se disputait après la journée de repos, elle était relativement courte. On faisait l'approche de la Lombarde du côté italien. Dans cette approche, il y a assez peu de dénivelé, avec ce petit village.

Je suis arrivé dans la région en 2007, je connaissais la Lombarde du côté français vers Isola, je ne connaissais pas plus loin. Cette année-là, fin mai, on avait fait la reconnaissance avec l'équipe Agritubel et j'avais adoré ce col qui est un peu atypique. Je le séparerais en trois parties : la première assez typique des cols italiens avec des approches sur des routes très étroites et ces virages serrés presque à 180 degrés, ce qui permet d'attaquer le col en bonnes conditions. Contrairement à l'Alpe d'Huez avec un mur très dur au début, il y a cinq lacets avant d'aborder de forts pourcentages. Le pied peut s'attaquer avec le grand plateau et, ensuite, ça se corse : on arrive sur des passages plus rectilignes, on découvre des paysages magnifiques et des routes en lacets et une deuxième partie plus sévère et, là, on sent si on est bien.

Racontez-nous comment cela s'est passé en course...

J'étais échappé dans cette étape avec Sylvain Chavanel et Stefan Schumacher qui a calé plus tard dans la Bonette. La montée s'est faite au train, ça montait fort, on était une dizaine au sommet. Schumacher nous a attaqués, on n'a pas réagi… et là, avec Sylvain Chavanel, on s'est amusés à faire la descente à bloc vers Isola. J'étais vraiment en forme, j'ai pris un immense plaisir avec la foule italienne, les Italiens sont des fous de vélo. C'était l'une de mes plus belles journées, et pourtant, mon meilleur ami Sébastien Chavanel avait abandonné…

Après avoir découvert la Lombarde sur le Tour de France 2008, Geoffroy Lequatre y retourne chaque année comme ici en juin 2018 lors du Tour Metropole Nice Côte d'Azur.

Vous souvenez-vous de l'avoir reconnue et comment ? En quoi est-ce que cela aide le jour de la course ?

Comme je l'avais reconnue avec mon équipe un mois et demi avant le Tour, lorsque ça a accéléré, je savais exactement quand je pouvais souffler, je savais qu'il y avait un replat au bout d'une dizaine de kilomètres et ces transitions après les virages. Tu perds beaucoup moins de terrain et, en sachant qu'il y a le replat dans 5 minutes, soit dans 2 kilomètres, je savais que je pourrais récupérer. Les reconnaissances sont de plus en plus importantes. Chaque année, tu y vas pour revoir et te remémorer, pour savoir où t'accrocher, où faire la différence, pour aller loin dans la souffrance et te dire que ça va passer parce que tu connais bien, et les leaders savent où ils vont attaquer. C'est super important.

Avez-vous d'autres souvenirs ou anecdotes sur ce col ?

Je me souviens surtout de la dernière partie du col vers les lacs qui sont magnifiques en haut, et la vue à couper le souffle, tu es dans ton monde alors que sur le côté de la route, c'est extraordinaire même si tu restes concentré… C'est un sentiment mêlé où tu es content d'avoir tout donné et où tu te souviens de ces paysages sublimes, j'en reparle d'ailleurs avec passion. Pour moi, désormais, la Lombarde est devenue un pèlerinage. J'y retourne au moins une fois par an, et c'est toujours le même bien-être de ce côté italien. Ce que j'aime dans ce col, ce sont ces bois, ces lacets proches du torrent, puis dans ces alpages, avec les lacs et cette vue magnifique ; franchement, c'est un passage obligatoire quand tu roules dans le Mercantour.

Selon vous, qu'est-ce qui est déterminant pour passer en tête au sommet ou s'y imposer ?

Pour un leader, il y a une importance au placement, car la route est étroite, on doit bien se placer dans l'approche, et selon la forme, c'est toujours agréable de grimper dans les premiers. Si ça arrive là-haut, il faut avoir repéré pour savoir où attaquer. Et si on redescend comme en 2008, il faut se dire que tu bascules dans les premières positions, car la descente est très technique, il faut se replacer à 2 kilomètres du sommet pour basculer dans les premiers.

Quelles sont, selon vous, les meilleures conditions climatiques pour grimper la Lombarde ?

Déjà, pas sous la pluie, car « qui dit pluie dans la vallée dit neige au sommet ». La Lombarde ouvre fin mai parce qu'on est à 2 300 mètres d'altitude. Moi, je préconise de le monter tôt le matin, car il y a des orages dans l'après-midi. Les orages montent du côté italien. Quand j'étais en stage à Isola 2000, je faisais le triptyque Bonette-Larche-Lombarde et je rebasculais dans la vallée italienne et tournais à droite pour prendre la Lombarde. Les gens du coin le connaissent bien ce parcours. C'est environ 130-140 kilomètres, soit 6 h 30 de vélo, une belle journée de vélo dans les Alpes du Sud. On peut le grimper de début juin jusqu'à octobre… mais il faut se méfier, car la descente est toujours à l'ombre ; à l'automne, c'est assez glissant ; en juin aussi, avec la neige qui fond sur la route… Donc, il faut faire attention.

Que représente ce col pour vous et dans votre carrière ?

Quand je suis arrivé dans la région, j'ai beaucoup entendu parler de la Bonette et de la Lombarde. J'ai dû attendre le Tour pour la monter, je l'ai découverte lors de mon deuxième Tour. C'est un très beau souvenir, la forme était là, en 2008. J'étais dans l'équipe du champion de France, Christophe Moreau. C'était un beau Tour pour moi : passer près de la maison sur des routes que je connais parfaitement.

Quels conseils pourriez-vous donner au lecteur qui voudrait s'attaquer à la Lombarde ?

C'est de poser la voiture au pied et d'attaquer côté italien pour faire la boucle dont je parlais. Au niveau des braquets, chez les pros, on met un 39 ou 36 x 28, pour les cyclos, un 34, c'est parfait… et une cassette de 32 à l'arrière qui te permet de passer les forts pourcentages. Pour la gestion de l'effort, tu sais que tu t'attaques à un col de 20 kilomètres, donc le conseil, c'est de ne pas se mettre à la limite parce que c'est long et difficile, la première partie doit se faire *piano piano*.

Vous parlez beaucoup de la beauté du paysage, mais en course vous avez le temps de le regarder ?
En course, on a du temps quand on est ouvert émotionnellement… Tu es concentré mais tu es obligé d'être interpellé par la beauté du paysage, même en plein effort, tu te sens sublimé par l'environnement, son énergie. Partout où je suis allé, j'ai découvert des endroits magnifiques, je me souviens presque de toutes les routes où j'ai roulé. C'est un site superbe, c'est pour ça que j'y retourne tous les ans, tu te souviens des sensations que tu avais en course, tu te reprojettes, en rigolant avec des amis, c'est toujours les mêmes sensations et le même bonheur à chaque fois que je monte ce col.

LA BONETTE

PRÉSENTATION

COL DE LA BONETTE, CIME DE LA BONETTE, BONETTE RESTEFOND, FAUX COL DE RESTEFOND, ENTRE NOUS, ON S'Y PERD UN PEU !

Alors, essayons d'être précis avec tous ces noms ! Je vais vous parler du col de la Bonette. Il culmine à 2 715 mètres d'altitude et permet de relier la vallée de l'Ubaye à celle de la Tinée dans les Alpes-Maritimes. Ce qui en fait le quatrième plus haut col routier des Alpes, seulement dépassé par le col de l'Iseran (2 764 mètres), le Stelvio (2 757 mètres) en Italie et le col d'Agnel (2 744 mètres) à cheval entre la France et l'Italie. Depuis le sommet de ce col de la Bonette, on peut faire une petite boucle de 2 kilomètres en prolongement de la route du col pour faire le tour de la « cime de la Bonette ». Cette route permet de monter à la cime de la montagne. Avec 2 802 mètres, cette voie est la route goudronnée la plus haute de France et non d'Europe comme l'indique le panneau, un brin survendeur. Le Pico Veleta en Espagne dans la Sierra Nevada est bien la route asphaltée la plus haute d'Europe avec ses 3 398 mètres, loin devant le portail sud du tunnel de la Ötztaler Gletscherstraße (2 829 mètres) en Autriche.

Autre précision, la Bonette n'est pas le col de Restefond. Il s'agit bien de deux cols différents. Le col de Restefond n'est pas un col routier, il ne se situe pas directement sur la route de la Bonette, mais sur une petite route qui part sur la gauche, à 2 kilomètres en contrebas du col de la Bonette, sur un chemin fermé à la circulation et non carrossable qui permet alors aux piétons et vététistes de prendre un autre chemin que le col de la Bonette. Enfin, le faux col de Restefond se situe environ 500 mètres en dessous du « vrai » col de Restefond à proximité de la D64. Bref, en 2 kilomètres, tout là-haut, il y a trois cols et une boucle !

Mais lorsque vous arriverez au sommet, vous retiendrez autre chose que ces précisions sémantiques : la longueur de ce col surtout et ses 25 kilomètres à 6,4 % ! C'est long, très long et un peu fastidieux ! Pas si dur, mais il faut être prêt, mentalement, à grimper plus d'une heure et demie et même beaucoup plus, selon son niveau. Il y a aussi son côté sauvage et la variété de ses paysages. Tout ici vous rappelle la beauté du parc du Mercantour. Cette forêt de sapins d'abord, ce torrent à pic sur la droite de la route, ses lacets, ses moutons, ses murets de pierre, cette route à flanc de montagne, ce vert dans ces paysages grandioses et grandiloquents, puis ce gris et ces roches si singulières que vous croyez rouler sur la lune… Ce col est farouche et sait se montrer hostile. Et inhospitalier. Car vous arrivez en haute montagne, à plus de 2 700 mètres. Même si l'effet de l'altitude se fait moins sentir que dans le Galibier (p. 12), parce qu'ici la montée est plus progressive et plus douce. Autrement dit, vous grimpez par paliers. Je vous parle du versant sud, en venant de Saint-Étienne du Tinée et non du Nord par Jausiers.

À l'origine, la Bonette est un chemin muletier, puis il devint une voie stratégique entre Barcelonnette et Nice. Il est transformé en route en 1832, qui sera classée « route impériale » le 18 août 1860 par Napoléon III et achevée seulement en 1964. Ce col appartient à la ligne Maginot des Alpes comme en témoigne le Camp des Fourches, dont vous pourrez traverser les ruines à 8 kilomètres du sommet. Construit en 1896, il pouvait accueillir près de 150 chasseurs alpins. Laissé à l'abandon, il donne une étrange impression de fin du monde lorsque vous traversez ses entrailles. Pour toutes ces particularités et cette histoire, la Bonette doit faire partie de votre tableau de chasse des plus grands cols, au propre comme au figuré. Pour moi, la Bonette est un géant, au même titre que l'Izoard (p. 24) et le Galibier. Mais le Tour n'y est venu que quatre fois, sans doute parce qu'il est excentré et loin de tout à 150 kilomètres au nord de Nice, dans une région très peu facile d'accès. Méconnu du grand public, ce col mérite plus de considération et de reconnaissance et d'être apprécié pour ce qu'il est : un monument qui vous donne le vertige et l'impression de toucher le ciel. De vous en rapprocher en tout cas.

PROFIL

25,8 KILOMÈTRES À 6,4 % DE MOYENNE
POURCENTAGE MAXIMUM : 15 %
CLASSÉ HORS CATÉGORIE
NIVEAU : CONFIRMÉ

Hormis le milieu du col entre le dixième et le quinzième kilomètre où il faut gravir des parties à 8 %, ce col est plutôt régulier et constamment entre 5 et 7 %. Ce qui est dur ici, c'est la longueur du col, environ 26 kilomètres, ce qui équivaut à près de deux heures d'ascension pour les amateurs et cyclos.

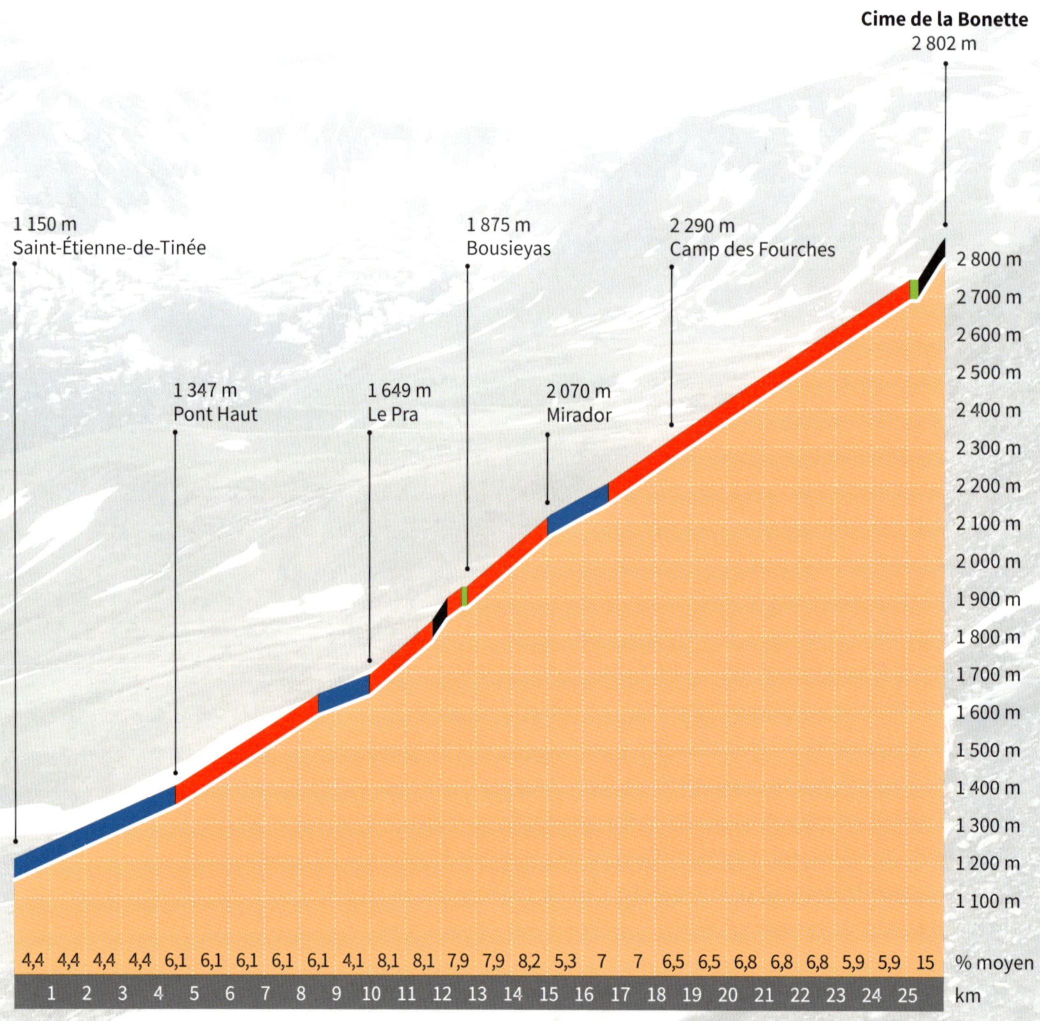

CONSEILS

MON CONSEIL MATOS

Ici, il est tout à fait possible de passer avec un 39 dents et une cassette de 28 à l'arrière. Mais vous allez vous user, alors privilégiez un 36 x 28, pour tourner les jambes et vous économiser. Surtout si vous faites un autre col dans la foulée.

LE BON PLAN

Juste après le hameau de Bousieyas, vous tombez sur un panneau drôle et tellement rare. « Marmottes, 20 km. » En effet, ouvrez bien les yeux, vous verrez des marmottes traverser la route et vous regarder monter. C'est un vrai spectacle ! Profitez-en bien !

MA MONTÉE

DATE : 6 JUIN VERS 10 HEURES
CONDITIONS MÉTÉO : PLUIE ET TEMPÉRATURES FRAÎCHES, 13 °C AU PIED
TEMPS : 2 H 03

Je m'élance de Saint-Étienne-de-Tinée avec Alexandre, mon cousin. Et je vais me rendre compte que d'avoir de la compagnie dans ce col était vraiment une bonne idée. Jamais avant ce jour, je n'avais monté un col de 25 kilomètres. Je redoute un peu cette distance mais je me lance, on se lance. Le ciel est couvert. Il fait frais, 13 °C, pas plus, alors nous partons avec des manchettes. Les premiers kilomètres sont plutôt roulants. C'est un long faux plat autour des 3 %. Je suis sur le petit plateau, j'ai l'impression que ça ne monte pas. On navigue constamment entre 3 et 5 %. Nous longeons le torrent qui se trouve sur la gauche. Nous avons déjà parcouru 5 kilomètres mais il en reste encore 20 ! Cela me donne un peu le vertige. Déjà…

Après un petit pont, on tourne à droite. Le col commence vraiment ici. Les pourcentages restent raisonnables, autour des 5-6 % de moyenne, jamais au-dessus pendant les 10 premiers kilomètres. Le décor devient de plus en plus beau, et sauvage. On passe au-dessous d'une cascade impressionnante, au milieu d'une forêt de pins. Les lacets commencent au bout de 6 kilomètres et me permettent de reprendre de la vitesse. Il se met à pleuvoir. Le ciel est de plus en plus chargé. Nous arrivons sur une longue langue de bitume, avec le torrent en contrebas. Cette partie n'est pas difficile mais usante. Il reste 17 kilomètres ! Au bout de 10 bornes, j'arrive dans les pourcentages plus difficiles

autour de 8 %. Je suis sur le 34 x 28 et suis en train de faire une hypoglycémie. Je m'arrête, mange deux barres et repars. Avec mon cousin, nous passons le petit village de Bousieyas. Une petite dizaine de maisons de pierre tout au plus. Il faut faire le dos rond avec encore 3 kilomètres à 8 %. J'ai un peu le moral dans les chaussettes. Je vois qu'il reste 14 kilomètres, soit l'Izoard en entier, alors qu'on en a déjà parcouru 10. Je me répète qu'il faut être patient, que je dois avancer et ne pas me poser de questions. Nous arrivons dans la partie découverte avec de grands lacets. Le ciel s'obscurcit de plus en plus. Nous nous sentons à sa merci, sans le moindre endroit pour nous abriter. Il pleut de plus en plus. Il fait froid, il y a du vent. Je commence à comprendre pourquoi on m'a parlé de ce col comme d'un géant. Je trouve mon rythme. Plus on monte et mieux je me sens. Entre 12 et 13 km/h. La pente n'est pas si dure. Moins en tout cas que dans le Ventoux (p. 126) ou le Galibier (p. 12). Mais ça monte, inexorablement. On aperçoit le sommet, nous sommes à plus de 2000 mètres. Il reste 10 kilomètres, un replat me permet de respirer. On tient le bon bout. Trouver un rythme, ne pas s'affoler, être régulier. Voilà la clé de notre ascension.

Et puis, le brouillard se fait de plus en plus épais. On ne voit plus à 10 mètres. Et là, nous apercevons le Camp des Fourches ou du moins ce qu'il en reste. L'image est assez glaçante. Nous le traversons et passons au milieu de ce camp militaire défiguré, ses squelettes recouverts d'un épais brouillard. Le traverser dans ces conditions vous pétrifie, alors vous accélérez. Ce passage est à l'image de ce que nous vivons, dans un endroit inamical et de plus en plus hostile. Inquiétant même. Nous ne traînons pas. Le paysage devient lunaire. Au milieu des congères et de la pierre presque noire, dans la brume. Drôle d'ambiance que cette montée du col de la Bonette. Plus on monte, plus le décor est inhospitalier. En revanche, la pente s'est adoucie. Nous avançons à allure régulière. Mais les kilomètres pèsent dans les jambes. Avec mon cousin, on s'encourage de plus en plus, avec des petits mots. Et ça fait du bien. Il fait froid. 5, 6 °C, pas plus. Jamais je n'avais eu froid comme cela en montant. Aux mains surtout. Il pleut. Sur la droite, des murs de neige, sur la gauche, le ravin.

Je commence à m'impatienter et j'attends le sommet, je l'implore d'arriver, je l'insulte. Encore 4 kilomètres. À 5 % certes mais ces derniers kilomètres sont une éternité. Cela devient de plus en plus facile physiquement mais comme me le suggère mon cousin : « Il règne ici une ambiance de fin du monde… » Ce sera la fin du col d'abord. Je regarde mon chrono : nous ne parviendrons pas à faire moins de 2 heures. Tant pis. 2 heures et 3 minutes. Nous voilà au sommet du col de la Bonette. Nous n'irons pas plus haut, car la route de la cime est fermée, encore enneigée ! Jamais je n'avais monté un col aussi long. Et pour Alexandre mon cousin comme pour moi, cette ascension restera un grand souvenir. À la (dé)mesure de cet endroit si singulier, parfois inamical mais tellement majestueux.

SUR LE TOUR

Seulement quatre fois ! Le Tour n'a emprunté ce géant qu'à quatre reprises seulement. Pourtant, comme l'Iseran, son nom est associé à celui de la Grande Boucle. Le Tour découvre ce col en 1962. Pour la première fois, le Tour passe aussi haut, à plus de 2 800 mètres d'altitude. L'Espagnol Federico Bahamontes passe en tête de ce qui restera le point culminant de l'histoire du Tour de France. Deux ans plus tard, l'étape entre Briançon et Monaco emprunte à nouveau la Bonette mais, cette fois, par le versant nord en venant de Jausiers. Bahamontes, encore lui, parvient à lâcher ses rivaux Jacques Anquetil, Raymond Poulidor et Hans Junkermann à 1 kilomètre du sommet et reprend Louis Rostollan. L'Espagnol ne remporte pas l'étape mais sera le premier à ramener six fois le maillot de meilleur grimpeur. Il a alors 36 ans. À Monaco, Raymond Poulidor commet une grosse erreur ! L'arrivée se déroule sur la piste en cendrée du Stade Louis II. Le Limousin franchit la ligne en premier mais l'arrivée est jugée au deuxième tour ! « J'avais étudié cette arrivée, mais bêtement, je me suis trompé entre le tour et la distance. Je suis le seul fautif » confia-t-il. Jacques Anquetil, son rival de toujours, en profite pour s'imposer et reprendre une minute de bonification qui le replace au général.

Lors de ces deux passages, le col est classé en première catégorie, puis en hors catégorie lors des deux suivants. En 1993, la onzième étape relie Serre-Chevalier à Isola 2000 et emprunte les cols d'Izoard, de Vars, de la Bonette-Restefond par Jausiers puis Isola 2000.

Dans la Bonette, Robert Millar et Pedro Delgado s'échappent. L'Espagnol lâche à 14 kilomètres du sommet. Millar passe en tête avec 1'15'' d'avance et signe le record de la montée en 1 heure et 5 minutes. Au pied d'Isola 2000, l'Écossais n'a plus qu'une quarantaine de secondes d'avance. Repris puis distancé, il revient puis attaque à nouveau. Mais à 2 kilomètres de l'arrivée, c'en est fini pour Millar. Tony Rominger remporte l'étape. Loin derrière le Suisse, un coureur vit un véritable calvaire. Il s'agit de Laurent Fignon, double vainqueur du Tour de France et deuxième pour 8 secondes sur Greg LeMond en 1989. La Bonette sera son ultime ascension. Le Parisien reste volontairement dernier du peloton. Il raconte ses derniers moments sur un vélo dans son autobiographie : « L'instant ne devait pas m'être volé. Un moment de tristesse et de grâce mêlées. Ce col était à moi et je ne voulais être dérangé par personne. Grimper comme ça à plus de 2 700 mètres, c'était me donner de très bonnes raisons d'apprécier tout ce que j'avais vécu avec le vélo. C'était comme une distillation poétique des douze dernières années. Je pressais doucement sur les pédales, j'admirais la vue à l'horizon. J'entrevoyais dans ce ciel bleu et ces cimes tout un univers qui s'ouvrait à moi. » Ou quand un col et la vue qu'il offre sont la métaphore d'une nouvelle vie.

En 2008, le Tour passe pour la quatrième fois au col de la Bonette. Et ce jour-là, une image va faire le tour du monde. Celle de John-Lee Augustyn qui fait un tout droit dans un virage et qui chute dans le ravin. Ou plutôt sur la pente grise parsemée de pierres. Le Sud-Africain mit de longues minutes à remonter sur cette côte presque à l'horizontale, aidé par un spectateur. À l'arrivée à Jausiers, le Français Cyril Dessel s'impose dans ce virage en descente et devance son compatriote Sandy Casar.

Sur le Tour de France 2008, le Sud-Africain John-Lee Augustyn fait un tout droit dans la descente de la Bonette lors de la seizième étape. Il s'en sort indemne mais mettra de longues minutes à remonter sur la route.

CYRIL DESSEL

LA BONETTE ET CYRIL DESSEL

Cyril Dessel passe professionnel chez Jean Delatour en 2000. Après un court passage chez Phonak, il sera l'un des piliers de l'équipe AG2R La Mondiale de 2005 à 2011. En 2006, il porte une journée le maillot jaune du Tour de France et remporte deux ans plus tard l'étape Cuneo-Jausiers qui passe par la Bonette.

Racontez-nous votre première expérience dans le col de la Bonette…

Ma première expérience dans la Bonette, ça ne date pas d'hier ! Je devais avoir 14 ou 15 ans quand je l'ai montée pour la première fois. J'étais en vacances avec mes parents à Barcelonnette, je n'avais pas encore pris ma première licence. Avec mon père, on montait les cols des environs, et j'avais monté la Bonette, on avait fait la photo là-haut, car c'était le col le plus haut de France (en fait, c'est la route et non le col le plus haut de France…). C'est un col très, très long, on l'a monté du côté de Barcelonnette et j'étais redescendu par la même route, on est monté jusqu'en haut. Les souvenirs que j'avais, et c'était il y a plus de vingt-cinq ans, c'est que ce n'est pas un col hyper difficile, il y a quelques replats, mais pour monter à la cime, c'est très raide.

Et puis vous l'avez monté en 2008 dans le Tour de France…

Je ne le connaissais pas de ce côté-là, j'étais dans une position d'équipier, dans une grosse échappée. C'était Stefan Schumacher devant tout seul. Dans ce groupe de 30, je n'avais pas l'intention de me découvrir, on avait Tadej Valjavec chez AG2R, il était onzième au général, il a attaqué tôt dans le col. Ça s'est désorganisé, on s'est retrouvé à 9, on avait moins d'alliés et ils nous ont regardés faire, j'ai donc assumé une partie de la montée comme équipier. Derrière, c'était la CSC des frères Schelck qui défendait, je me disais que j'hypothéquais mes chances de victoire, mais la montée est passée assez vite. On a rattrapé Schumacher à 7 kilomètres du sommet, il était cuit, j'ai continué à travailler en me disant que je serai lâché. Augustyn a attaqué à

Ce 22 juillet 2008, Cyril Dessel remporte à Jausiers l'une des plus belles victoires de sa carrière devant Sandy Casar après avoir grimpé la Lombarde et la Bonette.

1 kilomètre du sommet, j'ai essayé d'y aller, le groupe a explosé. Valjavec m'a demandé de l'attendre et je me suis dit que j'allais jouer l'étape, j'étais celui qui réagissait, je suis passé en deuxième position au sommet. Augustyn avait 100 mètres d'avance, on était avec Casar, Arrayo et Popovych, et dans l'un des premiers virages, je vois Augustyn sortir de la trajectoire et basculer dans le fossé, c'était un moment incroyable, on ne savait pas ce qu'il y avait derrière. J'étais tellement concentré que ça ne m'a fait ni chaud ni froid, je me suis dit : « C'est bon, tu vas jouer la gagne », c'est terrible de dire cela, puis il y a eu cette descente technique, sans gros pourcentages, avec un goudron plutôt bon ; d'une manière générale, la route est correcte. Je n'étais qu'avec de bons descendeurs. Je me suis dit : « Ne prends pas de risque », j'ai essayé de ne pas les laisser prendre de l'avance et je savais qu'il y avait ce virage à 170 mètres de la ligne. Je savais qu'il fallait que j'attaque à 500 mètres et que si je faisais comme ça, personne ne me doublerait, j'ai attaqué à 60 km/h parce qu'on était en descente… je savais que la ligne était à 100 mètres du virage et qu'après on ne pourrait pas me doubler. C'était le scénario que j'avais dans ma tête et qui s'est réalisé. Se dire que je l'avais monté à 15 ans, c'est un signe du destin, j'avais une photo là-haut où je n'étais pas très grand et je gagne ici…

Vous dites que vous ne connaissiez pas la Bonette par ce versant, vous ne l'avez donc pas reconnue ?

Non, je ne l'avais jamais montée, je l'ai découverte le jour du Tour, c'est un avantage de connaître, c'est sûr. On faisait des reconnaissances, mais pas de tous les cols comme ils le font maintenant. C'est un col un peu excentré. On était basés à Chambéry, on faisait plus le Glandon, le Galibier, ces cols-là…

Avez-vous d'autres souvenirs ou anecdotes sur ce col ?

Ce qui marque quand tu approches du sommet, c'est le manque d'oxygène, on passe les 2 700 mètres. Au-dessus de 2 000 mètres, il y a une barrière et, au-dessus de 2 500 mètres, encore une autre. Mais ce n'est pas très raide, je me souviens être monté sur le 17 dents et le 21 toute la montée et, dans le dernier kilomètre, avec le 23.

Selon vous, qu'est-ce qui est déterminant pour passer en tête au sommet ?

J'aurais tendance à dire qu'il faut être relativement patient, ce que je n'ai pas fait moi, je suis passé en deuxième position, Augustyn est resté à l'abri du groupe, dans une pente à 10 %. L'abri est limité et tu es en position de force en étant devant, là oui… c'est un col où il faut être patient et attendre le sommet pour passer à l'action.

Quelles sont, selon vous, les meilleures conditions climatiques pour grimper la Bonette ?

Pour nous, il faisait grand beau, chaud, des conditions que j'affectionnais. C'est un col assez exposé vu qu'on monte haut, le sens du vent a forcément une influence sur la course. Si le vent est favorable, c'est mieux pour faire la sélection ; si le vent est de face, c'est plus dur pour écrémer. Pour moi, les conditions idéales, c'est donc vent modéré et du soleil, car à 2 800 mètres, il fait vite froid…

Que représente ce col pour vous et dans votre carrière ?

Il représente un moment fort de ma carrière, c'est le col qui a été décisif dans l'étape que j'ai gagnée. Quand on passe à Jausiers, ça me fait toujours quelque chose, ça reste un moment très, très fort de ma carrière. En plus, je l'avais monté gamin avec mon père, on peut dire que c'est un col qui a marqué ma vie.

Quels conseils pourriez-vous donner au lecteur qui voudrait s'attaquer à ce col ?

Étant donné qu'il n'y a pas de forts pourcentages, il n'est pas utile de prévoir de gros braquets : avec un 34 ou 36, tu es tranquille. Je conseillerais aussi une paire de roues en carbone légères et maniables, c'est top pour la descente, des 35 millimètres, c'est bien pour être léger lors de la montée et maniable lors de la descente… La Bonette, ce n'est pas comme l'Angliru avec ses côtes à 20 %, mais il faut être prêt psychologiquement à affronter une ascension qui va durer plus d'une heure.

Il y a aussi la beauté du lieu, mais en course vous avez eu le temps de le regarder ?

Alors, je suis très sensible aux paysages, j'adore la montagne mais, le jour où j'ai monté la Bonette, je n'ai pas pu apprécier le paysage, j'étais tellement concentré sur mon effort. Les conditions n'étaient pas réunies pour que j'apprécie le paysage. En revanche, quand tu es dans le peloton et que ça monte tempo (à rythme régulier sans attaques), oui, tu peux l'apprécier. Là, non, ça castagnait, je me suis rendu compte que c'était beau parce que j'avais une photo avec le paysage derrière qui est absolument magnifique. Mais oui, oui, c'est très beau même si je n'y suis jamais remonté. Je reçois régulièrement des SMS de copains qui sont là-haut… c'est toujours agréable.

LE MONT VENTOUX

PRÉSENTATION

LE VENTOUX N'EST PAS UN COL. NON. C'EST UNE TERRE BLANCHIE POSÉE LÀ AU MILIEU DU VAUCLUSE.

De façon incongrue. Le Ventoux n'est pas un col. C'est un désert lunaire balayé par le vent. Le Ventoux n'est pas un col, en tout cas pas comme on le pense. Comme l'a crié Raphaël Geminiani à Ferdi Kübler parti à l'attaque la fleur au fusil dans le Tour 1955 : « Attention, Ferdi, le Ventoux n'est pas un col comme un autre ! » Ce à quoi le Suisse répondit : « Ferdi, non plus, pas un coureur comme les autres ! Ferdi grand champion », avant de craquer et d'abandonner le lendemain !

Pour les gens qui, comme moi avant l'écriture de ce livre, n'ont jamais escaladé le Ventoux à vélo, cette sentence un peu définitive a de quoi surprendre. Pour moi, le mont Chauve était comme un complexe ou plutôt un manque. Le seul « grand col » en France que je n'avais jamais gravi. Alors, après des années à se tourner autour, à passer devant en voiture, y suivre les coureurs du Tour à moto, le voir de loin, le sentir, je suis venu le grimper. Et j'ai compris. Le Ventoux est une terre de souffrance. Aride. Inhospitalière. Un col qui a tout pour être à part. Unique. Mais qui fascine, vous subjugue. Il a la pente. Il a le vent. Il a le soleil. Et ce décor calcaire, si singulier, si glaçant malgré la chaleur parfois insoutenable en été.

Et cette dimension dramatique. Le Ventoux alimente la légende du Tour de France depuis son apparition sur la plus grande course du monde en 1951. Comme si un réalisateur hollywoodien était venu écrire à chaque fois un scénario pour servir la grandeur du Tour. De l'offrande faite par Armstrong à Pantani, au malaise d'Eddy Merckx, à la course à pied surréaliste de Froome tel un pantin désarticulé, à la mort tragique de Tom Simpson. C'est tout ça, le Ventoux. Le théâtre d'une tragédie plus qu'un simple col.

Un col gravi pour la première fois en 1335, par Pétrarque, poète et ecclésiastique à la cour papale. La lettre qu'il écrivit est une allégorie marquant sa réconciliation avec le monde de Dieu. Qui donne peut-être à cette montagne cette dimension si mystique.

Il y a donc la pente et la distance. 20,8 kilomètres à 7,5 % de moyenne. En partant de Bédoin, en passant par une forêt de mélèzes et de cèdres et ses passages les plus pentus jusqu'à 14 %. Et ces kilomètres léchant constamment les 10 %. Puis, à partir du chalet Reynard, vous arrivez dans ce paysage désolé, dégarni, avec de part et d'autre ces pierres blanchies par le soleil. Un *no man's land* inquiétant. Jusqu'à 1 912 mètres et son observatoire. Là-haut, vous avez l'impression d'avoir mis un pied ou plutôt d'avoir roulé sur la lune. Et vous avez un sentiment unique. À l'image du lieu.

Là-haut, il y a le vent. Le mistral plus exactement. Qui balaie le sommet avec des rafales qui dépassent parfois les 200 km/h. Comme en juillet 2016, où les organisateurs du Tour de France ont été contraints de déplacer l'arrivée au chalet Reynard plutôt qu'au sommet en raison d'un vent qui balayait tout sur son passage. Ce jour-là, j'étais au sommet, il était presque impossible de tenir debout. Je me souviens avoir vu une caravane renversée sous l'effet des bourrasques. Pour les coureurs, dans des conditions plus normales, ce vent rajoute à la difficulté dans les 5 derniers kilomètres.

Il y a le soleil. Et la chaleur. Écrasante. Oppressante. Irrespirable parfois. La canicule sévit souvent sur le Ventoux et sa région, encore plus au mois de juillet. Il peut faire jusqu'à 40 °C à l'ombre, et à partir du chalet Reynard, il n'y a plus d'ombre. Plus la moindre espèce de végétation pour s'abriter de ce soleil accablant. Combien de malaises a-t-on vus pendant le Tour ? Celui du grand Eddy Merckx au bord de la syncope en 1970, les défaillances spectaculaires de Jean Malléjac et Ferdi Kübler en 1955. Douze ans plus tard, le 13 juillet 1967, l'Anglais Tom Simpson trouve la mort à 3 kilomètres du sommet, un jour de « chaleur crématoire » sur le Ventoux comme l'écrit Philippe Brunel. On apprendra que ce sont les amphétamines et d'autres produits dopants qui, combinés à la canicule, ont eu un effet mortel (on y reviendra dans « Sur le Tour » p. 128). Une stèle a été dressée à 1 kilomètre du sommet pour lui rendre hommage.

Sans rapport avec ce drame, combien de coureurs ai-je vus une fois la ligne franchie s'allonger et mettre de longues minutes à récupérer. Je me souviens de Nairo Quintana en 2013. Le petit grimpeur colombien, étrillé par un Chris Froome à la cadence de pédalage qui a intrigué les suiveurs, est resté prostré. À terre. Dix longues minutes. Ce jour-là, le coureur du Boyacá, pourtant habitué à s'entraîner sur les hauts plateaux à 3000 mètres d'altitude, est allé au bout du bout. Et a pu constater lui aussi que le Ventoux est bien plus qu'un col. Et qu'il faut venir le défier pour le comprendre

PROFIL

20,8 KILOMÈTRES À 7,5 % DE MOYENNE
POURCENTAGE MAXIMUM : 13 %
CLASSÉ HORS CATÉGORIE
NIVEAU : CONFIRMÉ

Les 3 premiers kilomètres sont plutôt roulants entre 3 et 5,8 %. C'est ensuite que cela se complique, dans cette fameuse forêt. Là, vous abordez 3 kilomètres à 9,5, 9,2 et 10,6 % ! Ensuite, hormis 1 borne de « replat » à 5,5 %, vous oscillez entre 7,5 et 10 % en étant constamment autour des 8 % sur une pente régulière ! Après le chalet Reynard, les pourcentages sont moins élevés mais toujours redoutables.

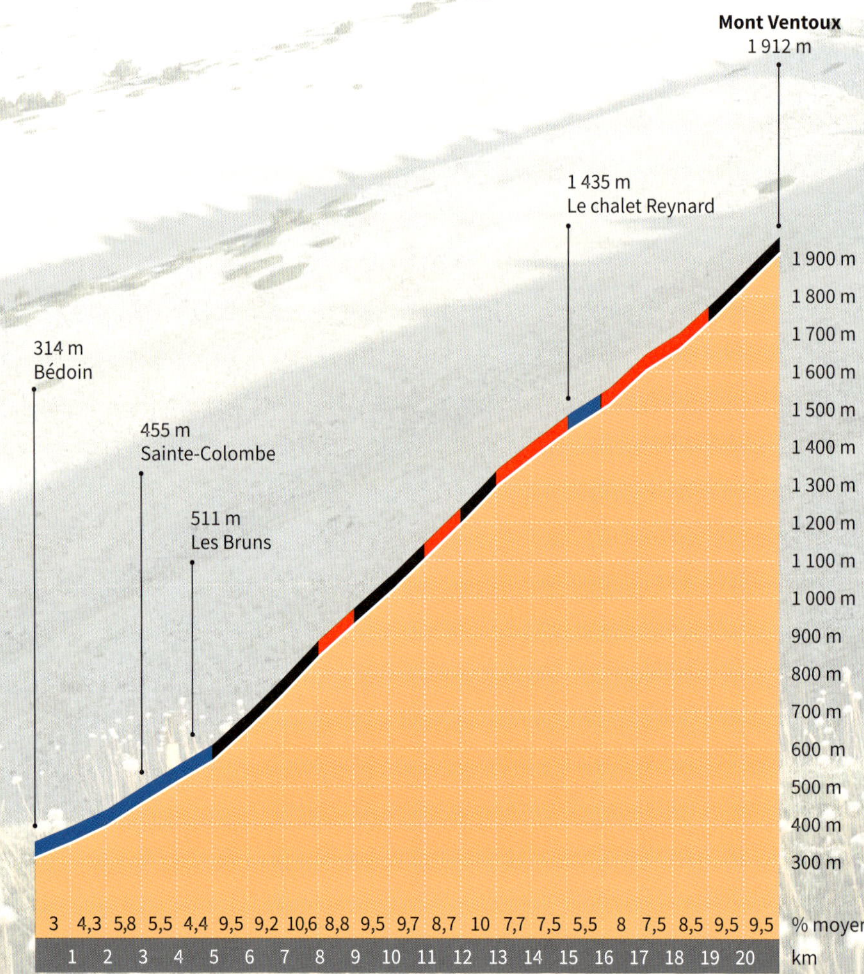

CONSEILS

MON CONSEIL MATOS

Ici, ne cherchez pas : utilisez un plateau de 34 dents. À l'arrière, optez pour un 28, et même un 30 pour être confortable et bien passer les pourcentages les plus durs dans la forêt. Évitez les jantes hautes, qui ne vous apporteront pas grand-chose, surtout avec le vent. Prévoyez aussi un coupe-vent pour le sommet et pour la descente. Pensez surtout à prendre deux, voire trois bidons, c'est indispensable vu la chaleur qu'il peut faire.

Par ailleurs, selon moi, il est un peu présomptueux, voire dangereux de s'aventurer avec moins de 3 000 kilomètres effectués à l'entraînement, à moins de monter avec un vélo électrique. Avec la chaleur, le pourcentage et la distance, monter le Ventoux ne s'improvise pas !

LE BON PLAN

Vous pouvez remplir vos bidons dans les lavabos des toilettes à gauche du restaurant La Terrasse du chalet Reynard après 14 kilomètres d'ascension, et je vous jure que ce n'est pas un luxe.

J'ai été surpris de tomber sur une étale de bonbons au sommet. Alors, pourquoi ne pas vous offrir un petit assortiment de sucreries en guise de récompense aux Bonbons du Ventoux, vous le méritez bien, non !?

MA MONTÉE

DATE : 25 MAI VERS 9 H 30
CONDITIONS MÉTÉO : 25 °C À BÉDOIN
TEMPS RÉALISÉ : 1 H 47

Depuis le temps qu'on se tournait autour… depuis le temps que je rêvais de le grimper. Oui, je rêvais de monter le Ventoux et j'étais impatient de savoir si j'en étais capable et si j'irais là-haut moi aussi.

Je voulais partir vers 8 heures pour éviter la chaleur mais je me suis trompé de côté et commence donc mon ascension vers 9 h 30. J'avoue que j'étais un peu nerveux et intimidé par ce monstre. Je sors de Bédoin et roule tranquillement sur ce faux plat montant. Je jette un œil à ma gauche. Le Ventoux me toise comme pour me dire : « Je t'attends mais avant, il faut me mériter ! » Je suis stressé, j'ai un peu peur. Je mets le petit plateau et aperçois un panneau qui m'indique le sommet à 18 kilomètres. Je double des gens avec des vélos de location en basket et T-shirt et me demande comment ils vont faire pour aller au bout. Un virage à gauche et j'entre dans la forêt. Le col commence vraiment. Plus moyen de s'échapper. Je suis à 11 km/h. Il y a très peu de lacets comme dans les Alpes, mais des lignes droites entrecoupées de zigzags… Il fait déjà très chaud.

Mes gestes deviennent ceux d'un automate. Pédaler, prendre un bidon, boire et m'arroser. J'ai fait 5 kilomètres et une borne m'indique qu'il en reste 15, soit 1 de plus que l'Izoard (p. 24) en entier ! Je suis découragé et me demande comment je vais tenir ! Je doute. Le Ventoux joue avec moi et veut voir ce que j'ai dans la ventre. Et dans la tête. Alors, je me dis : « OK. On va y aller tranquille. Et surtout patience, patience, patience ! » Je sais que la route va être longue. Et le Ventoux est un rouleau compresseur qui vous happe et vous détruit.

À vous de lui tenir tête ! C'est un match mental, déséquilibré certes mais un moment de vérité où je me retrouve face à moi-même ! Soit je cède, soit je me bats et je ne lâche rien ! Je choisis la deuxième option.

Le soleil tape. Je prends un rythme, j'accepte d'aller à 9 à l'heure… Je rattrape un cyclotouriste, Fabien, un monsieur de 75 ans, on échange un mot, on s'encourage… Puis je reprends Paul, un Anglais originaire de Liverpool. On se dit qu'on fait un bout de chemin ensemble, mais il a du mal à rester dans ma roue, alors je lui glisse « *You'll never walk alone !* », la devise des Reds de Liverpool pour lui donner le moral… Comme lui, ils sont beaucoup d'Anglais à monter le Ventoux, parfois de façon inconsciente au vu de leur équipement sommaire.

J'ai le maillot grand ouvert… Je souffre. J'ai rarement souffert comme ça mais je reste concentré. De toute façon, je n'ai pas le choix. Je n'attends qu'une chose : le chalet Reynard. Je l'espère… Je prie pour le voir, pour l'apercevoir… À 11 kilomètres du sommet, un lacet à droite et un replat. Je suis sur le 34 x 30, j'ai vidé un bidon et il me reste 10 kilomètres. Patience ! Patience ! Patience ! Je me répète ces mots en boucle ! Un vélo à moteur me double à près de 20 km/h, j'ai beau savoir que cette dame d'un certain âge a une assistance électrique, ça me fout un coup au moral ! Énormément de gens qui montent le Ventoux le font avec ces vélos. Je rattrape encore des gens de tous âges, de toutes nationalités, de tous niveaux, et je me dis que je ne suis pas le seul à souffrir, que tout le monde souffre parce qu'on est dans le Ventoux. Je reconnais l'endroit où Chris Froome est tombé et s'est mis à courir sur le Tour 2016. J'arrive au chalet Reynard après 1 heure et 15 minutes d'ascension, enfin ! Je remplis mes bidons et repars.

Et là, j'arrive dans la partie découverte du Ventoux. Celle qui a fait sa légende. Les pourcentages sont moins élevés que dans la forêt. Je suis bien, je roule à 15 km/h dans le Ventoux, quel pied ! En voyant le sommet, j'ai l'impression d'être dans la télé avec les champions ! Moi aussi, je roule sur la Lune ! Je suis comme un gamin, je souris en étant là, j'ouvre grand les yeux ! Mais surtout ne pas céder à l'euphorie, car il me reste 5 kilomètres. Je me dis : « Tu roules sur le Ventoux ! C'est mythique ! » Je n'avais ressenti cela nulle part ailleurs. Les pourcentages à 7 % me conviennent bien, je suis à 14 à l'heure dans le Ventoux, moi Nicolas Geay ! Je n'en reviens pas ! Et puis ça se corse un peu. Mais cela passe vite.

Je jette un œil sur la stèle en l'honneur de Tom Simpson et me dis que chaque mètre de ce col fait partie de l'histoire. Le dernier kilomètre est terrible à 10 %, et les derniers 500 mètres à 11 % sont un calvaire mais je m'arrache en regardant l'antenne, cette antenne que je peux désormais presque toucher… Dans le dernier virage, je donne tout et pense à Christophe Le Mével qui y avait sauvé sa neuvième place dans le Tour en 2009. Je franchis la ligne et serre le poing avec un immense sourire. Je suis fier de moi. Très fier. Je n'ai jamais ressenti un tel sentiment sur un autre col. En haut, il faut faire la queue pour faire un selfie devant le panneau « mont Ventoux », pas très agréable mais c'est le jeu et énormément d'Anglais et de Néerlandais sont là… Je regarde la vue magnifique et tout autour de moi. Fier d'avoir monté plus qu'un col et de lui avoir tenu tête !

SUR LE TOUR

Soudain, il se mit à courir. Le maillot jaune du Tour. Oui, le maillot jaune se retrouve sans vélo et part à grandes enjambées sur les pentes du mont Ventoux. Du jamais vu ! Image surréaliste de Chris Froome à pied retransmise en mondovision ! Cette séquence résume à elle seule la dramaturgie qui s'attache au Ventoux. Retour sur ce 15 juillet 2016. Ce soir-là, les organisateurs du Tour annoncent que la montée du Ventoux du lendemain sera raccourcie par mesure de sécurité. En effet, le vent souffle à plus de 100 km/h en haut du mont Chauve. Les barrières de sécurité sont balayées et renversées par le Mistral. La direction du Tour de France prend donc la décision qui s'impose : déplacer l'arrivée au chalet Reynard 7 kilomètres plus bas.

Le lendemain, au moment du passage des coureurs, le public s'est donc massé dans les derniers kilomètres avant cette nouvelle arrivée. À cet endroit-là, les barrières n'ont pas été descendues. J'étais sur la moto pour commenter pour France Télévisions. Derrière le groupe maillot jaune. Au fil des mètres, on avait l'impression de s'engouffrer dans un entonnoir ! On avait de plus en plus de mal à se frayer un chemin ! À un moment, ce qui devait arriver arriva. L'une de nos motos, pilotée pourtant par le très expérimenté et reconnu Fabrice Roche, d'ailleurs patron de ces pilotes devenus des références à travers le monde dans les courses de vélo, dut piler, bloquée par des spectateurs. Derrière elle, l'Australien Richie Porte et Chris Froome ne peuvent l'éviter et chutent. Porte repart, Froome, lui, constate que son vélo est cassé. Sa voiture de directeur sportif étant elle aussi bloquée dans les embouteillages du Ventoux, l'Anglais panique et part en courant ! « Ah, Christopher Froome qui n'a plus de vélo, Christopher Froome à pied ! se met à hurler Thierry Adam, commentateur pour France Télévisions. Mais quelle image du Tour, on n'a jamais vu ça ! » Et moi non plus, en six ans passés sur la moto du Tour, je n'avais jamais vu ça ! J'étais à 2 mètres derrière lui et j'avais le sentiment de vivre un moment historique. Froome ne cessait de se retourner et d'appeler sa voiture. Puis il prit un vélo de l'assistance technique mais visiblement ses cales n'étaient pas compatibles avec les pédales. À 400 mètres de la ligne, Froome est enfin dépanné par sa voiture et repart avec son vélo de rechange. À l'arrivée, il perd 1,40 minute sur ses rivaux et perd son maillot jaune. Le psychodrame ne s'arrête pas là. J'étais là-haut dans la zone d'interview afin de coanimer avec Gérard Holtz qui était resté en bas à Vaison-la-Romaine pour présenter l'émission Vélo Club. Et là aussi, j'ai pu ressentir une atmosphère exceptionnelle et qu'il se passait quelque chose en coulisses. Tout le monde s'activait, gesticulait et surtout attendait. On ne savait rien. Un premier classement confirme que Chris Froome perdait bien son maillot jaune et se retrouvait sixième à 53 secondes de son compatriote Adam Yates. Et puis, pendant près d'une heure, on a attendu.

Dave Brailsford, le patron de la puissante Sky, une nouvelle fois, essayait de mettre toute son influence pour que Froome soit remis dans le même temps que ses rivaux. Erreur historique. S'il n'avait rien demandé, Froome était ensuite capable de gagner quand même le Tour et serait peut-être enfin devenu populaire. Pendant de longues minutes, j'ai dû meubler, interviewer des coureurs ou directeurs sportifs qui attendaient une décision, mais laquelle ? Et puis, enfin, on nous a annoncé que Chris Froome et Richie Porte étaient crédités du même temps que Bauke Mollema, qui les accompagnait au moment de l'accident. Cela voulait surtout dire que l'Anglais récupérait le maillot jaune. Décision contestée, car c'était un fait de course. Mais dans des circonstances exceptionnelles. Les commissaires prirent en compte que le changement de lieu d'arrivée créa un engorgement, même un goulot d'étranglement dont a été victime par ricochets Chris Froome. Auraient-ils pris la même décision s'il s'était agi d'un coureur moins prestigieux ? On ne le saura jamais. Une nouvelle fois, le Ventoux a accouché d'un drame sur le Tour. Sportif celui-là.

La folle course à pied de Chris Froome, vélo à la main, en 2016, restera comme l'une des images fortes de l'histoire du Ventoux et du Tour de France.

Celui qui s'est produit quarante-neuf ans plus tôt fut bien plus grave. Il toucha un autre coureur anglais : Tom Simpson. Ce 13 juillet 1967, la chaleur est irrespirable. Dans la montée, Simpson est lâché et tombe une première fois. Lucien Aimar raconte : « Quand je suis revenu sur lui après une crevaison, je lui ai conseillé de boire un peu plus, mais il ne m'entendait pas. » À 3 kilomètres du sommet, l'Anglais tombe une deuxième fois. La femme de Roger Pingeon, Dany, alors au bord de la route raconte dans *Cols mythiques du Tour de France* de Philippe Brunel, Philippe Bouvet et Serge Laget : « Quand on m'a dit son nom, je n'en croyais pas mes yeux. Il était livide, blanc comme un linge, une écume épaisse sortait de sa bouche, c'était épouvantable. » Les images de la télévision sont terribles. Relevé et poussé par des spectateurs, il refait 300 mètres, le regard vide, comme inconscient. Avant de s'effondrer à nouveau. Une dernière fois. Le docteur du Tour Pierre Dumas lui prodigue les premiers soins. Bouche-à-bouche, massages cardiaques, piqûres pour stimuler son cœur, rien n'y fera. Tom Simpson décède avant d'être évacué en hélicoptère. Mort en course devant les caméras de télévision. L'autopsie révélera qu'il est décédé d'un collapsus cardiaque en raison d'une prise d'amphétamines. Un seul coureur se rendra à ses obsèques, le Belge Eddy Merckx, absent du Tour cette année-là. Trois ans plus tard, le Belge frôla lui aussi le drame. Le Cannibale s'impose au sommet avant de connaître une terrible défaillance et d'être placé sous un masque à oxygène.

Depuis 1951, le Ventoux a accueilli le Tour à seize reprises. Et à chaque fois, des scénarios exceptionnels sur fond d'exploits ou de polémiques. Comme en 2000, où devant 300 000 spectateurs, Armstrong rattrape Pantani, en quête de rédemption après avoir été exclu du Giro pour dopage en 1999. L'Américain, peu habitué aux gestes élégants, laisse la victoire au Pirate et déclare ensuite : « C'est le plus fort qui doit gagner. Mais sur le mont Ventoux, cela n'a pas été le cas, tout le monde l'a vu. J'ai voulu faire un beau geste, je me suis trompé. C'est dommage. » Blessé dans son orgueil de champion, Pantani gagne à Courchevel trois jours plus tard : « Je voulais une revanche et aujourd'hui, je crois que ça s'est vu ! » En 2002, un autre coureur controversé, banni lui aussi pour dopage, s'impose en haut du Ventoux. Richard Virenque signe l'une des plus belles victoires de sa carrière.

Avec ses côtés lunaires, le Ventoux sent la poudre et même le souffre. Trois ans avant sa partie de course à pied qui a fait le tour du monde, Chris Froome, déjà lui, a suscité la polémique. Après le chalet Reynard, l'Anglais accélère pour faire tourner les jambes à une fréquence de pédalage jamais vue jusque-là. En restant assis sur son vélo, il dépose Alberto Contador, puis enrhume un autre grand grimpeur, le Colombien Nairo Quintana. En direct, Cedric Vasseur, consultant sur France Télévisions s'étrangle en voyant la moulinette de l'Anglais : « Comment peut-il pédaler à 110 tours par minute ? C'est incroyable d'attaquer dans le Ventoux, comme ça, assis sur la selle, on a l'impression qu'il est sur une portion de plat, c'est surréaliste ! » Les rumeurs d'usage d'une assistance électrique ou de dopage enflent. Aucune preuve n'a été trouvée dans ce sens contre le Britannique qui s'impose et remporte cette année-là le premier Tour de France de sa carrière. Preuve qu'à chaque fois que le Tour passe par le Ventoux, la légende n'est pas très loin.

RICHARD VIRENQUE

LE VENTOUX ET RICHARD VIRENQUE

Richard Virenque passe professionnel en 1991 au sein de l'équipe RMO. Il devient très rapidement l'un des meilleurs grimpeurs du monde. Durant sa carrière, il remporte sept étapes du Tour de France et sept fois le maillot à pois de meilleur grimpeur. En 1997, il se classe deuxième de la Grande Boucle derrière Jan Ullrich. Un an plus tard, l'affaire Festina explose. Mis en examen, le grimpeur avoue fin 2000, lors du procès Festina, s'être dopé et reconnaît le dopage généralisé au sein de son équipe. Après une suspension d'un an, il revient et remporte l'une de ses plus belles victoires sur le mont Ventoux.

Racontez-nous votre première expérience dans le mont Ventoux…

Ma première expérience, c'était lors de mes débuts professionnels. Même si je résidais dans le Var, j'ai dû attendre mes premières années chez les pros dans le Dauphiné pour le découvrir. Je me suis dit que c'était une montée hors norme, quand tu arrives au pied, il y a quelque chose qui se passe, on a l'impression d'arriver sur la Lune, il y a le vent qui perturbe cette ascension, je me suis dit que c'était une montée extraordinaire, qui ne laisse pas indifférent, c'est un truc de malade ! Je me rappelle comme si c'était hier d'une passe d'armes avec Miguel Indurain dans cette ascension…

Vous avez d'autres souvenirs en course ?

Je l'ai monté plusieurs fois, on l'a fait en contre-la-montre dans le Dauphiné et en course en ligne sur le Tour. J'ai des souvenirs mais comme l'année du record (Iban Mayo fait une grosse ascension et bat le record de la montée en 55'51''), il y avait vent de dos dans les 10 derniers kilomètres, ça montait vite. En 1999, c'était particulier pour moi, on était en pleine affaire Festina, je devais affronter la justice et être serein pour pédaler, c'était très compliqué pour moi…

Et puis sur le Tour 2002, vous remportez l'une de vos plus belles victoires…

Oui… En 2001, la saison est blanche, j'écope d'une suspension de 10 mois, j'arrive sur le Tour sans avoir couru, avec des hauts et des bas, j'avais du mal à garder une forme constante : un jour j'étais bien, l'autre moins. Cette étape était toute plate pendant 180 kilomètres, puis avec l'ascension sèche du Ventoux. J'avais compris que, vu la forme de l'époque, je devais prendre l'échappée matinale pour prendre une bonne marge. J'ai mis beaucoup d'énergie pour être dedans,

Richard Virenque a une histoire particulière avec le Ventoux. Lui, l'homme du sud, s'y impose en 2002 sur le Tour de France en résistant au retour de Lance Armstrong.

d'ailleurs les oreillettes m'ont servi. On avait 30 secondes d'avance, on n'arrivait pas à sortir, mais les équipiers d'Armstrong ne nous laissaient pas partir, car il voulait gagner cette étape, on n'arrivait pas à sortir. Quand j'ai entendu « crevaison d'Hincapie », le lieutenant d'Armstrong, là j'ai roulé très fort, j'ai pris un relais très appuyé pour accroître l'écart. On est monté à 1 minute d'avance et ils nous ont laissés partir. Il n'y avait que six coureurs qui roulaient sur les quatorze, on avait 8 minutes d'avance au pied, je me suis alors dit : « C'est à toi de jouer ! » Et là, j'ai vécu un truc extraordinaire, il faisait 35 °C, le public me portait, j'avais Botcharov qui avait fait 200 kilomètres dans les roues, c'était un grimpeur, j'ai joué avec lui en lui faisant croire qu'il était le plus fort, il m'a attaqué, puis je l'ai lâché. Il a fallu que je tienne, car Lance Armstrong était derrière à 8 minutes, au pied. L'écart est vite descendu à 3 minutes. J'ai douté, j'étais sous pression en me disant : « Il ne faut pas que tu exploses en vol. » Je gérais très bien, je me suis dit « je ne peux pas me louper », je me mettais tellement d'ondes positives même si je pouvais exploser ; grâce au public, j'étais transcendé.

Cette victoire a un sens particulier pour vous à ce moment bien précis ?

Je revenais après l'affaire Festina et je laissais une belle signature, je me tape 200 bornes d'échappée où je relance, où je ne calcule pas et je m'impose devant des grimpeurs qui n'ont pas roulé. Quand j'ai passé la ligne, c'était un moment de pur bonheur, car j'ai réalisé que j'avais fait un grand truc. Quand j'ai croisé Armstrong dans le *camper* antidopage, il était très énervé, il ne m'a pas félicité, il parlait mal aux gens, car il a dû se faire siffler et insulter dans la montée. Mais pour moi, ça restera un très grand moment… Cette montée m'a toujours réussi, j'avais déjà gagné deux fois sur le Dauphiné, devant Laurent Jalabert et une autre fois devant Indurain…

Je suis très fier de ça. Cette débauche d'efforts, je l'ai payée cash en rentrant vers 21 h 30, coincé dans les embouteillages dans la descente, quand Armstrong, lui, a été évacué en hélico. Moi je suis rentré à 21 h 30, pas massé, c'est le côté moins connu de cette victoire.

Vous souvenez-vous de l'avoir reconnu ? En quoi est-ce que cela aide le jour de la course ?

Non, je ne l'ai pas reconnu, je l'avais tellement monté que je le connaissais bien. Cette montée est violente dans la forêt, il ne faut pas « se faire sauter la caisse ». J'ai adoré le début, mon endroit préféré, ce sont les 10 premiers kilomètres. En haut, avec le vent, c'est la puissance qui fait la différence, si tu n'as pas lâché les autres, c'est la puissance qui joue. Je me rappelle avoir lâché Indurain un jour dans la forêt. En revanche, après le chalet Reynard, il est revenu et j'ai fait du scooter derrière lui !!! Je passais un sale quart d'heure parce que débute ici une montée différente où c'est la puissance qui parle…

On ne peut pas le comparer à l'Alpe d'Huez, car au Ventoux, tu restes une heure dans le rouge, l'Alpe pour les pros, c'est 30, plutôt 40 minutes d'effort. Le Ventoux avant le dernier virage est excessivement dur, tous ceux qui l'affrontent le savent. Et le pied, c'est horrible…

Selon vous, qu'est-ce qui est déterminant pour s'y imposer ?

Pour gagner, quand tu arrives au chalet Reynard, il faut être bien. Si tu es limite à cet endroit-là, tu ne peux pas gagner là-haut. Il faut pouvoir en remettre, quand je me suis imposé, j'étais très bien dès la forêt. Après le chalet Reynard, tu remets du braquet, à partir de là, il faut juste confirmer, car les jeux sont quasiment faits. Et après, tu fais premier, deuxième ou troisième.

Quelles sont, selon vous, les meilleures conditions climatiques pour grimper le Ventoux ?

Pour moi, c'est avec plus de 30 °C, c'est ce que j'ai vécu en 2002. Il faisait plus de 35 °C, c'était la course aux bidons. Pour moi, c'est génial, les coureurs ont déjà débranché, avec une telle chaleur, ils lâchent dans la tête. Il faut que ce soit très dur, je me sens mieux quand il fait chaud, car j'ai été élevé dans le Var et suis né en Afrique.

Que représente ce col pour vous et dans votre carrière ?

Il est important parce que c'est le « Géant de Provence » et que je me considère comme un Provençal. Et je suis un grimpeur, donc y avoir gagné, c'est fort ! Et y avoir gagné après 1998, c'est encore meilleur, j'ai remis les points sur les « i », j'étais bien seul à un moment donné après l'affaire Festina, et je pense que le public m'a toujours soutenu. Cette victoire m'a permis de continuer.

Quels conseils pourriez-vous donner au lecteur de ce livre qui voudrait s'attaquer au Ventoux ?

Ne jamais aller dans le Ventoux sans le préparer. Il faut s'entraîner, car cela peut être dangereux. Il va y passer plus de deux heures et, s'il n'est pas entraîné, il peut y laisser la vie ! L'office du tourisme du Ventoux m'a sollicité, car beaucoup de gens y décèdent, je veux les sensibiliser. On ne le monte pas en une heure, mais plutôt en deux tellement c'est dur. Quelqu'un qui n'est pas entraîné peut faire une crise cardiaque, c'est le double de l'Alpe d'Huez... Cela se prépare physiquement, en ayant une hygiène de vie saine... Il faut avoir un foncier, on ne monte pas le Ventoux en ayant juste fait 1 000 kilomètres avant, il faut préparer son corps trois mois avant... Moi, je le montais sur le 39 x 23, il faut mettre de la souplesse. Il faut mettre un triple plateau avec une marge et un 28 dents à l'arrière.

Parlez-nous de la beauté, du côté majestueux de cet endroit...

On sent qu'on est dans un site mythique, pas dans la forêt, mais après le chalet Reynard quand tu vois le sommet.

Cette pointe, il n'y a rien qui y ressemble, c'est un peu comme dans l'Izoard, tu te dis : « Là, je suis dans un endroit... Waouh ! »

LE MONT DU CHAT

PRÉSENTATION

LE MONT DU CHAT EST UNE BIZARRERIE. SI PEU CONNU, ET POURTANT C'EST UN COL TERRIBLE.

Pour être honnête, avant qu'il ne soit mis au programme du Tour 2017, je n'avais jamais entendu parler de lui. Au début, avec mon complice Cédric Vasseur, on s'amusait plutôt en pensant aux jeux de mots que l'on pourrait faire. Et puis, avant de le reconnaître pour France Télévisions, je me suis renseigné sur Internet et auprès des coureurs et là, j'ai moins rigolé. 8,7 kilomètres à 10,3 % de moyenne. 3 kilomètres à 12 % et des passages à 14 %. Plutôt indigeste. Certains de mes contacts me disaient même que les jeunes coureurs du centre de formation d'AG2R La Mondiale, installés à Chambéry, tout près du monstre, l'évitaient à l'entraînement tellement c'était dur. Et j'en eus vite la confirmation. Jamais je n'avais vu des coureurs professionnels d'équipes World Tour, la première division mondiale, collés entre 10 et 13 km/h dans un col comme sur le Dauphiné 2017, la course qui sert de répétition générale du Tour. J'étais à côté d'eux sur la moto, et là j'ai compris. S'il fallait confirmer cette impression, le magazine *Le Cycle* en 2007 l'a couronné de « plus dure montée de France ». Après l'avoir découvert lors de notre reconnaissance pour le Tour 2017, Cédric Vasseur, ancien vainqueur d'étape et maillot jaune du Tour, m'a confié que c'était pour lui le col le plus dur qu'il ait jamais monté avec Joux Plane (p. 64) et le Ventoux (p. 120). Il a raison. Selon moi, le mont du Chat est le col le plus difficile de France après le plateau des Glières, plus pentu avec ses 11,2 % de moyenne mais plus court avec « seulement » 6 kilomètres.

Le signal, ou le relais du mont du Chat, tient son nom de l'antenne du relais de télévision plantée en son sommet. Il domine le lac du Bourget et est situé à l'extrémité sud-ouest du lac. Il se trouve en Savoie mais sur le massif du Jura. L'ascension, lorsque l'on vient de Trouet, n'est pas très longue, même si en fait elle fait plutôt 11 kilomètres que 8,7 kilomètres avec l'approche. Et hormis le premier kilomètre à 7,5 %, on ne descend jamais sous les 9 % ! Ici, c'est 10,3 % de moyenne, l'équivalent de la pente maximum de l'Alpe d'Huez ! Il faut donc accepter de monter ce col doucement, même très doucement. Parfois, à 7 km/h et surtout il faut avoir un braquet adapté ! Sur le Tour de France, les coureurs avaient des 36 x 28 ou 30, c'est dire. Pour nous, les « gens normaux », le 34 x 32 s'impose. Au-delà de votre forme, c'est la principale composante pour réussir votre montée et réussir à monter tout court. Pour affronter cette pente relativement régulière et ces fameux 3 kilomètres à 12 %. Il y a tout de même un léger replat après 5 kilomètres. Oh pas long, non, 200 mètres tout au plus mais il fait du bien. Le passage le plus dur arrive à 3 kilomètres du sommet. Un mur qui vous scotche au bitume. Finalement, ce col n'a rien à envier au mythique Zoncolan et ses 10,5 kilomètres à 11,5 % de moyenne, devenu l'un des temps forts du Giro et un épouvantail en Europe.

Vous l'avez constaté, lorsque l'on parle du mont du Chat, on parle de pentes, de pourcentages, un peu moins de paysages comme pour les autres cols de ce livre. Ici, pendant 8 bornes, on ne voit rien. Que du bitume et des arbres, car le mont du Chat traverse une forêt. Rien à voir avec le Galibier ou l'Izoard. En revanche, au sommet, à 1 504 mètres, la vue est très belle ! Enfin ! Vue sur le lac du Bourget, Aix-Les-Bains et le Mont-Blanc quand le ciel est dégagé. Parler du mont du Chat sans parler de sa descente serait une erreur. On nous l'annonçait vertigineuse pour ne pas dire dangereuse, elle l'est ! Lors de l'une de mes reconnaissances, j'ai « fait la descente » comme on dit, pour m'amuser, pour me faire plaisir. Pas plus de 70 km/h, mais j'ai failli sortir dans un virage et j'ai frôlé la correctionnelle. Car la route saute par endroits et les virages sont traîtres comme a pu s'en rendre compte Richie Porte sur le Tour 2017. Suite à une lourde chute dans les premiers mètres, l'Australien, qui était l'un des favoris, a dû abandonner la course, victime d'une fracture du bassin et de la clavicule ! Donc surtout, faites très attention en redescendant, le mont du Chat a beau ne pas être très connu, il peut sortir ses griffes !

LE PROFIL

8,7 KILOMÈTRES À 10,3 %
PENTES MAXIMALES À 14 %
CLASSÉ HORS CATÉGORIE
NIVEAU : CONFIRMÉ

Que vous dire sur les pourcentages à part qu'ils sont terribles du début à la fin ? Entre le quatrième et le sixième kilomètre, vous devrez gravir des passages à 14 %, puis à 3 kilomètres du sommet, 2 bornes à 12 % de moyenne, assurément le passage le plus dur de ce col.

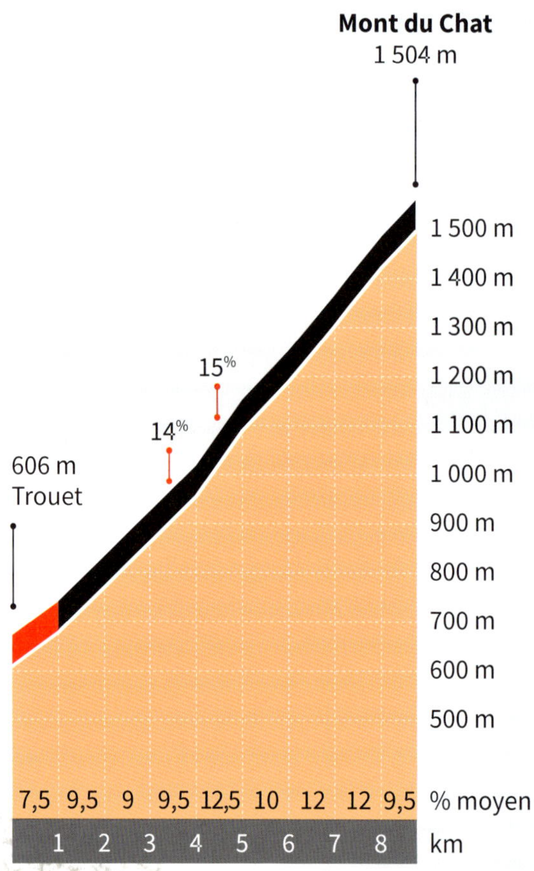

CONSEILS

MON CONSEIL MATOS

Franchement, pas la moindre hésitation : le 34 x 32 s'impose. Vous en aurez besoin, surtout dans les passages les plus pentus à 12 % et 14 %.

LE BON PLAN

Après vous être arrêté pour contempler la vue au sommet, faites une halte dans le petit restaurant au sommet sur la gauche. Pour boire un verre en terrasse s'il fait beau et goûter la tarte aux myrtilles avant de plonger dans la descente.

MA MONTÉE

DATE : 21 MAI VERS 15 H 30
CONDITIONS MÉTÉO : ENSOLEILLÉ, 25 °C
TEMPS RÉALISÉ : 1 H 08

Avant de partir, je n'en menais pas large. J'avoue que j'avais un peu peur, parce qu'un an après avoir découvert le mont du Chat avec notre ancien consultant Cédric Vasseur pour France Télévisions, je savais à quoi m'attendre. Alors, forcément, encore plus qu'ailleurs, je pars prudemment.

L'approche, déjà, est usante et dure comme si on avait déjà commencé le col. Dès le premier kilomètre, me voilà dans le vif du sujet avec un pourcentage moyen à 8 %. Je m'évertue à ne pas être tout à gauche – je parle de mon braquet – et à garder des dents avant de rentrer dans des passages encore plus durs. Là, une enfilade de lacets au milieu des pâturages… Je dois avouer que je n'ai pas l'impression d'être en haute montagne ni en montagne du tout et d'affronter un épouvantail… Après 4 kilomètres d'ascension où je me sens plutôt bien, ce fameux virage à gauche en épingle à cheveux, le début des choses (très) sérieuses. Je tourne à gauche, donc sur la D42, et un mur se dresse devant moi avec des pourcentages à 12 % ! Il reste 7 kilomètres et je trouve progressivement mon rythme après 4 kilomètres d'ascension bien maîtrisés. Je navigue entre 9 et 11 km/h. Je suis à l'économie, le maître mot pour passer ce col, sur le 34 x 28. Je gère.

Et puis à 5 kilomètres de l'arrivée, la borne sur la droite de la route indique 12 % ! Ah oui, quand même ! Je suis à 7 à l'heure ! Jamais je n'étais allé aussi doucement dans un col. Je suis désormais sur le plus petit braquet, le 34 x 32. Entre nous, ce n'est pas tous les jours que j'utilise un tel braquet, digne du VTT. Jamais l'expression « être collé » ne s'était aussi bien appliquée. Pourtant je me sens bien physiquement, c'est ça, le paradoxe du mont du Chat, on ne maîtrise rien ou presque ! La pente est terrible ! Surtout ne pas se mettre dans le rouge, je le paierai cash. Je continue à avancer mais il en faudrait peu pour que je perde l'équilibre tellement j'avance au ralenti. Et je ne peux même pas me changer les idées en contemplant le paysage. Je suis seul au milieu des arbres. Dans ce paysage monotone et un peu déprimant, j'avoue. Et puis à 4 kilomètres de l'arrivée, miracle, on repasse sous les 10 % avec 1 kilomètre à 8 %. Une promenade de santé ! À cet endroit-là, je me dis que 8 % est parfois le pourcentage le plus élevé dans certains cols, et là, c'est quasiment le plus facile ! Puis, la pente offre 200 mètres de répit. 200 mètres seulement, mais qu'ils sont bons ! Ils me permettent de reprendre un peu mon souffle.

Le mont du Chat continue son travail de sape. Il faut se concentrer sur chaque coup de pédale juste pour avancer et rester en équilibre. Monter comme cela est aussi un effort mental qui nécessite une grande détermination et surtout une grande patience. Je n'en prends pas plein les yeux comme dans la Hourquette d'Ancizan (p. 196) ou dans l'Izoard (p. 30), mais le défi physique me transcende. Arc-bouté sur mon vélo, je me remets en danseuse constamment. Et puis, j'avais beau le savoir, mais à 3 kilomètres du sommet jusqu'au dernier kilomètre, j'arrive dans la partie la plus raide, constamment autour des 12 % ! Et quelle souffrance ! Je suis à 7 km/h et décolle ma roue avant dès je tire un peu sur le guidon tellement la pente est raide. Cette ligne droite est un calvaire. Je me répète constamment : « Ne panique pas et laisse passer l'orage. »

À partir de là, c'est une vraie souffrance physique dans cette ligne verticale. Jamais je n'avais vu une telle pente sur une telle distance. Je subis. Au niveau cardiaque (je suis à près de 200 pulsations), au niveau musculaire et dans la tête surtout. Sur la droite, j'aperçois

une sorte de cabane sans âme ni charme aux volets marron et je sais que mon calvaire est bientôt terminé. Puis arrive le dernier kilomètre. À 9,5 % de moyenne et pourtant, après ces 3 bornes constamment à 12 %, je peux à nouveau maîtriser mon effort et ma vitesse ! Cela fait du bien ! Et le sommet enfin. Je ne peux pas dire que je sois épuisé, pas du tout, car la montée est assez courte paradoxalement. Je prends 5 minutes pour admirer cette vue sur le lac du Bourget et le Mont-Blanc, certes moins belle qu'en haut de certains cols, mais cela vaut vraiment le coup. Je m'engouffre dans la descente. Et là, quel pied ! Je « kiffe » comme disent les plus jeunes que moi ! 50, 60, 70 km/h, difficile d'aller plus vite sans se mettre en danger. Et dans une courbe à droite, je sors un peu trop large sur une route ouverte à la circulation. Je donne un coup de frein (à disque) qui fait chasser la roue arrière. Je l'ai échappé belle, et je me calme un peu !

Au final, j'ai pris un plaisir fou à monter et descendre ce col ! Je parle au niveau des sensations physiques. Alors oui, il y a plus beau, plus majestueux et prestigieux que le mont du Chat, mais j'ai la sensation d'avoir monté l'un des cols les plus durs de France. Et ce n'est pas donné à tout le monde !

SUR LE TOUR

Le Tour de France n'est venu que deux fois sur le mont du Chat. La première fois, c'était en 1974. Lors de la dixième étape entre Gaillard et Aix-les-Bains, Gonzalo Aja passe en tête au sommet mais on retiendra surtout l'attaque de Raymond Poulidor à 4 kilomètres du sommet. Le Français prend plus d'une minute d'avance sur Eddy Merckx. Mais le Cannibale fait la descente pour revenir sur les deux hommes échappés et s'impose à Aix-Les-Bains. À l'époque, le col est classé en deuxième catégorie, ce qui crée la polémique, vu ses pourcentages si élevés.

En 2017, le Tour revient au mont du Chat, cette fois classé en hors catégorie. Mais avec de nouvelles controverses. Warren Barguil part seul à la conquête de l'étape et du maillot à pois. Derrière lui, alors que Nairo Quintana et Alberto Contador craquent, Chris Froome lève la main pour un énième ennui mécanique. C'est le moment choisi par Fabio Aru pour attaquer. L'Italien a beau prétendre le contraire, il n'a pas pu ne pas voir que Froome avait un problème. Revient alors cette fameuse question qui divise les suiveurs, à savoir : peut-on attaquer un rival lorsqu'il a un problème mécanique ? Nuançons la critique du geste d'Aru en rappelant que Froome a souvent des ennuis avec son vélo et le Sarde l'a finalement attendu. L'Anglais revient alors sur les autres favoris, mais ce démarrage va beaucoup faire parler. Le mont du Chat accouche d'une autre polémique. Dans les premiers mètres de la descente, Richie Porte, qui est l'un des favoris, part à la faute dans une courbe à gauche et chute violemment. Fracture du bassin et de la clavicule pour l'Australien qui critique ouvertement les organisateurs : « Est-ce qu'ils enverraient leur fils ou leur fille dans une descente comme ça et seraient sereins ? Je n'en suis pas si sûr. Je pense que pour le spectacle, le mieux serait une arrivée au terme de l'ascension. Ce n'est pas de prendre des risques inutiles pour une étape qui se termine au sprint avec quelques coureurs. Est-ce la meilleure image que peut renvoyer le cyclisme ? Je ne sais pas. » Romain Bardet, considéré comme l'un des meilleurs descendeurs du monde décide de le prouver et fait la descente à bloc. Sur le plat vers Chambéry, il rejoint et dépose Warren Barguil. Mais seul, Bardet se fait reprendre par les autres favoris. À Chambéry, Warren Barguil sprinte et pense battre le Colombien Rigoberto Urán. Il lève le bras et fond en larmes, d'émotions. En zone d'interview, j'ai la lourde responsabilité de lui annoncer qu'il a perdu. Le Breton est inconsolable mais rebondira cinq jours plus tard à Foix, puis à l'Izoard où il s'imposera.

À Chambéry, après avoir défié le mont du Chat et sa fameuse descente, le groupe des favoris se dispute la victoire, avec Fabio Aru, Romain Bardet, Chris Froome, Warren Barguil et Rigoberto Urán. Et finalement, le Colombien s'impose pour quelques millimètres sur le jeune Breton, qui croit un moment avoir gagné l'étape.

SAMUEL DUMOULIN

LE MONT DU CHAT ET SAMUEL DUMOULIN

Un sprinteur pour parler d'un col ! Samuel Dumoulin est tout sauf un grimpeur. Passé professionnel en 2002, il remporte trois fois la coupe de France et une étape du Tour de France en 2008. Le coureur d'AG2R La Mondiale habite au pied du mont du Chat qu'il connaît par cœur.

Racontez-nous votre première expérience dans le mont du Chat…

Cette montagne représente quelque chose, comme ça, posée entre deux lacs, avec une antenne au sommet, elle fait un peu penser au Ventoux. Elle impressionne, ça crée quelque chose de l'avoir en face de toi. Ce col a une valeur d'étalon dans la région. Il est très raide, c'est très difficile, il n'y a pas de répit, c'est une montée très exigeante. La première fois que je l'ai montée, c'était en venant du lac du Bourget. C'est un col que je monte une à deux fois par an. J'ai habité au pied de la descente, ça m'arrivait de faire des exercices dedans, mais c'est trop dur pour y faire des intervalles, je montais les 3 ou 4 premiers kilomètres mais je n'allais pas jusqu'au sommet.

Et en course ?

La seule fois où on l'a fait, hormis lors du Tour 2017 où je n'étais pas, c'est sur le Dauphiné cette année-là. Avec mon équipe (AG2R La Mondiale dont le leader est Romain Bardet), on avait engagé la poursuite sur le plat, j'étais cuit mais heureusement, je l'avais fait en reconnaissance une semaine plus tôt, c'est vraiment très long, les derniers kilomètres. La dernière ligne droite est compliquée, il faut bien gérer son effort avant. Je me souviens être planté à 11 km/h. Chez les pros, même chez les non-grimpeurs comme moi, nous savons gérer notre effort. Là, tu as beau être bien, monter à une vitesse comme celle-là, ça n'arrive pas souvent, je me souviens d'avoir utilisé un braquet de 39 x 32…

Par ce côté-là, en venant de Trouet, je l'ai monté une dizaine de fois, c'est un col vraiment difficile : plus tu montes, plus il y a du pourcentage. Il faut donc bien gérer son effort, le capteur de puissance est vraiment important pour cela ; lors de la dernière ligne droite, les 4 derniers kilomètres, tu tapes dedans, tu as tendance à en remettre.

C'est impressionnant. En fait, il y a trois lignes droites de 1 kilomètre, tu ne vois pas au-dessus de toi sur cette route, tu ne vois jamais l'épingle d'après, contrairement à certains cols qui zigzaguent. La route a été créée pour monter là-haut au relais, il n'y avait pas trop de possibilités de faire autre chose que des lignes droites, c'est l'un des cols les plus durs à cause de son pourcentage même si, ici, l'altitude ne rentre pas en ligne de compte comme dans le Galibier ou le col Agnel. En course, tu n'as aucune chance si tu attaques de loin…

Samuel Dumoulin a beau habiter au pied du mont du Chat et le connaître par cœur, ce col continue de l'impressionner et de lui faire peur.

Vous souvenez-vous de l'avoir reconnu ? En quoi est-ce que cela aide le jour de la course ?

C'est bien de connaître le col, plus tu mets de watts, plus tu remets de la vitesse dans les forts pourcentages. Contrairement à un col comme le port de Balès, où tu es à plus de 30 km/h sur les replats, ici, c'est différent, c'est très important de savoir que les pourcentages montent au fil des kilomètres. Sur le Tour, on l'a vu, les favoris ont vraiment attendu le sommet pour se découvrir, il fallait avoir le bon timing, c'était obligatoire de bien connaître le col.

Selon vous, qu'est-ce qui est déterminant pour passer en tête au sommet ou s'y imposer ?

C'est de garder un maximum d'énergie dans l'approche et de garder à l'esprit que la dernière ligne droite est terrible, qu'il n'y a aucun moment de répit. Il faut vraiment garder des forces, la vitesse est très faible, à 12 km/h, tu mets 5 minutes pour 1 kilomètre, 15 pour les trois derniers, c'est très long. Il faut en garder sous la pédale et ne pas se livrer avant les 4 derniers kilomètres.

Quelles sont, selon vous, les meilleures conditions climatiques pour grimper le mont du Chat ?

Il n'y a rien de rédhibitoire ici, que ce soit la grosse chaleur ou de le faire en automne, étant donné son altitude moyenne. S'il fait chaud, c'est très ombragé, donc on n'a pas la sensation de chaleur, en revanche, il faut faire attention au vent là-haut mais ce n'est pas un col où il faut faire plus que ça attention à la météo.

Que représente ce col pour vous et dans votre carrière ?

Nous, les pros, nous avons le potentiel physique pour le monter bien sûr, mais c'est une saveur particulière d'avoir un col aussi difficile si près de la maison. Cette montagne en impose, c'est un symbole. Quand tu dis que tu l'as montée, c'est une performance athlétique, le fait de le voir de chez moi, c'est quelque chose de particulier.

Quels conseils pourriez-vous donner au lecteur qui voudrait s'attaquer à ce col ?

Il ne faut surtout pas se laisser abuser par l'altitude moyenne, je ne peux que le comparer à un col de haute montagne. C'est un col long, si tu le prends tout en bas, ça fait 17 kilomètres, donc moi, je le monte en un peu plus d'une heure ; pour un amateur, c'est le double. Il faut arriver avec de la fraîcheur, avoir le plus petit braquet possible, un 34 x 32 pour quelqu'un qui fait 3000 bornes par an, se préparer à souffrir, avoir à boire et bien sûr s'arrêter en haut, c'est important pour apprécier le panorama sur les lacs et le Mont-Blanc et bien récupérer pour aborder la descente, on l'a vu sur le Tour avec la chute de Richie Porte. Cette descente est dangereuse, avec cette route étroite. Elle a été refaite avec le Tour, elle est correcte, mais si on croise une voiture, il y a peu de place, faites très attention, il faut être prudent et lucide pour faire la descente…

Vous parlez de la beauté de la vue au sommet, ici pourtant, ce n'est pas majestueux comme dans les grands cols des Alpes ?

Il n'y a aucun dégagement, tu es dans un couloir, tu ne vois que la roue de devant dans la montée et la descente. Mais ça vaut vraiment le coup de s'arrêter au petit bar au sommet, il y a tout pour profiter du panorama, on voit rien de toute la montée mais c'est la récompense, il y a un panorama exceptionnel. J'aime bien cette idée de ne rien voir, puis d'avoir une si belle vue. Il n'y a pas beaucoup de cols où tu peux avoir un panorama comme ça au sommet…

LE TOURMALET

PRÉSENTATION

BLOQUÉS À QUELQUES MÈTRES DU SOMMET. FIN MAI 2014. DES MURS DE NEIGE SE DRESSENT DEVANT NOUS.

Les rayons du soleil les font fondre comme des glaçons tombés du réfrigérateur. Certains mesurent 3 mètres. Ce jour-là, nous suivons la reconnaissance des coureurs de la FDJ et de son leader Thibaut Pinot. Jérémy Roy, son fidèle équipier, montre l'exemple en chevauchant l'obstacle devant les déneigeuses pour basculer vers La Mongie. En voiture, impossible de passer. Nous sommes obligés de rebrousser chemin et de faire un détour. Le Tourmalet décide, vous obtempérez.

Pour être honnête, j'ai longtemps réfléchi à mettre ce col dans ce livre. Oui, ne vous étranglez pas ! Le Tourmalet est mythique, mais il ne m'a jamais inspiré, trop grand, trop impersonnel, pas assez intimiste. Non, je ne suis pas un fan de ce col. Peut-être parce que notre relation a mal débuté. Ou sur une note au goût amer.

Quatre ans plus tôt. Alors que je suis en vacances en Ardèche à grimper les cols plus arrondis de la célèbre cyclo l'Ardéchoise, je reçois un coup de téléphone. Au bout du fil, Philippe Maertens, alors attaché de presse de l'équipe RadioShack de Lance Armstrong. « Lance te propose de le suivre lors de l'une de ses reconnaissances en montagne. N'importe laquelle, tu choisis ! » Une proposition plutôt étonnante, même rare de la part de l'Américain, pas du genre à faire les choses gratuitement, en tout cas toujours enclin à écrire sa légende. « Celle du Tourmalet » lui répondis-je du tac au tac. « OK. Jeudi prochain. » Malgré le personnage et la réputation sulfureuse qu'il traîne à l'époque, ça ne se refuse pas. Le rendez-vous est pris. Armstrong est venu en petit comité. Et pour cause, il est seul, juste accompagné de son acolyte, Johan Bruyneel, son directeur sportif de toujours. Après l'Aubisque (p. 162), le Tourmalet du côté Barèges. J'allais découvrir ce col mythique avec celui qui est encore pour quelques mois le septuple vainqueur du Tour. Armstrong monte à son rythme et se porte régulièrement à la hauteur de son mentor pour lui montrer des points décisifs. Je me dis qu'il est fidèle à sa réputation de ne rien laisser au hasard mais ne suis pas dupe de sa volonté d'alimenter sa légende de travailleur forcené devant nos caméras. Un mois plus tard, sur le Tour, le « Boss » ne montrera rien, et la supercherie sera dévoilée au grand jour et confirmée quelques mois plus tard. Voilà comment j'ai découvert ce col.

Est-ce à cause de cette rencontre au goût amer, même si, ce jour-là, Armstrong a su être amical et charmeur comme il savait l'être parfois, que j'ai failli ne pas vous en parler ? Comment aurais-je pu faire cette erreur et faire l'impasse sur un col incontournable dans l'histoire du Tour ? Le col le plus emprunté par la course, quatre-vingt-deux fois au total. Car le Tourmalet assure le passage entre les vallées de l'Adour et le bassin du gave de Pau.

Franchi par Mme de Maintenon sur chaise à porteurs en 1675 pour aller profiter des eaux thermales de Barèges. Il est aussi, avec ses 2 114 mètres, le plus haut col routier des Pyrénées. Il y a le Galibier (p. 12) dans les Alpes, le Tourmalet dans les Pyrénées. Ils sont presque cousins. Comme le Galibier, il est long : 19 kilomètres par Barèges, 17 par Sainte-Marie-de-Campan. Comme lui, il affiche un pourcentage autour des 7 % de moyenne, 7,4 exactement. Très régulier, il offre 3 kilomètres, le cinquième, le seizième et le dernier entre 9 et 10 %. Dur tout le temps, comme un rouleau compresseur et, après Barèges, plus de répit. Il vous détruit et vous fait mal sans que vous compreniez pourquoi. C'est surtout une « autoroute », avec cette route si large et tout ce trafic incessant et oppressant ! Et ces lignes droites sans le moindre charme jusqu'à Barèges.

Mais comme le Galibier, il a fait la légende du Tour dont il est indissociable. Pour ce qui est des paysages, ils deviennent majestueux sur la crête dans les 2 derniers

kilomètres. Vous regardez sur la droite et en prenez plein les yeux. Mais pour moi, le Tourmalet n'est pas l'un des plus beaux cols de France. De ce côté-là ou en venant de La Mongie, il manque de charme mais se nourrit de tellement de drames et de légendes. De l'épisode devenu mythique d'Eugène Christophe réparant seul sa fourche à la forge de Sainte-Marie-de-Campan en 1913, aux attaques d'Hinault et de Virenque en passant par les envolées de Merckx, le Tour s'est nourri d'exploits sur les flancs du Tourmalet. Comme cette bagarre entre Andy Schleck et Alberto Contador en 2010. Un duel dans le brouillard et des conditions dantesques. On apprendra plus tard que la veille, lors de la journée de repos, l'Espagnol a été contrôlé positif au clenbutérol.

Vous interpréterez comme vous le voulez la signification en gascon de Tourmalet comme un « mauvais détour » et comprendrez que, finalement, il aurait été une erreur de ne pas vous parler du « Galibier des Pyrénées ». Même si, selon moi, il est loin d'être aussi beau que son glorieux cousin.

PROFIL

19 KILOMÈTRES À 7,4 % DE MOYENNE

POURCENTAGE MAXIMUM : 10,2 %

CLASSÉ HORS CATÉGORIE

NIVEAU : CONFIRMÉ

Les 4 premiers kilomètres se font bien avant 1 borne à 9,1 %. C'est vraiment après Barèges que les choses se corsent avec 3 kilomètres à plus de 8 %. Et attention aux 3 derniers qui sont redoutables avec 2 bornes au-dessus de 9 %.

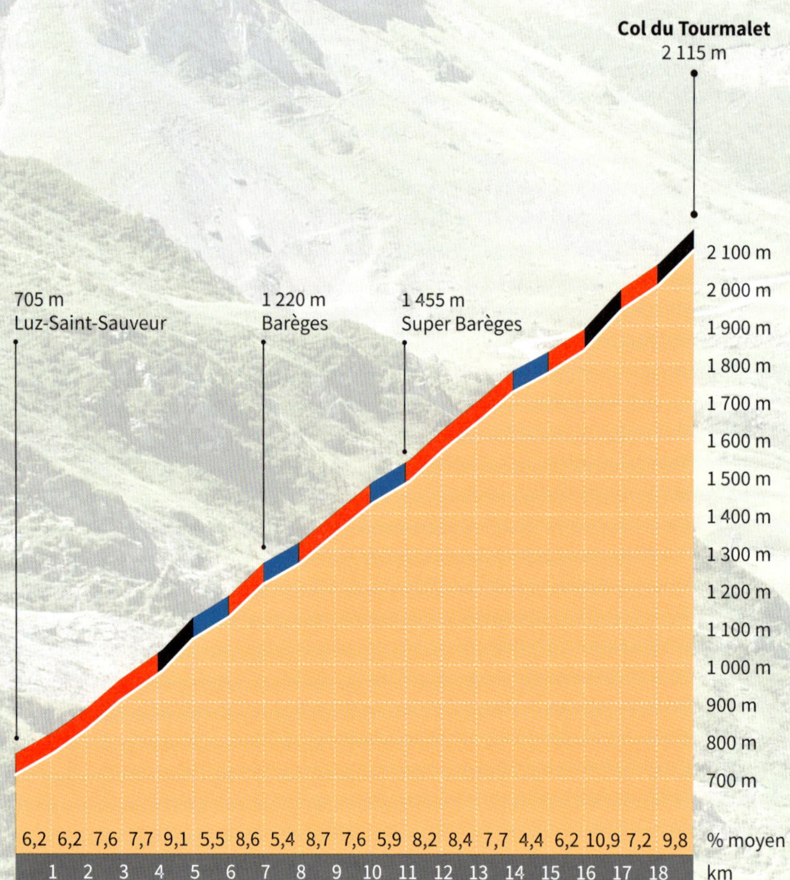

CONSEILS

MON CONSEIL MATOS

Dans le Tourmalet, ne vous enflammez surtout pas, car le col est long et le haut est très dur. Jouez donc la prudence avec un 34 x 28 ou 30.

Et n'oubliez pas votre coupe-vent, car à 2 115 mètres, il fait souvent froid, même en été. Gardez aussi avec vous des barres énergétiques ou des gels, vous en aurez pour plus d'une heure et demie d'ascension.

LE BON PLAN

Au sommet, le spot obligatoire reste le bar du Tourmalet. Buvez-y un soda ou prenez la fameuse tarte aux myrtilles. Le propriétaire vous tendra des journaux pour vous tenir chaud dans la descente.

L'autre incontournable, c'est le pic du Midi. Si votre compagne ou compagnon vous rejoint en voiture, prenez la télécabine dans la station de la Mongie, qui vous amène à 2 877 mètres d'altitude et vous permettra d'avoir une vue panoramique exceptionnelle sur la chaîne des Pyrénées, les grandes plaines du Sud-Ouest et même le Massif central.

MA MONTÉE

DATE : 19 JUIN À 15 HEURES
CONDITIONS MÉTÉO : TRÈS BEAU, 25 °C EN BAS
TEMPS RÉALISÉ : 1 H 38

J'allais enfin combler ce manque ! Inscrire le Tourmalet à mon tableau de chasse… Mais avant cela, il fallait le vaincre ou en tout cas aller au bout. J'attaque ma montée de Luz-Saint-Sauveur. Et là, premier constat, je suis un peu entamé après avoir grimpé le cirque de Troumouse (p. 262) en fin de matinée. Et une deuxième remarque, les 5 premiers kilomètres avec ces longues lignes droites sur cette large route n'ont aucun intérêt. Ce qui ne veut pas dire que c'est facile, bien au contraire. J'ai l'impression que ça ne monte pas et j'aborde pourtant 3 kilomètres entre 7 et 9 % ! En fait jusqu'à Barèges, c'est dur et sans le moindre charme. C'est une « autoroute » avec ses voitures, ses motos et cette route si large qu'on a l'impression d'évoluer sur une nationale bondée le week-end du 15 août !

Et puis j'arrive à Barèges, j'essaie de trouver mon rythme autour de 13 km/h. Je double un cyclotouriste qui porte un maillot de la Discovery Channel, vestige lointain de la gloire passée de Lance Armstrong. Image ironique, moi qui ai découvert ce col avec l'Américain ! J'aperçois la route finale sur la crête, là-haut au loin, et ça me met le moral à zéro. Je suis loin, très loin du sommet ! Je sors de Barèges, les bornes annoncent 8 % sur le prochain kilomètre, il fait très chaud, je souffre beaucoup de cette chaleur, j'ai beau m'arroser, rien n'y fait. Je cherche l'ombre, je ne la trouve pas. Je suis collé à 10 à l'heure, c'est une longue descente en enfer.

J'arrive dans un replat à 5 % à 10 kilomètres de l'arrivée, je ne le sens même pas, je ne suis pas bien et je me

dis que ça va être long. À droite, une bifurcation pour prendre la voie Laurent Fignon, qui est fermée, alors je vais tout droit sur une portion à 6 % mais on a toujours l'impression que ça grimpe fort. J'ai le moral dans les chaussettes. Il reste 9 kilomètres et il fait toujours aussi chaud. Je n'arrête pas de m'arroser. En mode survie. J'accélère quand même dans cette portion plus douce, je suis à 14 à l'heure, je vais mieux mais j'ai encore l'impression d'être collé. Toujours pas d'ombre, toujours ce fichu soleil, toujours cette sensation d'être mal. J'arrive sur ce grand parking sans âme.

Pour moi, le vrai Tourmalet commence enfin. Je tourne sur la gauche et prends un lacet à droite. Je suis à 12 km/h sur le 34 x 26, sur 1 kilomètre à 9 %. Je vois la crête finale en face de moi, je ne sais pas si je vais y arriver. C'est la première fois que je doute ainsi lors de mes ascensions, que je gamberge autant. Je me répète en boucle ces mots : « Allez, ne doute pas, tu y vas à ton rythme et tu te concentres, ne doute pas ! » Je roule sur cette route gravillonneuse, en train d'être refaite pour le passage du Tour 2018, ce qui accentue

la sensation désagréable d'être collé au bitume. Chaque aspérité de la route reflète les aspérités de mon âme et de mon mental. Plutôt fragile à ce moment-là. Je me perds dans les méandres de ce col mythique et je comprends pourquoi il est tant redouté. Il fait 30 °C et cela rend mon ascension beaucoup plus dure. Jusqu'à 5 kilomètres du sommet et le départ d'un télésiège, toujours une longue ligne droite, large, pentue et monotone. Je croise un troupeau de vaches, je me demande si c'est l'une d'elles qu'a évitée Warren Barguil, lancé comme une fusée, dans la descente à cet endroit lors de la onzième étape du Tour de France 2015 et ça me change un peu les idées et me permet de m'échapper de ce guet-apens, au moins dans la tête…

Après le télésiège et un passage à 5 %, le paysage devient très beau, enfin, avec ces torrents et ce vert pyrénéen… Je fais un grand virage à droite pour changer de versant, un replat me permet d'accélérer à 12 à l'heure, je prends le vent de face mais, bizarrement, je suis de mieux en mieux… La pente se raidit à nouveau ; à 9 %, je dois être patient et accepter de rouler à 10 km/h, chasser le doute et mes idées noires… Voilà la clé de cette montée terrible. Je croise des moutons marqués de points bleus, ça me rappelle les « mots bleus » de la chanson de Christophe, allez comprendre pourquoi ! Pour moi, ce sont les maux bleus qui m'empêchent d'avancer vite… Je vois beaucoup de cyclos néerlandais ou britanniques arrêtés sur le côté et marqués par l'effort.

Je suis doublé par énormément de voitures, c'est désagréable. J'arrive dans les 2 derniers kilomètres sur cette crête, je vois la fin mais elle tarde à arriver. Le dernier kilomètre est terrible à 10 % de moyenne, c'est interminable à l'image de cette fichue montée. Dernier virage à gauche et j'arrive au sommet comme je peux, comme j'ai pu, fatigué, usé mentalement par ce rouleau compresseur, cette ascension tout sauf intimiste qui ne me laissera pas un grand souvenir pour plein de raisons. J'ai souffert, je ne me suis pas amusé mais ça y est, j'ai fait moi aussi le Tourmalet ! Pas sûr que j'y revienne !

SUR LE TOUR

Ce 21 juillet 1910, il est 3 h 30 du matin quand le départ de l'étape entre Luchon et Bayonne est donné ! Elle est considérée comme l'une des plus dures jamais courues ! Jean-Paul Rey la décrira dans un livre comme une « étape assassine ». Elle est longue de 326 kilomètres et rentrera dans l'histoire, car, pour la première fois, le Tour emprunte le Tourmalet ! Au programme également de cette étape le col de Peyresourde, d'Aspin et d'Aubisque !

Dans l'Aspin, Octave Lapize, deuxième du général à quinze points du Luxembourgeois François Faber (le Tour se court aux points à l'époque), s'échappe et passe en tête. Gustave Garrigou, son équipier, le rattrape dans le Tourmalet. S'ensuit une lutte fratricide. Octave Lapize passe le sommet en tête même s'il met pied à terre. Comprenez-le, les vélos de l'époque pèsent entre 12 et 14 kilos (contre moins de 7 actuellement). Gustave Garrigou, lui, passe en deuxième position, mais il est le seul à avoir fait toute la montée sur son vélo. Pour cet exploit, il recevra une prime de 100 francs. À Luchon, Octave Lapize s'impose, puis remporte ce Tour 1910. Cinquante-neuf coureurs termineront cette étape devenue mythique. Après cette première mémorable, le Tourmalet et le Tour ne se quittent plus. Ou presque. Ce col est le plus fréquenté par la Grande Boucle, qui l'a emprunté à quatre-vingt-une reprises.

Parmi elles, un épisode a fait la légende du col et du Tour de France : celui d'Eugène Christophe réparant sa fourche à la forge de Sainte-Marie-de-Campan. Le 9 juillet 1913, l'étape Bayonne-Luchon emprunte l'Aubisque, le Tourmalet, l'Aspin et Peyresourde. Elle fait 326 kilomètres. Avant le départ, Eugène Christophe est deuxième au général. Après l'Aubisque, il devient leader virtuel. Mais au sommet du Tourmalet, il est devancé par son coéquipier Philippe Thys. Trois kilomètres après le sommet, en descendant vers Sainte-Marie-de-Campan, Christophe constate que sa fourche est cassée. « Je n'ai pas eu d'accident. J'ai eu le temps de voir mes fourches se plier sous mes yeux », déclare-t-il à *Sport et Vie*, quarante-sept ans plus tard. Il n'a pas d'autre choix que de parcourir à pied les 14 kilomètres qui le ramènent dans la vallée. Il commence à réparer sa fourche lui-même dans la forge du village, dans l'atelier de Joseph Bayle, car il n'a pas le droit de recevoir une aide extérieure. Il forge la pièce mais elle ne rentre pas et est donc obligé de la limer. À cause de ce « dépannage express », il franchit la ligne près de quatre heures après Philippe Thys, vainqueur ce jour-là. Mais Christophe n'est pas le dernier de l'étape puisque Henri Fontaine et Celidonio Morini terminent ensemble avec sept heures de retard.

Eugène Christophe perd le Tour mais son aventure a marqué l'histoire de la course. Sur les murs de la petite maison, ancienne forge du village, on peut lire : « Ici, en 1913, Eugène Christophe, coureur cycliste français, en tête du classement général du Tour de France, victime d'un accident de machine dans le Tourmalet, répara à la forge sa fourche de bicyclette. »

D'autres coureurs écriront l'histoire du Tourmalet. Et ce sont souvent les plus grands. En 1947, deux ans après la fin de la Seconde Guerre mondiale, le sport reprend ses droits. Dans le premier Tour de l'après-guerre, Jean Robic passe en tête en haut du col et des quatre autres sommets de la journée. En fait, il a attaqué dans Peyresourde et fera 190 kilomètres seul en tête. Au Tourmalet, il a déjà près de 5 minutes d'avance sur Pierre Brambilla et 12 sur René Vietto. À Pau, le Breton reprend 10 minutes à Vietto qui sauve tout de même son maillot jaune. À Paris, Robic remporte le Tour avec près de 4 minutes d'avance sur Edouard Fachleitner. Il tient la promesse faite à sa femme Raymonde, avec qui il s'était marié quelques semaines plus tôt. « Je n'ai pas de fortune à t'offrir, mais je te ramènerai le Tour de France » lui avait-il dit. Promesse tenue. Robic passera à nouveau en tête au Tourmalet en 1948 et en 1953.

Et puis, il y a la naissance d'un immense champion. 1969, année héroïque pour celui qui va devenir le

Sur le Tour de France 2010, Alberto Contador, maillot jaune sur les épaules, et Andy Schleck se livrent un duel d'anthologie dans le Tourmalet. Le Luxembourgeois remporte l'étape et l'Espagnol le général quelques jours plus tard.

« Cannibale ». À 24 ans, Eddy Merckx dispute son premier Tour de France. Le Belge sort du Giro remonté et revanchard. En effet, il a été exclu du Tour d'Italie pour un contrôle positif, alors qu'il porte le maillot rose et qu'il a gagné quatre étapes. Sa sanction est levée au bénéfice du doute et lui permet de participer au Tour.

Dans l'étape entre Luchon et Mourenx, Martin Van Den Bossche se porte à l'attaque à 1 kilomètre du sommet. La veille, Merckx a appris que son coéquipier a signé avec l'équipe rivale de la Molteni. Il ne l'a pas digéré et revient sur lui pour franchir le sommet en tête. Le Belge fait la descente mais hésite sur la tactique à suivre, car il lui reste 100 kilomètres à parcourir. Il décide de poursuivre son effort et s'impose à Mourenx avec près de 8 minutes d'avance sur l'Italien Michele Dancelli et Van Den Bossche. Le lendemain, *L'Équipe* titre « Merckxissimo », saluant ce premier exploit magistral du champion belge vainqueur après une épopée de 140 kilomètres. Merckx lui se dit « heureux d'avoir réalisé une chose qui restera, je crois… ». Il avait bien vu. Il rentre dans l'histoire ce jour-là et remporte le premier de ses cinq Tours.

Un autre quintuple vainqueur va éclabousser le Tourmalet de toute sa classe. Il s'agit de Bernard Hinault. En 1986, le Blaireau attaque… dans la descente ! Maurice Le Guilloux, son directeur sportif tente de freiner ses ardeurs et lui crie : « Réfléchis bien, Bernard ! À ta place j'arrêterais… » Mais Hinault persiste dans l'un des plus formidables coups de poker de l'histoire du Tour alors qu'il compte 5 minutes d'avance au général. Hinault joue, il va perdre. Dans l'ascension vers Superbagnères, il est déposé par Greg LeMond, son jeune équipier, et termine onzième à 4,40 minutes de l'Américain qui s'en va cueillir sa première victoire sur le Tour. Sur cette erreur ou plutôt ce péché d'orgueil, Hinault dira : « Je me suis bien amusé. Si j'avais été méchant, le Tour aurait été fini à Pau ! »

En 2010, autre époque, autre duel, cette fois entre Alberto Contador et Andy Schleck. Le Luxembourgeois attaque l'Espagnol à 10 kilomètres de l'arrivée. Un *mano a mano* terrible d'intensité. Entre les deux hommes, il y a un contentieux. Andy Schleck veut faire payer à Contador ce qu'il juge comme un manque de fair-play trois jours plus tôt. Dans le port de Balès, le Luxembourgeois, alors porteur du maillot jaune, est victime d'un saut de chaîne en pleine attaque. Contador revient sur lui et le contre. On n'attaque pas sur un problème mécanique ! Mais Andy a commis une erreur en changeant de plateau en danseuse. À Bagnères-de-Luchon, l'Espagnol lui reprend une trentaine de secondes et le maillot jaune. Face aux médias, Shleck dit sa colère : « Ça fait mal ! Il n'aurait pas dû… Je suis en colère, je n'aurais jamais fait ça. » Le soir même, Contador reconnaît son erreur : « J'ai peut-être commis une faute et j'en suis désolé. »

Trois jours plus tard, dans le Tourmalet, la tension est à son comble. Deux silhouettes se détachent dans la brume, éclairées par les phares des motos suiveuses. Le jaune d'El Pistolero constamment en danseuse toisé par la blancheur famélique du cadet des Schleck. Andy mène un train d'enfer mais commet l'erreur d'emmener Contador « dans un fauteuil ». Il a beau accélérer cinq, dix fois, le Luxembourgeois n'arrive pas à décramponner le grimpeur de Pinto et surtout ne donne pas d'attaque franche de derrière pour le surprendre. À l'arrivée, Schleck bat l'Espagnol au sprint. Les deux hommes se serrent la main. Contador remporte le Tour. Deux ans plus tard, Andy Schleck récupère sur tapis vert le maillot jaune, car Contador a été contrôlé positif au clenbutérol la veille de cette étape. Pour sa défense, il prétendra que cette substance interdite se trouvait dans la bavette, ramenée d'Espagne par un ami, qu'il a mangée lors de la journée de repos. Au final, ce duel est entouré d'un certain malaise sur fond de polémique et d'une énième affaire de dopage…

En 2018, Julian Alaphilippe passe seul en tête et ramène définitivement, comme un symbole, en haut de ce géant, son maillot à pois du meilleur grimpeur, dans une étape folle remportée à Laruns par le Slovène Primož Roglič.

JÉRÉMY ROY

LE TOURMALET ET JÉRÉMY ROY

Jérémy Roy a été professionnel de 2003 à 2018. Le Tourangeau a fait toute sa carrière à la FDJ, l'équipe de Marc Madiot. En 2011, il passe en tête au sommet du Tourmalet, puis remporte à Paris le prix de la combativité du Tour de France qu'il a disputé à neuf reprises. Vainqueur d'une étape de Paris-Nice et spécialiste du contre-la-montre, il est ensuite devenu un coéquipier modèle et membre de la garde rapprochée de Thibaut Pinot. Il a mis un terme à sa carrière à la fin de la saison 2018.

Racontez-nous votre première expérience dans le Tourmalet…

La première fois que j'ai monté le Tourmalet, j'étais en vacances avec mes parents, on était à La Mongie. J'étais alors cadet 1, c'était en 1998, j'avais 15 ans. J'ai découvert mon premier grand col, c'est un grand souvenir vu que je viens de la Touraine qui est plutôt plate ! C'était un changement de paysage et de pédalage pour moi. Je suis descendu à Sainte-Marie-de-Campan et me suis arrêté à La Mongie. C'était impressionnant, un effort intense, je l'ai découvert avec de grands yeux. Je me suis dit que les étapes de montagne, c'était de la folie et j'ai pensé : « Comment peut-on enchaîner deux cols ? »

Et sur le Tour ?

Je l'ai ensuite découvert en course dans le Tour en 2008. Je disputais mon premier Tour, c'était dans l'étape Pau-Hautacam. J'étais dans l'échappée, on n'était plus que six coureurs, avec notamment Fabian Cancellara et Rémy di Grégorio, mon coéquipier. À ce moment-là, je retrouve des souvenirs de mon enfance. Rémy attaque, il passe en tête au sommet et moi, je passe deuxième. C'était un grand moment, j'étais content de basculer devant pour faire le final en tête. C'est toujours un col où l'on est dans le dur, on se donne des points intermédiaires pour mieux le passer. Mon premier repère était le virage de Gripp, puis La Mongie, enfin le final avec l'altitude, on se retrouve dans les pâturages. Le dernier kilomètre, c'est mieux avec le public, souvent il fait super chaud, on dégouline de sueur…

Vous souvenez-vous de l'avoir reconnu ?

Cette année-là, on n'avait pas fait de reconnaissances des Pyrénées, car je sortais du Giro… Les reconnaissances, c'est un stage d'entraînement. Avec la vitesse, la course, la motivation, ce n'est plus le même col. Les repérages, c'est plus pour l'entraînement et pour voir les pièges, s'imprégner de la montée. C'est plus pour les leaders pour qui c'est devenu presque indispensable. En revanche, je l'ai reconnu en 2014. Je me souviens des murs de neige qui faisaient 3 mètres de haut au sommet, le col était fermé, j'étais passé à pied. On n'était pas les bienvenus, car les gens de la DDE dégageaient le sommet pour ouvrir le col le lendemain. Cela permet de voir les dégâts faits par la nature et la neige l'hiver, ce n'est pas anodin.

Avez-vous d'autres souvenirs ou anecdotes sur ce col ?

En 2011, je l'ai passé en tête. J'avais un peu un sentiment d'euphorie. J'étais sur mon petit nuage, je venais d'être papa, tout me réussissait dans ce Tour. Je prenais beaucoup de plaisir, on était cinq devant et Geraint Thomas attaque à 6 kilomètres du sommet. Je le rattrape au train, j'ai tout donné pour passer au sommet en tête, c'est un symbole très, très fort de passer le Tourmalet, ce col mythique, en tête. Après, il restait Luz-Ardiden, ça a été une autre paire de manches…

Selon vous, qu'est-ce qui est déterminant pour passer en tête au sommet ou s'y imposer ?

Pour être vainqueur là-haut, tu peux avoir de la chance comme moi de prendre la bonne échappée ; sinon, parmi les grands, les cadors qui se battent pour le général, c'est le plus fort et le plus malin, celui qui a un équipier avec lui. Ce qui est sûr, c'est que, pour passer au sommet en tête ou y gagner, il faut être au top de sa forme.

Quelles sont les meilleures conditions climatiques pour grimper le Tourmalet ?

Je l'ai fait la plupart des fois dans la canicule et, en 2010, dans le brouillard, il faisait froid, frais, humide. Je préfère quand même avec la chaleur et le public pour t'encourager.

Que représente ce col pour vous et dans votre carrière ?

Ce sont tous ces souvenirs d'enfance, de Tour réussi, des images mythiques du Tour, la fourche cassée d'Eugène Christophe, ces souvenirs-là et des symboles forts pour moi.

Quels conseils pourriez-vous donner au lecteur qui voudrait s'attaquer au Tourmalet ?

Vu que c'est un col qui dure presque une heure pour nous les pros, jusqu'à deux pour les cyclos, c'est important de s'hydrater, de bien s'alimenter, et de ne surtout pas se mettre dans le rouge. Le conseil que je pourrais donner à un amateur, c'est qu'il ne faut pas emmener trop de braquet, on peut avoir un sentiment d'euphorie au début du col qui est assez roulant en faux plat montant, il ne faut pas s'affoler dans la montée ni dans la traversée de La Mongie, qui est très dure et où il y a un changement de pente, car en plus de cela après il n'y a pas de répit. Mais en haut il y a la récompense de la photo devant la stèle.
Je parle du côté de La Mongie parce que je le préfère. Je n'ai jamais adhéré à l'autre coté, il est très nature, le côté Barrèges, mais c'est moins beau et il y a zéro ombre, c'est une fournaise.

Vous parlez de la beauté du paysage, mais en course vous avez le temps de le regarder ?

C'est compliqué de regarder le paysage quand tu es dans le match pour la gagne, tu n'apprécies pas le paysage, tu n'as pas le temps. En revanche, quand tu es distancé, oui, tu peux apprécier ce qui t'entoure, et surtout quand tu redescends à vélo après l'étape, là, tu peux plus apprécier et regarder.

Jérémy Roy a toujours adoré le Tourmalet. En 2011, il passe en tête au sommet et inscrit son nom dans la légende de ce col mythique.

L'AUBISQUE

VIA LE COL DU SOULOR

PRÉSENTATION

**UN CONDENSÉ DE PYRÉNÉES.
À MES YEUX, L'AUBISQUE ET LE SOULOR
INCARNENT À EUX SEULS CE MASSIF.**

Nature préservée, sauvage, spectaculaire et luxuriante, presque d'un autre temps. Il y a deux façons de monter cet enchaînement de cols. Par Argelès-Gazost et Ferrières. Je vous conseille cette dernière. Lorsque vous arrivez dans ce village de Ferrières, préparez-vous à en prendre plein les yeux. Pendant 21 kilomètres. Mais ce sont 21 kilomètres en trompe-l'œil. Il y a 12 bornes pour le Soulor, dures, irrégulières, puis 6 kilomètres de descente mêlée à du faux plat montant, puis 3 derniers kilomètres à nouveau exigeants pour arriver à l'Aubisque.

J'ai découvert cette ascension de Ferrières lors d'une reconnaissance du Tour 2010, seul avec Lance Armstrong. J'avais été ébloui par ce paysage majestueux, puis je l'avais oublié. Ce versant est de loin le plus beau et le plus bucolique. En partant de Ferrières, un petit torrent serpente le long de la route. Vous naviguez ensuite sur une route étroite, sur des pourcentages abordables, mais sur des pentes irrégulières. Le Soulor n'est pas le col le plus redoutable des Pyrénées mais il vous fera souffrir. Au bout de 8 kilomètres, vous arrivez sur une crête à flanc de montagne. Sur votre droite, un cirque s'offre à vous… En contrebas, ce petit torrent, des vaches et du vert à 360 degrés. Et puis après le sommet du Soulor, véritable tremplin vers l'Aubisque, vous arrivez au cirque du Litor. Cet endroit est à couper le souffle ! Vous évoluez alors à flanc de montagne, en Cinémascope ! Grandiose, spectaculaire, vertigineux… Ici, le vélo n'est plus qu'un prétexte, un moyen pour vivre ce genre d'émotions, pour découvrir une telle beauté.

Mais en observant le paysage, soyez prudents, car vous roulez juste au-dessus du ravin. Là, la moindre sortie de route peut être fatale. Demandez à Wim Van Est, Bernard Thévenet ou à Hugo Koblet, les « miraculés de l'Aubisque » qui ont chuté là dans le sens de la descente dans le Tour de France. Ensuite, il vous reste 3 bornes dures pour arriver au sommet. Là, à 1709 mètres, un magnifique panorama vous attend… Avec à l'horizon, le Soum de Grum (1 870 mètres) et les pics du Ger (2613 mètres) et de Pène Blanque (2550 mètres) sans oublier le Balaïtous et le pic du Midi de Bigorre… Derrière cette beauté se cache un col finalement pas si accueillant comme le dit Henri Desgrange, le créateur du Tour de France, au sujet de l'ascension du côté Laruns : « Rien au monde de plus hypocrite que les 1709 mètres d'Aubisque. Parce qu'on roule sur un terrain plat délicieux depuis Pau. Parce que, du commencement du col jusqu'à Eaux-Bonnes, ce sont 5 kilomètres d'une très belle route gentiment montante. Ce n'est qu'après Eaux-Bonnes que s'avère la perfidie de cet Aubisque. Il est méchant, tortueux, gadouillard souvent, à moins qu'il ne soit caillouteux et poussiéreux. »

Desgrange résume bien un col qu'a souvent emprunté son épreuve. Avant ou après le Tourmalet (p. 148), le Tour y est passé soixante-treize fois. Avec ses drames, ses chutes, ses polémiques et ses exploits. Depuis 1910 et la victoire d'Octave Lapize… À l'époque, ce col n'est encore qu'un chemin qui relie le Bigorre au Béarn. Et ce jusque dans les années 30.

Avant d'embrasser la légende du Tour, l'Aubisque est une route thermale, construite grâce à Eugénie, la femme de Napoléon III. L'impératrice souhaite relier les Eaux-Bonnes à la vallée d'Argelès. Et ce qui est bien avec ce col, c'est que l'on ne peut pas s'en lasser. Car si vous en avez marre de ce côté, vous pourrez toujours le prendre par les deux autres versants.

PROFIL

12 KILOMÈTRES À 7,5 % PUIS 9 KILOMÈTRES À 4,5 % DE MOYENNE

POURCENTAGE MAXIMUM : 8,5 %

CLASSÉ PREMIÈRE CATÉGORIE

NIVEAU : INTERMÉDIAIRE

Ici, il ne faut pas oublier qu'il y a deux cols. Le Soulor d'abord, 12 kilomètres depuis Ferrières à 7,5 %. Puis il y a l'Aubisque après une petite descente, ce sont surtout les 3 derniers kilomètres qui sont durs et notamment le dernier à plus de 7 %.

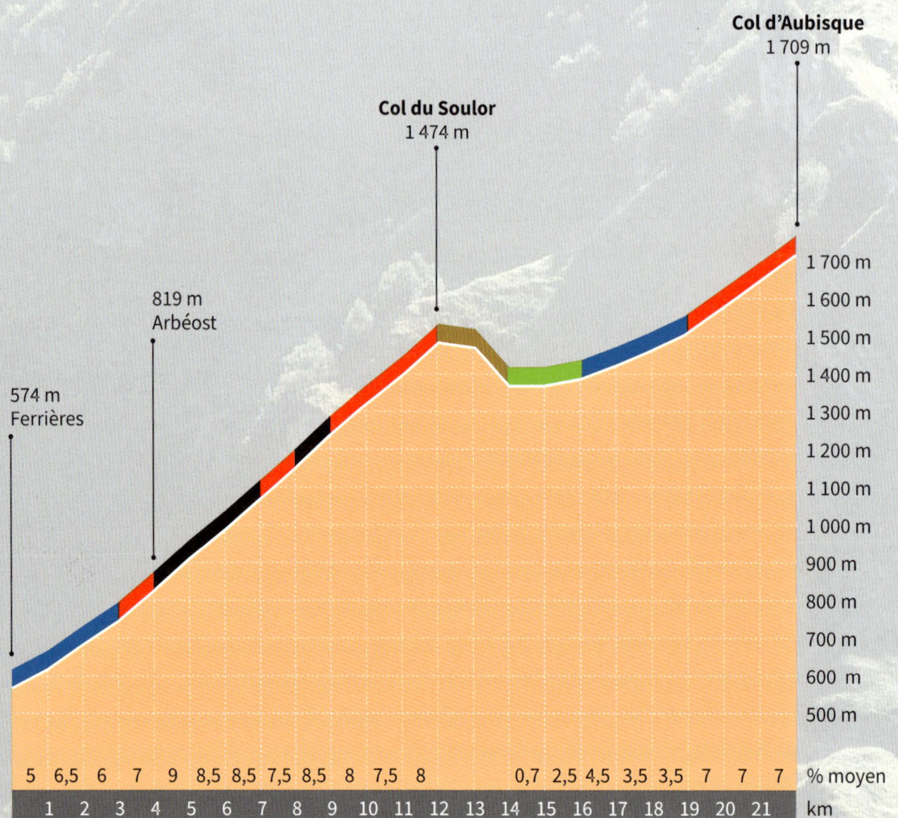

CONSEILS

MON CONSEIL MATOS

Ici, un 36 x 28 passe largement. Vous pouvez aussi vous permettre de mettre des jantes hautes ou semi-hautes assez légères.

LE BON PLAN

S'il y a un conseil à vous donner, c'est de vous arrêter au cirque du Litor pour contempler cette vue sublime. Faites attention en revanche aux voitures et ne vous penchez pas trop par-delà le parapet !

Autre conseil : n'hésitez pas à rentrer dans l'hôtel de l'Aubisque. Maillots de vélo, T-shirts, vous pourrez aussi acheter du fromage de chèvre, de brebis, du saucisson ou de la tarte aux myrtilles maison…

MA MONTÉE

DATE : 17 JUIN VERS 16 HEURES
CONDITIONS MÉTÉO : BEAU EN BAS, 14 °C, BRUMEUX EN HAUT, 8 °C
TEMPS RÉALISÉ : 57 MINUTES POUR LE SOULOR, 1 H 34 AU TOTAL

Je pars de Ferrières. La montée est régulière et douce pour commencer. À Arbéost, le village qui suit, un lacet à droite et la pente se raidit. Elle ne descendra plus sous les 7,7 %. Je me retrouve dans une petite forêt. Cela monte déjà fort mais je trouve un rythme entre 12 et 13 km/h. Je suis bien. Au bout de 4 kilomètres, j'arrive dans des pourcentages plus élevés à 8,5 %. Le paysage se découvre. Sur ma droite, un cirque se présente à moi avec un torrent. Je monte au rythme du cliquetis des cloches des vaches. Les nuages commencent à descendre et à recouvrir la corniche en face de moi comme pour délimiter le passage entre la montagne et le ciel. Je ne perds pas une miette de ce spectacle et j'ai moins mal aux jambes. En tout cas, cela m'occupe

l'esprit et fait passer plus vite cette montée. À 3 kilomètres du sommet du Soulor, les pourcentages s'adoucissent, 6,5 %, je peux récupérer et légèrement accélérer, c'est presque roulant. Je commence à rentrer dans les nuages, le paysage devient un peu inhospitalier. Malgré l'état de la route un peu cabossée, me voilà à 15 km/h. Les 2 derniers kilomètres se dressent devant moi, à 7,5 % de moyenne. Je retombe à 10 à l'heure et ne vois quasiment plus rien dans cet épais brouillard assez inquiétant, je dois dire. J'arrive au sommet, pas trop entamé. Je bois un soda dans le café au sommet de l'Aubisque et discute avec un cycliste canadien qui vient de Toronto pour rouler dans les Pyrénées. Une rencontre imprévue comme seul le vélo le permet.

Après une quinzaine de minutes à parler de nos « exploits » respectifs, je pars à l'attaque de l'Aubisque. C'est parti pour une descente. Dans la brume, le froid, le vent… des conditions météo qui me laissent à peine deviner la beauté et la grandeur du lieu, de ce fameux cirque du Litor. Je m'arrête sur la droite et regarde ce paysage à couper le souffle. Il vaut mieux s'arrêter parce que sur ce cirque se dresse un ravin à pic. Moi qui ai le vertige, je préfère être prudent et rouler le plus à gauche possible. Un vautour plane au-dessus de ma tête comme pour me dire qu'il me surveille et que je rentre dans son monde. Pour accentuer cette ambiance étrange, un brin mystique, je traverse les tunnels et roule dans le noir. Au bout, un filet de lumière m'indique le chemin, l'eau ruisselle. Drôle d'atmosphère. J'ai froid. Je suis sur le grand plateau dans un faux plat montant.

Je me sens bien, c'est plutôt facile mais ce qui devait arriver arriva, je m'enflamme un peu. Je vais le payer dans les 3 derniers kilomètres à 7 %. En fait, ça casse un peu les pattes de passer du grand au petit plateau et de se remettre à souffrir et à rouler doucement. Je suis dans le brouillard et ne vois pas à plus de 10 mètres. J'arrive au sommet dans cette purée de pois. Dommage, car le lieu est sublime. Mais j'ai pris beaucoup de plaisir dans cette double ascension abordable et si variée, et je reviendrai pour voir le Litor sous le soleil…

SUR LE TOUR

Peur sur le Tour. Le maillot jaune est tombé dans un ravin. Mais il est vivant. D'en haut, on le voit ramper pour essayer de remonter. Un miracle ! Le 18 juillet 1951, dans l'étape Dax-Tarbes, Wim Van Est rate un virage dans la descente de l'Aubisque vers le Soulor et chute une dizaine de mètres plus bas. Miraculeusement indemne, le premier Néerlandais porteur du maillot jaune est en larmes, complètement incrédule devant les caméras. Il est remonté, en rappel, grâce à des boyaux de vélos tressés entre eux. Bilan : quelques côtes cassées. Il est contraint d'abandonner le Tour. Van Est laisse filer le maillot jaune mais il n'a pas tout perdu. Il sera le héros d'une publicité pour les montres Pontiac dont le slogan devient : « Je suis tombé à 70 mètres, mon cœur a cessé de battre mais ma Pontiac fonctionnait toujours. »

Deux ans plus tard, stupeur à nouveau sur le Tour. En 1953, dans l'étape Pau-Cauterets, dans la descente du Soulor (encore), Hugo Koblet, vainqueur du Tour en 1951, dérape dans un virage, puis percute un pylône. Lui aussi tombe dans le ravin. Koblet en ressort aidé par un coéquipier mais le Tour vient de perdre son favori évacué sur la banquette arrière d'une voiture. Trois côtes fracturées pour celui que l'on appelait « le pédaleur de charme ». À l'arrivée, Gino Bartali confiera : « Il est parti comme une fusée. À cette allure, il ne pouvait pas aller bien loin. Ce garçon est suicidaire. »

Un an plus tard, on est à deux doigts ou plutôt deux boyaux de revivre pareil scénario. Ferdi Kübler fait la descente de l'Aubisque… sans freins ! « Hurlant comme un possédé, Ferdi fonçait dans les trous noirs. À plusieurs reprises, il quitta la route, roulant sur l'herbe, à ras du ravin. Chaque fois, il se rétablit miraculeusement… » raconte un témoin. À l'arrivée, le Suisse termine troisième de l'étape et dit ceci : « Ferdi, pas de chance, cassé freins et trois rayons. Glissé trois fois, jamais tombé ! »

Dix-huit ans plus tard, un autre drame se noue dans la descente de l'Aubisque, plus précisément dans celle du Soulor vers l'Aubisque. Décidément ! Nous sommes en 1972 dans l'étape entre Bayonne et Pau. Luis Ocaña, victime d'une crevaison quelques minutes plus tôt prend tous les risques pour revenir. L'Espagnol dérape et entraîne dans sa chute Lucien Van Impe, Alain Santy et Bernard Thévenet. Santy se fracture deux cervicales, Thévenet est blessé au cuir chevelu mais repart. « J'ai été assommé après avoir donné un coup de tronche dans un mur, puis je suis reparti. D'un coup, je me réveille sur le vélo, comme si c'était le matin dans mon lit. Je ne ressens aucune douleur et je ne réalise pas que j'ai le crâne ouvert. Je me demande où je suis et j'ai peur, car je n'arrive pas à me souvenir de ce à quoi je pensais juste avant » raconte-t-il au *Parisien* près de quarante ans plus tard. « Comme je pédale dans le froid, je pense participer à une course de début de saison, en février ou en mars. J'appelle mon directeur sportif pour vérifier. Je suis très surpris de voir le panneau « Tour de France » sur sa voiture. Gaston Plaud me confirme qu'on est sur le Tour, que je suis tombé sur la tête, mais que je suis en état de finir. » En fouillant dans sa poche, il trouve le profil de l'étape et découvre que l'Aubisque est au programme. « Ça doit être une erreur, si j'avais grimpé l'Aubisque, je m'en souviendrais » pense-t-il. À l'arrivée, le médecin du Tour, le docteur Broussard lui dit : « Il faut qu'on te recouse le crâne. As-tu perdu connaissance ? » Comme il ne veut pas abandonner, il promet que non et ajoute : « Heureusement qu'on n'a pas monté l'Aubisque, sinon je n'aurais jamais pu finir l'étape ! » Il l'envoie alors passer une radio à l'hôpital et y passer la nuit en observation. Malgré l'insistance du chirurgien pour le garder le lendemain matin, Bernard Thévenet parvient à quitter l'hôpital en lui signant une décharge. Quelques jours plus tard, il gagne l'étape du Ventoux, puis celle du ballon d'Alsace !

L'Aubisque est indissociable du Tour… malet. Le Tour l'a franchi à soixante-treize reprises, soit huit fois de moins que son prestigieux voisin. Souvent, presque la plupart

« Ça doit être une erreur, si j'avais grimpé l'Aubisque, je m'en souviendrais » se dit Bernard Thévenet pendant l'étape entre Bayonne et Pau en 1972. Tombé dans la descente de l'Aubisque et blessé au cuir chevelu, le Français a été victime d'une perte de connaissance.

du temps, les étapes empruntent l'un, puis l'autre, dans les deux sens selon les années. Et ce dès cette fameuse étape du 21 juillet 1910 longue de 326 kilomètres entre Luchon et Bayonne. Après avoir escaladé Peyresourde, le Tourmalet et le Soulor, les coureurs s'attaquent pour la première fois à l'Aubisque. François Lafourcade passe en tête au sommet mais Octave Lapize remporte cette étape restée dans la légende.

Dans la légende aussi, la fameuse épopée de 140 kilomètres d'Eddy Merckx en 1969. Détaché seul au sommet du Tourmalet, puis dans la descente, il continue son périple dans l'Aubisque pour s'imposer à Mourenx et remporter quelques jours plus tard le Tour de France.

En 1985, un futur vainqueur de l'épreuve s'envole sur les pentes de l'Aubisque. Stephen Roche, l'Irlandais qui manie le Français avec tant de charme et de bagout, s'échappe ce matin du 17 juillet lors de cette demi-étape. Il part seul dans l'ascension du col du Soulor, puis s'impose au col d'Aubisque. L'Irlandais termine avec 1'15" d'avance sur Greg LeMond et 1'30" sur Bernard Hinault. À Paris, Roche termine troisième derrière l'Américain et le Français. Deux ans plus tard, il réalise un triplé inédit Giro-Tour-championnats du monde.

L'épisode du 25 juillet 2007 est beaucoup moins glorieux et salit la grandeur du Tour et de l'Aubisque. Drôle d'ambiance ce matin-là à Orthez avant le départ de cette seizième étape. Elle va se dérouler sans l'équipe Astana qui se retire à la demande des organisateurs. En effet, son leader, le Kazakh Alexandre Vinokourov, a été contrôlé positif suite à une transfusion homologue (avec le sang d'un donneur compatible) ! La veille lors de la journée de repos à Pau, les policiers et gendarmes perquisitionnent l'hôtel de l'équipe kazakhe.

Il flotte donc comme une odeur de soufre au départ de l'étape à Orthez. Des coureurs du MPCC (Mouvement pour un cyclisme crédible, où figurent les équipes françaises) protestent contre les affaires de dopage et un cyclisme à deux vitesses.

Côté sport, enfin pense-t-on, les quatre premiers du classement général se détachent dans la montée du col d'Aubisque : Michael Rasmussen, Alberto Contador, Cadel Evans et Levi Leipheimer. Mais « Chicken » Rasmussen, c'est son surnom en raison de son apparence famélique, plume tous ses rivaux dans les derniers kilomètres. Conspué par une partie du public, il s'impose au sommet dans une ambiance plombée par la suspicion et les scandales. À l'arrivée, Rasmussen répondra ceci, avec un cynisme rare sonnant comme un aveu : « Je comprends maintenant ce qu'a dû subir pendant sept ans Lance Armstrong et je l'admire encore plus chaque jour. »

Le soir, de retour à Pau, les journalistes font le pied de grue devant l'hôtel de l'équipe Rabobank. Les semaines d'avant-Tour, le Danois s'est volontairement soustrait à plusieurs contrôles antidopage inopinés en prétextant qu'il était au Mexique alors qu'il s'entraînait en Italie. Sur les coups de 23 heures, Rasmussen quitte son hôtel et le Tour, contraint à prendre la porte par son équipe Rabobank. Sale journée pour le Tour et l'un de ses cols les plus beaux bafoués par les tricheurs.

En 2010, 2011 et 2012, l'Aubisque retrouve un peu de sérénité et se drape de bleu-blanc-rouge avec trois Français qui passent en tête au sommet. Christophe Moreau, Jérémy Roy ensuite, et Thomas Voeckler enfin. Cette année-là, en 2012, lors de la seizième étape, le héros du Tour de l'année précédente réussit le tour de force de passer en tête des quatre cols de la journée : Aubisque, Tourmalet, Aspin et Peyresourde avant de s'imposer à Bagnères-de-Luchon et de remporter le maillot à pois à Paris ! En 2018, les coureurs empruntent le Soulor et l'Aubisque par le col des Bordères. Et dans l'Aubisque, la grosse bagarre entre favoris est enfin déclenchée sous l'impulsion de Primož Roglič. Le Slovène attaque les Sky de Geraint Thomas et Chris Froome 1 kilomètre avant le sommet de l'Aubisque, puis s'envole dans la descente, lui, l'ancien sauteur à ski. Roglič remporte l'étape à Laruns et monte sur la troisième marche du podium avant d'en être délogé le lendemain par Chris Froome.

INTERVIEW

MATTHIEU LADAGNOUS

L'AUBISQUE ET MATTHIEU LADAGNOUS

Qui mieux que Matthieu Ladagnous pour parler de ces deux cols. « Lada » habite à Nay, au pied du Soulor. Professionnel à la FDJ depuis 2006, il remporte les Quatre Jours de Dunkerque, termine cinquième du Tour des Flandres en 2013 puis se mue en équipier modèle pour Thibaut Pinot.

Racontez-nous votre première expérience dans le Soulor et l'Aubisque…

C'était en course dans le « Soulor-Aubisque », la course qu'organisait mon club. J'étais junior. Le samedi, il y avait une étape relativement facile sur les coteaux autour de Pau, puis le dimanche matin, il y avait un contre-la-montre et l'après-midi, on montait le Soulor et l'Aubisque. J'avais envie de faire quelque chose de bien, car c'était très près de chez moi. J'ai dû faire dans les dix ou quinze premiers, j'ai craqué au pied de l'Aubisque et j'ai tout fait tout seul.

Et dans le Tour ?

C'était du côté de Soulor, c'était l'arrivée à Pau quand Pierrick Fédrigo avait gagné en 2010. On grimpait Peyresourde, l'Aspin, le Tourmalet avant, j'ai fait *gruppetto* avec les sprinteurs. On arrivait très près de chez moi, dans le Soulor et l'Aubisque, il y avait beaucoup de monde pour me soutenir, je ne sentais pas trop mes jambes… À l'entraînement, je le fais quinze à vingt fois dans la saison, alors que c'est fermé jusqu'au 1er mai. J'adore ce col, le début n'est pas très long, il n'y a que 7 kilomètres mais c'est assez dur. Ce que j'adore, entre les deux cols, c'est cette petite descente, puis il y a un faux plat montant et là, c'est magnifique. La vue est extraordinaire, tu vois les nuages en dessous, tu es à flanc de montagne, c'est vraiment splendide.

Vous souvenez-vous de l'avoir reconnu ? En quoi est-ce que cela aide le jour de la course ?

Non, je ne l'ai pas reconnu avant le Tour, car je le connais par cœur. Mais connaître le col, ça aide vraiment. Une fois, on a monté le Soulor depuis chez moi à Nay, je le connaissais tellement bien que je me suis accroché quelques centaines de mètres de plus. Le connaître, c'est super important : si un grimpeur sait qu'il peut s'accrocher dans le Soulor, il sait qu'il a 5 kilomètres faciles jusqu'aux 3 derniers kilomètres…

Matthieu Ladagnous connaît le Soulor et l'Aubisque mieux que personne. Il a grandi à Nay au pied du Soulor et fait cet enchaînement régulièrement à l'entraînement.

Selon vous, qu'est-ce qui est déterminant pour passer en tête ou s'y imposer ?

Il ne faut pas griller ses cartouches inutilement avant les 4 derniers kilomètres. Comme ils sont difficiles, il ne faut pas s'être mis minable dans les 5 kilomètres de faux plat montant. Après, les 4 derniers kilomètres sont vraiment difficiles, j'ai déjà fait cette erreur à l'entraînement. Je me sentais très bien et puis, finalement, pendant les 4 derniers kilomètres, je me suis dit : « Je ne suis pas si bien que ça… »

Quelles sont, selon vous, les meilleures conditions climatiques pour grimper l'Aubisque ?

Quand il fait beau ! Lorsqu'il pleut ou qu'il y a un bon vent frais, il fait vraiment froid là-haut et on est souvent dans le brouillard à 1 700 mètres d'altitude. En bas, il ne faut pas non plus qu'il fasse 40 °C. Le mieux, c'est 20 °C, avec un grand soleil.

Que représente ce col pour vous ?

Pour moi, c'est l'un des plus beaux cols autour de chez moi avec ces paysages. Et c'est un col mythique du Tour. J'allais souvent voir le Tour là-bas… On allait souvent près de Gourette pour voir la montée. Gamin, mon club organisait le Soulor-Aubisque, ça me tenait à cœur d'y briller, c'est un col qui m'a fait toujours rêver…

Quels conseils pourriez-vous donner au lecteur qui voudrait s'attaquer au Soulor et à l'Aubisque ?

Mon conseil est de mettre un braquet adéquat pour ne pas s'y planter, car il y a des passages assez raides, donc je leur dirais de prendre un 36 x 32 ou un 39 x 32. Et surtout de faire attention à ne pas se griller d'entrée même si le début de l'Aubisque est facile. Il ne faut pas y aller comme un fou pour ne plus avancer après. Regardez bien le paysage entre le Soulor et l'Aubisque, sans peur, car de ce côté-là, la descente n'est pas dangereuse. De l'autre côté, elle l'est ! Ah sinon, il faut faire attention aux vaches dans les deux tunnels qui ne sont pas éclairés, elles viennent se mettre au frais quand il fait chaud !

Vous parlez de la beauté du paysage, mais en course vous avez le temps de le regarder ?

En course, tu n'as pas le temps de regarder. Éventuellement, dans le *gruppetto*, tu regardes un peu, tu ne peux pas le louper ce paysage-là, même si tu es à bloc, tu le regardes un minimum… Entre le Soulor et l'Aubisque, tu vois tous ces vallons en dessous, tu es des fois au-dessus d'une mer de nuages, ça m'est déjà arrivé de m'arrêter prendre des photos. C'est l'un des plus beaux endroits que je connaisse autour de chez moi.

L'ASPIN

PRÉSENTATION

L'ASPIN N'EST PAS LE TOURMALET (P. 148), SON PRESTIGIEUX ET IMPOSANT VOISIN.

Mais son nom est dans tous les esprits des amateurs de vélo. Ce col est incontournable. Car sa situation géographique en fait un passage stratégique, voire obligé. Il relie en effet la vallée de Campan, quand on vient du Tourmalet, à la vallée d'Aure vers Peyresourde ou Saint-Lary. C'est pour cette raison que le Tour de France l'a si souvent emprunté : soixante-quatorze fois au total, ce qui fait de lui l'un des cols les plus fréquentés par la plus grande course du monde. En venant d'Arreau, le côté le plus dur, l'Aspin fait 12 kilomètres à 6,5 % de moyenne. Son sommet est à 1 489 mètres d'altitude, bien loin des 2 114 mètres du Tourmalet. Dit comme cela, ce col ferait presque figure de nain. Et pourtant, le gravir, c'est aussi humer la légende de ce sport, et de ses plus grands champions. Bartali, Coppi, Bahamontes, Chiappucci, Virenque. Aucun ne s'est imposé en son sommet, car aucune arrivée du Tour n'y a été jugée. Non, on passe à l'Aspin, on n'y gagne pas.

Mais lorsque l'on est cyclosportif ou amateur, ce col doit figurer sur notre tableau de chasse. Tout d'abord, il est beaucoup moins facile qu'il n'y paraît. Certes, les 2 premiers kilomètres sont très abordables, voire roulants : 5 %, puis 3,5 %, de quoi finir son échauffement et rentrer en douceur dans ce col. Mais après, vous commencez dans ces lignes droites entrecoupées de lacets. Et là, le combat commence. Alors, oui, nous ne sommes pas dans les pourcentages de l'Izoard (p. 24) ou du mont du Chat (p. 134), mais vous sentez la souffrance monter en même temps que vous avalez le dénivelé. En arrivant sur ces crêtes à flanc de montagne au milieu de cette végétation généreuse et luxuriante, deux éléments peuvent vous rendre la tâche plus compliquée : le vent et le soleil. En effet, dans l'Aspin, les lacets ne sont pas resserrés mais on tournicote sans cesse pour revenir au même endroit. L'Aspin est un col en arabesques. À vous filer le tournis. Et à force de changer de direction sur ces routes découvertes, il y a toujours un moment où vous prendrez le vent. Et le soleil aussi. Si vous avez la chance qu'il fasse beau, ça peut cogner et vous vous surprendrez à chercher les arbres pour trouver un peu d'abri, en vain. Certains trônent seuls au bord du « ravin », comme pour vous narguer et dire qu'ici on ne s'abrite pas, on grimpe et on se tait.

L'Aspin est un col assez régulier. Du quatrième kilomètre au sommet, on navigue entre 6 et 8 % de moyenne. Cela se fait plutôt bien. Mais le septième kilomètre fait très mal. Avec ses 9,5 %, vous comprenez que vous êtes dans un col des Pyrénées et commencez à souffrir si vous n'êtes pas bien. Puis un virage à droite en épingle, à la hauteur d'un ancien restaurant sans charme, vous amène dans les derniers kilomètres. En arrivant sur cette dernière rampe, vous regardez sur votre gauche, et vous en prenez plein les yeux, avec une vue plongeante sur toute la vallée d'Aure, et cette vague de montagnes verdoyantes. Au sommet, les vaches sont là pour vous accueillir. Et la vue de l'autre côté, époustouflante, sur le pic du Midi. L'Aspin n'est pas un géant, quoique…

PROFIL

12 KILOMÈTRES À 6,5 % DE MOYENNE
POURCENTAGE MAXIMAL : 10 %
CLASSÉ PREMIÈRE CATÉGORIE
NIVEAU : INTERMÉDIAIRE

Les 4 premiers kilomètres sont plutôt faciles, entre 3,5 et 7 %. Le col est ensuite régulier autour des 6 % puis devient très dur à partir du septième kilomètre et ses 9,5 %. La fin est régulière entre 6 et 8 % de moyenne.

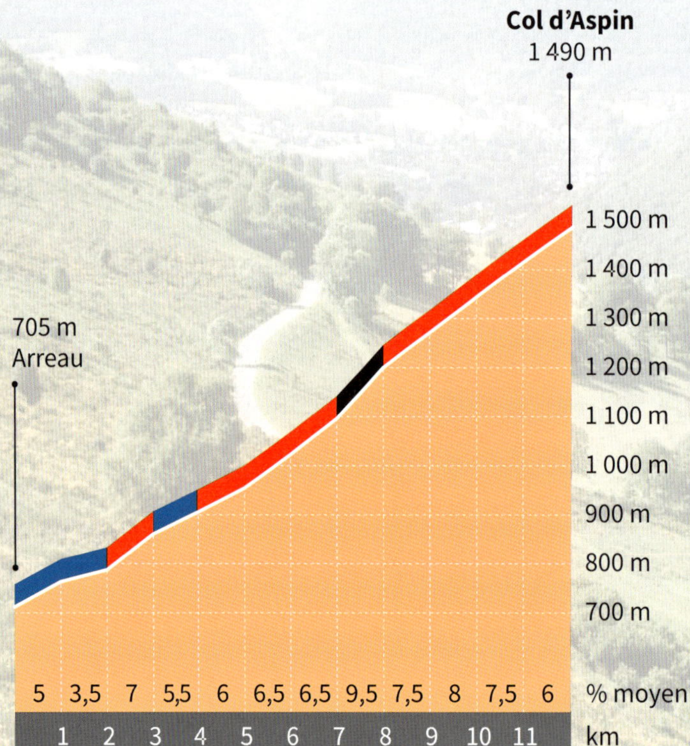

CONSEILS

MON CONSEIL MATOS

Un 39 dents, 39 x 28 devrait suffire si vous êtes en forme, mais je conseillerai un 36 x 28 pour plus de confort. Surtout si vous enchaînez derrière avec le Tourmalet ou avec mon tour fétiche par la Hourquette d'Ancizan.

Les roues carbone ne sont pas indispensables mais peuvent apporter de la performance dans les secteurs plus roulants.

LE BON PLAN

Incontestablement, vous arrêter au sommet pour la vue et dire bonjour aux vaches ! Elles viendront sans doute vous faire des bisous (je l'ai vécu) mais attention à votre vélo, elles sont moins sensibles que nous au matériel et peuvent marcher dessus ! L'autre conseil, si quelqu'un vous rejoint au sommet en voiture : rangez votre vélo et prenez le chemin sur la gauche. Une magnifique randonnée sur une crête vous offrira une vue à 360 degrés sur les deux vallées et vous mènera jusqu'au sommet de la Hourquette d'Ancizan.

MA MONTÉE

DATE : 20 JUIN VERS 8 H 30
CONDITIONS MÉTÉO : GRAND CIEL BLEU, 27 °C
TEMPS RÉALISÉ : 51 MINUTES

Aujourd'hui, je me suis levé tôt pour gravir l'Aspin. Si j'ai un conseil à vous donner, c'est celui-là : allez-y tôt le matin, d'une part pour éviter les voitures, nombreuses en été, et surtout pour la vue. Si vous avez de la chance comme moi ce jour-là, en montant, vous aurez le plaisir en tournant la tête vers la vallée d'avoir une vue dégagée ou d'être au-dessus d'une mer de nuages. Ce ne sera pas dans les tout premiers kilomètres au milieu des arbres. Je les attaque sur le petit plateau, prudent comme toujours, mais si vous êtes costaud, vous pourrez garder la plaque (le grand plateau) tant c'est roulant et plutôt facile. Je me mets dans le rythme en traversant une petite forêt. Il fait déjà bon, c'est très agréable. Un petit lacet sur la droite et je rentre dans les pourcentages plus élevés. Cela reste raisonnable autour des 6 % et cela me permet de trouver

mon allure : entre 13 et 14 à l'heure sans être à fond, ça n'arrive pas tout le temps dans un col de première catégorie ! Pendant 4 kilomètres, la pente me permet de me relancer et de tenir ce rythme. C'est la clé de la réussite sur ce genre de cols. En tournant la tête sur la gauche, j'aperçois la vue qui se profile et c'est déjà très beau. Devant moi, je peux voir la route qui serpente et la crête qui arrive au sommet. Pour l'instant, ce qui est le plus dur n'est pas la pente mais le soleil et l'absence d'ombre. Et puis le retour à la réalité, très vite, dans le kilomètre le plus dur : 9,5 % de moyenne dans cette ligne droite. Assurément le moment où il faut s'accrocher. Et c'est ce que je fais. Je sens le vent à chaque fois que la route va dans le sens inverse du sommet, au rythme de ses entrelacs. Alors que j'étais sur le 34 x 26, me voilà sur le 28. Je tourne les jambes mais j'ai l'impression d'être collé à la route. Et pour cause : 10 km/h. J'ai un coup de moins bien en regardant mon compteur. L'Aspin est fourbe. On se dit qu'il est abordable et voilà qu'il vous envoie un coup de massue pour vous dire que l'on n'est pas dans une bosse de région parisienne. Non ! C'est l'Aspin tout de même ! Je m'arrête sur la gauche sous l'un de ces fameux arbres qui trônent au bord de la route, pour me rafraîchir et surtout admirer cette vue sublime. Je repars.

Sur la borne qui m'indique qu'il reste 4 kilomètres est inscrit le pourcentage du prochain kilomètre : 7,5 %. Malgré les apparences de « petit » col, l'Aspin continue son travail de sape. Je me sens assez bien mais on ne peut pas accélérer comme on le veut. Au prochain lacet à droite, au restaurant, je reprends du vent ! Je me rassois et remets une dent. Dans les deux derniers kilomètres, je traverse cette forêt qui me permet enfin de trouver de l'ombre et de la fraîcheur. J'accélère à nouveau et roule à 14 km/h, je suis de mieux en mieux. Je me dis que c'est fini mais le sommet n'arrive toujours pas. Alors, je prends mon mal en patience. Pas que je sois au bout, non, mais ces successions de lignes droites et de courbes sont usantes. Presque plus pour la tête que pour les jambes. J'arrive enfin et dois slalomer entre les vaches. Je m'arrête sous le panneau qui indique le sommet. Je regarde autour de moi, ce panorama à 360 degrés. C'est sublime. Il y a déjà une vingtaine de personnes et presque la queue pour faire le selfie devant le panneau de l'Aspin. Une vache vient lécher mon guidon (car elle cherche le sel qu'il y a dans la sueur) et mes jambes ! C'est gentil sauf qu'elle pose son sabot sur ma roue et se coince dans un rayon ! Charmant ! Difficile de bouger les quelque 600 kilos de la jeune fille, donc je parlemente, pensant surtout à ménager ma roue en carbone ! Je parviens enfin à la faire bouger… et repars dans la descente, doucement, car d'autres vaches m'attendent au milieu de la route. C'est aussi cela, l'Aspin. Un grand col qui ne dit pas son nom, une vue superbe et de nouveaux amis…

SUR LE TOUR

Le col d'Aspin est le deuxième col le plus fréquenté par le Tour de France derrière le Tourmalet. La Grande Boucle l'a emprunté à soixante-quatorze reprises contre quatre-vingt-un pour son glorieux voisin. Mais je ne vous parlerai pas de vainqueur en ce sommet, puisque l'Aspin est un col pour passer d'une vallée à l'autre. En 1910, le Tour de France découvre la montagne et les Pyrénées. Ce 21 juillet, sur les coups de 3 h 30 du matin, seuls 59 coureurs sont au départ à Luchon de ce qui est considéré comme l'étape la plus difficile jamais courue : 326 kilomètres entre Luchon et Bayonne avec un programme terrifiant : Peyresourde, Aspin, Tourmalet et l'Aubisque. Octave Lapize sera le premier de l'histoire à passer en tête au sommet de l'Aspin avant de remporter l'épreuve quelques jours plus tard. Dans ces cols, nouveauté de l'année 1910, les coureurs découvrent des chemins boueux et cette succession de cols qu'ils surnommeront « le cercle de la mort ».

Lors de la huitième étape du Tour en 2016, les Sky durcissent la course pour Chris Froome qui s'imposera à Bagnères-de-Luchon devant Dan Martin, déjà vigilant ici sur la gauche.

L'Aspin est le théâtre d'autres psychodrames. Quarante ans après la première épreuve, l'étape Pau-Saint-Gaudens emprunte à nouveau, en 1950, ce fameux triptyque Aubisque, Tourmalet, Aspin. Dans ce dernier, Jean Robic attaque Gino Bartali, vainqueur du Tour en 1938 et 48. Le Breton est acclamé par le public qui aurait sifflé et insulté le coureur italien. Au sommet, les deux rivaux s'accrochent et tombent. En fait, Bartali, voulant éviter des spectateurs agressifs, fait chuter Robic. Le public se presse pour les relever. Bartali prend peur et repart dare-dare pour remporter l'étape à Saint-Gaudens. Son compatriote Fiorenzo Magni prend le maillot jaune. À l'arrivée, Bartali est furieux et annonce qu'il quitte le Tour. Malgré les efforts des organisateurs avec la délégation italienne, le Campionissimo persiste. Les deux équipes italiennes s'en vont, et Magni, la mort dans l'âme, y est contraint lui aussi. La légende dit que Bartali, ne pensant pas pouvoir refaire son retard et surtout jaloux de voir son compatriote en jaune, a préféré s'en aller. Magni, lui, est passé à côté de la chance de sa vie de remporter le Tour.

Plus près de nous, il est difficile de détacher un exploit dans ce col qui n'a, rappelons-le, jamais été le théâtre d'une arrivée. En 1994, l'Aspin voit l'ascension, au propre comme au figuré, d'un jeune coureur dont on va beaucoup entendre parler : Richard Virenque. Le Varois est alors considéré comme un jeune grimpeur talentueux mais aussi comme un chien fou. Il a 24 ans et va accomplir le premier exploit de sa jeune carrière. Cette douzième étape entre Pau et Luz-Ardiden emprunte quatre cols : Peyresourde, le classique enchaînement Aspin-Tourmalet et enfin la montée sur Luz-Ardiden. Ce jour-là, Virenque démarre dans Peyresourde à 100 kilomètres de l'arrivée. Il revient alors sur cinq autres coureurs échappés plus tôt. Le Français passera en tête de l'Aspin et grappille des points importants pour le maillot à pois qu'il remportera pour la première des sept fois de sa carrière. Dans le Tourmalet, il lâche Lauredino Cubino, le coureur qui l'accompagnait : « J'ai regardé son compteur et j'ai vu qu'il était à 192 pulsations par minute. J'ai su qu'il était en surrégime et je suis reparti. » Richard Virenque s'impose à Luz-Ardiden avec 4'34'' d'avance sur Pantani.

Un an plus tard, Virenque passe à nouveau en tête au sommet de l'Aspin et remporte le maillot de meilleur grimpeur. Pour gagner ce maillot, il faut dominer l'Aspin. Cette maxime s'est souvent vérifiée. Comme en 2012. Au programme de cette seizième étape entre Pau et Bagnères-de-Luchon, quatre cols : l'Aubisque, le Tourmalet, l'Aspin et enfin Peyresourde. Dans l'Aubisque, un groupe de 38 coureurs est échappé. Parmi eux, Thomas Voeckler, l'homme qui a fait rêver la France l'année précédente et a terminé quatrième du Tour.

Dans le Tourmalet, l'Irlandais Dan Martin, le neveu de Stephen Roche, accélère, suivi seulement par Brice Feillu et… Voeckler. À 5 kilomètres du sommet, le Vendéen accélère à son tour, il est accompagné par Feillu. Voeckler passe en tête au sommet. Les deux coureurs français creusent l'écart sur tous leurs anciens compagnons d'échappée. Dans l'Aspin, ils résistent. Thomas Voeckler passe en tête devant Brice Feillu. Dans la montée finale de Peyresourde, Thomas Voeckler lâche son compatriote, bascule en tête et remporte l'étape à Bagnères-de-Luchon avec plus de 7 minutes d'avance sur Bradley Wiggins qui remportera le Tour cette année-là. Thomas Voeckler, lui, s'empare du maillot à pois qu'il conservera jusqu'à Paris.

En 2018, l'Aspin est synonyme de calvaire pour Peter Sagan. Tombé deux jours plus tôt dans la descente d'Azet Val-Louron, le triple champion du monde est en perdition sur les pentes de l'Aspin et montre un visage qu'on ne lui connaissait pas. Un homme en grande souffrance et au courage admirable. Jamais on n'a vu la star slovaque souffrir autant. Incontestablement, l'une des images de ce Tour de France 2018. Celui qui allait devenir quelques jours plus tard le sextuple maillot vert du Tour arrive à son tour au sommet plus de 7 minutes après Julian Alaphilippe, passé en tête…

INTERVIEW

THOMAS VOECKLER

L'ASPIN ET THOMAS VOECKLER

Pendant près de dix ans, Thomas Voeckler a été le coureur préféré des Français. Après dix jours en jaune sur le Tour de France en 2004, il récidive en 2011 et fait rêver tout le pays. Cette année-là, il termine finalement quatrième à Paris. Un an plus tard, il devient meilleur grimpeur du Tour en 2012 et remporte deux des quatre étapes gagnées dans sa carrière, notamment à Bagnères-de-Luchon après être passé en tête au sommet de l'Aspin. Après avoir pris sa retraite en 2017, il est désormais consultant pour France Télévisions.

Racontez-nous votre première expérience dans l'Aspin…

Je crois que la première fois que je l'ai monté, c'est à la Route du Sud. Je n'étais pas un grimpeur qui aimait les forts pourcentages. Dans les Pyrénées, c'est le col que j'appréciais le plus parce qu'il n'est pas trop pentu. C'est une bonne mise en jambes, avant le Tourmalet, l'enchaînement Aspin-Tourmalet est un grand classique sur le Tour, on attaque souvent le massif pyrénéen par le col d'Aspin. Sur mes dix-sept années de carrière, je ne sais pas combien de fois j'ai pu le monter parce que c'est un lieu incontournable, surtout par Arreau. Pourtant, mon meilleur souvenir de l'Aspin, c'était quand j'allais dans l'autre sens pour regagner Bagnères-de-Luchon. C'est un col abordable, c'est ça qui est sympa avec l'Aspin : il est abordable pour quelqu'un qui n'est pas hyperentraîné, et ce n'est pas le cas de tous les cols.

Et dans le Tour ?

En 2004, c'était le premier col que je faisais avec le maillot jaune sur les épaules, je me souviens que j'étais un peu à la traîne mais encore avec le groupe des favoris ; je décrochais, je revenais, je décrochais, je revenais, je gaspillais mon énergie, mais c'était ma façon de pédaler. Et juste avant le sommet, j'ai réussi à regagner les premières positions et dans la descente de l'Aspin, je me suis échappé avec Laurent Brochard, il y avait Ullrich aussi. En bas de l'Aspin, avant d'attaquer la montée vers La Mongie, on était un petit groupe qui s'était détaché et Armstrong n'était pas là : voilà mon premier souvenir de l'Aspin dans le Tour, quand je portais le maillot jaune en 2004.

En 2012, Thomas Voeckler s'impose à Bagnères-de-Luchon, maillot à pois sur les épaules après avoir basculé en tête au sommet de l'Aspin.

Pourquoi aimez-vous tant ce col ?

L'Aspin, je le connais par cœur, je l'ai fait tellement souvent que lorsque l'on arrive, comme en 2012 (où Voeckler est passé en tête au sommet pour s'imposer à Bagnères-de-Luchon), et qu'on sait où l'on met les roues, ça compte énormément parce qu'on n'a aucune surprise : on sait quel braquet mettre, les endroits où ça va être dur ; pour la descente, c'est pareil : on sait où ça va être dangereux, où l'on peut lâcher les freins. Donc, avec tout ça mis bout à bout, ce n'est pas négligeable quand on se sent bien dans un col ; il y a des cols où c'est assez subjectif, on se sent bien ou pas. Moi, si je prends l'exemple de la Croix-de-Fer, je n'ai jamais aimé ce col, je ne me suis jamais bien senti dedans, alors que dans l'Aspin, je me suis toujours vraiment senti à l'aise. C'est un col qui m'allait bien parce qu'il n'est pas trop raide et qu'il y a quelques petits changements de rythme.

Vous souvenez-vous de l'avoir reconnu ? En quoi est-ce que cela aide le jour de la course ?

Non, c'est avec l'accumulation des courses que j'ai appris à le connaître, j'étais plutôt un coureur qui enchaînait les courses plutôt que les stages de reconnaissance, mais il est possible que je l'aie monté dès la Ronde de l'Isard, l'épreuve espoir, puis sur la Route du Sud. Je n'avais pas besoin d'aller le reconnaître parce qu'on le faisait assez en courses.

Selon vous, qu'est-ce qui est déterminant pour y passer en tête ?

Au départ d'Arreau, les 3 derniers kilomètres sont quasiment en ligne droite, donc le vent joue un grand rôle, alors qu'au pied on est dans la forêt. Après, c'est dégagé et on fait des lacets, donc on a le temps de voir d'où vient le vent. Ensuite, à 3 bornes, 2 bornes et demie, on a le dernier virage à gauche et après, c'est tout droit. On voit le sommet du col qui est loin devant, tout droit. La clé, lorsque l'on est coureur du Tour, qu'on se présente dans une échappée et qu'on veut basculer en tête, c'est clairement de faire en fonction du vent : s'il est de dos, il ne faut pas se faire enfermer par les autres coureurs et il faut être devant assez tôt avant le haut ; si on veut aller faire les points pour le classement du meilleur grimpeur et s'il est de face, il ne faut pas se découvrir trop tôt parce que, même dans les cols, sachant que celui-là n'est pas très pentu, le vent joue énormément.

On ne le cite pas parmi les grands cols, mais n'est-il pas moins facile qu'il n'y paraît ?

Si on voit parfois des défaillances dans le Tourmalet, c'est qu'il y a eu l'Aspin avant. Le vélo, c'est une histoire d'accumulation, mais c'est vrai que l'Aspin en lui-même n'a rien d'insurmontable. C'est ce qui fait son charme, il est abordable aussi. En revanche, ça pèse dans les pattes, quand après on va s'infuser le Tourmalet. Si on a fait l'Aspin avant, ce n'est pas la même chose que d'arriver en étant frais. C'est pareil si, après, on fait Peyresourde pour une arrivée à Bagnères-de-Luchon. En fin de compte, l'Aspin fait plus partie d'un ensemble, d'une étape que d'un col à lui tout seul, il vient se greffer à d'autres pour avoir son importance.

Quelles sont, selon vous, les meilleures conditions climatiques pour grimper l'Aspin ?

L'idéal, c'est une vingtaine de degrés en bas, ça fait une quinzaine en haut, avec un temps sec qui est plus agréable, mais à vélo on ne choisit pas les conditions météo. L'idéal est d'avoir un temps sec sans avoir la canicule.

Que représente ce col pour vous et dans votre carrière ?

Une routine, j'ai envie de dire. Je m'y sentais bien parce qu'il a jalonné toute ma carrière. Chaque année, il y avait forcément une course, que ce soit le Tour ou la Route du Sud, où l'on passait par l'Aspin, il y a des endroits où on a nos habitudes, voilà. On savait où on allait, ça fait partie du truc tout simplement.

Quels conseils pourriez-vous donner au lecteur de ce livre qui voudrait s'attaquer à l'Aspin ?

Pour bien monter l'Aspin, il faut en garder un peu pour le haut. Tout dépend si on a prévu de ne faire que l'Aspin dans la journée ou si on finit par ce col. Ce qui est sûr, c'est qu'au départ d'Arreau, les 2 derniers kilomètres sont plus raides que le reste. Donc, il ne faut pas se faire avoir. Surtout si on enchaîne avec un autre col, la Hourquette d'Ancizan ou le Tourmalet, il faut respecter l'Aspin et ne pas se dire : « Il n'est pas si dur, pas si long, donc je peux y aller, parce que, après, on l'a dans les pattes quand même ». Il faut arriver avec humilité comme dans n'importe quel col et ne pas le prendre pour un charlot parce que c'est tout de même un col des Pyrénées !

Parlez-nous de la beauté de cet endroit…

C'est beau. En plus, au départ d'Arreau, on part de la forêt, puis on prend de l'altitude, si on regarde sur la droite, on a toute la vue sur les autres montagnes, Val Louron et Peyresourde. De l'autre côté, c'est plus dégagé. Au sommet, il y a un point de vue magnifique, c'est une vue à couper le souffle…

En haut, on n'est pas dans un cul-de-sac. Une fois n'est pas coutume, j'avais fait un stage pour joindre l'utile à l'agréable, j'y étais allé avec mon épouse. Au sommet de l'Aspin, on était allés se promener dans la neige pendant une heure et demie : il y a de belles balades au sommet et ce n'est pas le cas de tous les cols…

LA HOURQUETTE D'ANCIZAN

PRÉSENTATION

C'EST UN COUP DE FOUDRE.
UNE HISTOIRE D'AMOUR.
À LA PREMIÈRE RENCONTRE, VOUS SAVEZ.

C'est ce qui s'est passé pour moi avec la Hourquette d'Ancizan. J'ai su. Tout de suite. C'est certainement l'endroit que je préfère en France. Pas juste le col mais l'un des lieux les plus beaux que je connaisse (avec l'Emerald Lake dans les Rocheuses canadiennes !), si ce n'est le plus beau. Un écrin de verdure, de nature, un cocon auquel je repense quand j'ai besoin de me ressourcer. Dans lequel j'ai envie souvent de me blottir. Une merveille avec ce ruisseau qui coule au bord de la route. Ce tapis d'herbe et de mousse. Cette palette de couleurs où le vert vient caresser le bleu éclatant du ciel, ces sapins. Lorsque vous montez en venant du lac de Payolle, la Hourquette vous inviterait presque à flâner, à pique-niquer, à mettre vos pieds dans le ruisseau et à marcher pieds nus. À vous allonger et à fermer les yeux. À vous autoriser à lâcher prise. Ce n'est pas un hasard si de nombreux coureurs professionnels comme Thibaut Pinot ou Amaël Moinard en parlent comme de l'un de leurs cols préférés. Et si de (trop) nombreux camping-cars s'y installent aussi pendant les vacances d'été.

Hourquette d'Ancizan... le nom est si poétique. Chantant. Intrigant. « Hourquette » est un nom gascon qui signifie « fourche » et qui désigne des cols en pyrénéen. Ancizan est le petit village d'où part la montée de l'autre versant dans la vallée d'Aure, beaucoup plus dure mais beaucoup moins belle aussi, car enfermée dans une forêt.

La Hourquette d'Ancizan n'est pas le col le plus connu des Pyrénées, il n'a pas l'aura du Tourmalet (p. 148) ou de l'Aspin (p. 176), ses glorieux voisins. Avec ses 1 564 mètres d'altitude, il vit dans leur ombre et c'est tant mieux. Cela permet à cette pépite de rester cachée. Avec sa forêt et ses habitants. Lorsque vous l'escaladez à vélo, il est fréquent d'y croiser des ânes, des vaches, des moutons et même des chevaux sauvages. Par moments, vous vous attendriez presque à voir débouler un ours.

Alors, ce col est loin d'être le plus dur. Il est même plutôt abordable par son versant qui vient du lac de Payolle. Pentu au début, plus roulant, il y a même une descente après une forêt. Ou plus exactement deux forêts. Puis le col commence vraiment. Sur votre droite, vous pouvez apercevoir l'une des plus belles randonnées des Pyrénées, allez, soyons fous, de France même, avec ce vert à perte de vue. Si vous vous y aventurez, vous marcherez le long d'une crête pour arriver à un petit lac. Sur votre chemin, vous trouverez ces fameux chevaux, que vous pourrez caresser.

Les sites spécialisés indiquent 22 kilomètres de Campan, mais le col débute vraiment de Payolle. Ils indiquent 4 % de moyenne. C'est beaucoup plus dans les 10 derniers kilomètres. Mais ici, l'important est ailleurs. Le côté athlétique passe au second plan. La nature vous absorbe. Vous vous perdez. Ou plutôt, vous vous retrouvez dans cet endroit absolument féerique et infiniment apaisant. J'aime ce lieu. Il résume ce que pourrait être ma version du bonheur, en tout cas du bien-être. Être seul (quoique) sur son vélo et s'évader. La Hourquette est une merveille. Si vous y faites un tour, vous aussi vous en tomberez forcément amoureux ! Une dernière chose tout de même, avant de vous lancer dans la descente : redescendez sur terre après cette belle rencontre et soyez très lucide, elle est très technique et surtout bourrée de gravillons qui la rendent dangereuse, allez-y doucement et évitez les coups de frein intempestifs et brusques... Cela gâcherait le plaisir d'un aussi beau moment.

PROFIL

8,2 KILOMÈTRES À 4,9 % DE MOYENNE
POURCENTAGE MAXIMUM : 12 %
CLASSÉ DEUXIÈME CATÉGORIE
NIVEAU : LOISIR

Avec ses 3,1 %, le premier kilomètre à partir du lac de Payolle est une mise en jambes. Puis on oscille entre 4,4 et 7,2 %. Finalement, le kilomètre le plus dur se situe entre le quatrième et le cinquième avec 8,1 %. Ensuite, cela passe vite et il n'y a plus que le dernier kilomètre qui soit un peu difficile.

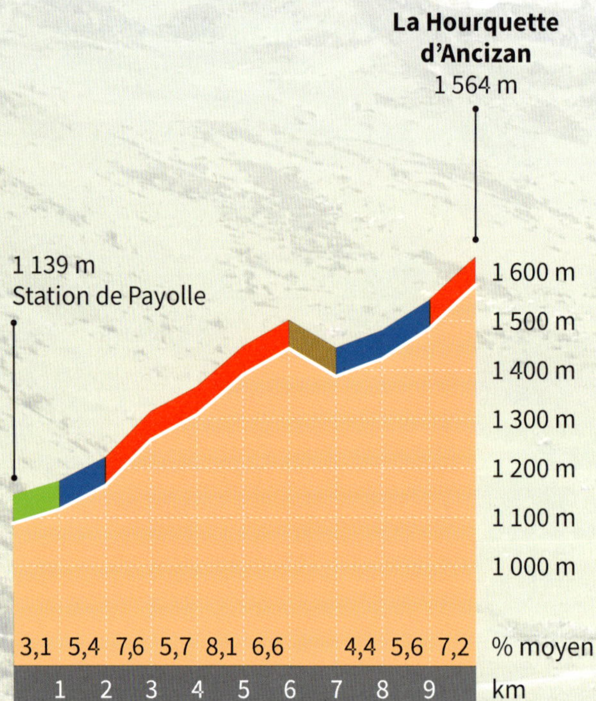

CONSEILS

MON CONSEIL MATOS

De ce côté, la Hourquette est vraiment abordable. Un 39 x 28 peut suffire, mais si vous enchaînez avec l'Aspin et pourquoi pas avec Peyresourde, vous serez plus à l'aise et confortable avec un 36, voire un 34 dents à l'avant. Des roues carbone à jantes hautes peuvent aussi être utilisées si vous le souhaitez.

Mon autre conseil, si vous vous en sentez capable, tentez l'enchaînement Aspin-Hourquette en partant d'Arreau très tôt vers 7 h du matin. Vous serez seul avec les vaches, éviterez la circulation et la chaleur et aurez peut-être la chance de monter au-dessus d'une mer de nuages collée dans la vallée. À faire absolument.

LE BON PLAN

S'il y a un endroit à ne pas manquer, qui vaut le détour, c'est ce petit ruisseau au pied du col sur la droite de la route. Arrêtez-vous pour faire une pause. Ce lieu est superbe. Reposant. Apaisant. Enlevez vos chaussures de vélo pour marcher dans la mousse et vous rafraîchir les pieds. Vous y croiserez peut-être des ânes ou des vaches qui descendent.

L'autre incontournable est cette fameuse randonnée, lorsque vous arrivez au sommet, sur la droite. Vous marcherez sur une crête, puis arriverez à un petit lac en voyant des chevaux sauvages. C'est une splendeur.

MA MONTÉE

DATE : 20 JUIN VERS 11 HEURES
CONDITIONS MÉTÉO : GRAND CIEL BLEU, 27 °C
TEMPS RÉALISÉ : 41 MINUTES

J'ai attaqué ce col assez tôt vers 11 h du matin après avoir escaladé l'Aspin (p. 176) en venant d'Arreau. Sur le bas, je me régale et ouvre grand les yeux. Je regarde ce fameux ruisseau sur la droite de la route et ai envie de m'y arrêter. Mais en élève studieux, je continue ma route. Je croise des ânes et des vaches qui redescendent paisiblement sur la droite de la route. À force de regarder le paysage, il ne faudrait pas oublier qu'on est dans un col des Pyrénées tout de même ! Ça grimpe, et ça grimpe costaud. Je me reconcentre.

Le début est assez dur. Mais je ne peux pas dire que je souffre. Pendant 4 kilomètres, j'évolue dans une forêt. Il fait très chaud mais je suis à l'abri grâce à ces très grands sapins. Malgré la pente irrégulière, je peux garder un rythme et je sais que je peux récupérer dans certaines parties descendantes ou roulantes. Me voilà pendant 1 kilomètre à 7,5 % où je continue à trouver mon rythme à environ 12 km/h. Je rentre alors dans une deuxième forêt. Puis en sortant, j'en prends plein les yeux avec ce vert à perte de vue… sur cette ligne droite de près de 2 bornes totalement à découvert. Je suis seul au milieu d'un immense tapis vert où sont posées quelques pierres et où j'aperçois trois bergeries et leurs murets de pierre… C'est sublime et dur. Sans doute l'endroit le plus exigeant du col. Un grand lacet à gauche me permet de récupérer et surtout d'accélérer pour être à plus de 14 km/h. Je me sens bien, physiquement et moralement. Là, en regardant autour de moi, ça passe très vite et je ne me rends pas compte que j'ai mal aux jambes même si je rentre dans le vif du sujet.

À 4 kilomètres du sommet, j'arrive dans une nouvelle forêt, et une descente me permet à nouveau de souffler. Puis un petit pont me fait passer au-dessus d'un torrent, celui que je voyais en bas. Je remets le petit plateau et arrive justement sur un plateau. Là, des ânes viennent m'encourager. Sur la droite, les vaches sont un peu plus indifférentes à mon exploit ! En face de moi, la route emprunte une crête et se détache de cette montagne

au vert si éclatant, presque fluo ! Je me relance mais m'enflamme un peu. Les 2 derniers kilomètres sont durs, 2 bornes à 8 %, pas insurmontables mais qui vous empêchent d'en faire trop et vous incitent à en garder. C'est ce que je fais, puis accélère.

Je descends des dents et me retrouve sur le 34 x 21 ou le 23. Je suis à environ 16-17 à l'heure. J'ai pris un plaisir fou à gravir ce col ludique, abordable et irrégulier et surtout à admirer ce paysage qui change tout le temps et offre ce que les Pyrénées ont de plus beau.

SUR LE TOUR

Son histoire avec le Tour est toute récente. Les coureurs de la Grande Boucle l'empruntent à trois reprises, la première fois en 2011, lors de la douzième étape entre Cugnaux et Luz-Ardiden, par Ancizan, le côté le plus dur et le moins beau aussi. Les organisateurs le classent alors en première catégorie. Cinq hommes s'extraient du peloton en début d'étape : Rubén Pérez Moreno, José Iván Gutiérrez, les Français Blel Kadri, Jérémy Roy, Laurent Mangel, et le Gallois Geraint Thomas. C'est bien le coureur de la Sky qui pose problème à Thomas Voeckler, alors maillot jaune. Thomas est à moins de 6 minutes du coureur préféré des Français au général. L'écart monte dangereusement à plus de 7 minutes.

Je me souviens d'une scène qui va faire basculer l'étape. Nous arrivons dans la Hourquette d'Ancizan, avant d'attaquer le Tourmalet. Je suis sur la moto de France Télévisions derrière le peloton et vois Thomas Voeckler en personne venir à la hauteur de son directeur sportif Dominique Arnould. Le maillot jaune lâche alors : « Pas plus de 8 minutes, on ne leur laisse pas plus de 8 minutes ! » Autrement dit, Voeckler ne veut pas laisser trop de temps aux échappés, surtout à Geraint Thomas, le mieux placé au général, alors il fait rouler ses équipiers dans la Hourquette. Pourtant, leur avance atteindra presque les 9 minutes !

Laurent Mangel, le Français originaire du Haut-Doubs alors chez Saur-Sojasun, passe en tête. Derrière, Sylvain Chavanel et Roman Kreuziger partent à la poursuite des échappés… Dans la descente, Geraint Thomas, victime d'un ennui mécanique, sort de la route à deux reprises. Sur une route humide par endroits, un autre Thomas, Voeckler, percute une voiture dans une sortie de virage, sans conséquence heureusement. À Luz-Ardiden, Samuel Sánchez s'impose et Thomas Voeckler conserve son maillot jaune qu'il gardera jusqu'à la dix-neuvième étape à l'Alpe d'Huez.

En 2013, le Tour y revient, toujours en venant d'Arreau sur cette route à gravillons. J'étais sur la moto de France Télévisions juste derrière le groupe de tête et me souviens de Romain Bardet, alors coleader d'AG2R La Mondiale avec Jean-Christophe Péraud, faire l'élastique et se battre pour ne pas être décroché dans les 2 derniers kilomètres. À l'arrivée à Bagnères-de-Bigorre, c'est l'Irlandais Daniel Martin qui s'impose.

Le Tour de France a pris la Hourquette, par le versant ouest en venant de Sainte-Marie-de-Campan, celui que je vous conseille dans ce livre, en 2016. Thibaut Pinot, lâché de façon inexplicable, du moins surprenante, la veille dans le col d'Aspin, part à l'attaque dans le Tourmalet avec Rafal Majka et Tony Martin. Dans la Hourquette, les trois hommes continuent leur progression. Après être passé en tête au sommet du Tourmalet, Pinot franchit également la Hourquette en première position, ce col qu'il aime tant, lui, l'amoureux de la nature.

Mais tous ces efforts se paient cash pour les trois hommes repris, happés par le train d'enfer mené par les Sky dans le col d'Azet. Pinot perdra 16 minutes à l'arrivée et tout espoir de briller au général. Puis au sommet de Peyresourde, Chris Froome surprend tout le monde en attaquant dans les derniers mètres avant de faire la descente à bloc dans une position très audacieuse et un brin dangereuse testée quelques années plus tôt par le Slovène Matej Mohorič. Assis sur le cadre en position de recherche de vitesse en train de pédaler à plus de 80 km/h ! Il sera flashé à 91 km/h. L'image a fait le tour du monde. Coup de poker, coup de maître pour l'Anglais qui vient de faire basculer le Tour… en descente. À l'arrivée à Bagnères-de-Luchon, Chris Froome s'impose et s'empare du maillot jaune qu'il ne quittera plus jusqu'à Paris.

Sur le Tour 2016, Thibaut Pinot passe en tête au sommet du Tourmalet, de la Hourquette d'Ancizan, avant de flancher en fin d'étape.

AMAËL MOINARD

LA HOURQUETTE D'ANCIZAN ET AMAËL MOINARD

Amaël Moinard est professionnel depuis 2005. Ce grimpeur normand débute sa carrière chez Cofidis où il remporte notamment une étape de Paris-Nice et termine quatorzième du Tour de France en 2008. Trois ans plus tard, il rejoint l'équipe BMC, où il aide l'Australien Cadel Evans à remporter le Tour cette année-là. Après sept ans dans l'équipe suisse, il rejoint l'équipe Fortuneo Samsic.

Racontez-nous votre première expérience dans ce col…

J'étais en vacances avec mes parents à Guchen au pied de l'Aspin en 1998, j'avais alors 16 ans. Et puis je faisais des sorties par l'Aspin, qui est plus joli de ce côté-là, et reprenais la Hourquette par le lac de Payolle. C'est cette sortie de forêt et ce paysage vaste que je trouvais superbes. Lorsque tu viens de Normandie, ce mélange de pâturages et de montagnes dépouillées, ces paysages te donnent l'impression de grandir et te confèrent ce sentiment de liberté que tu recherches quand tu es gamin…

Et la première fois que vous l'avez abordé en course…

Je l'ai franchi à la Route du Sud en 2007 de ce côté-là. On avait fait port de Balès, Peyresourde et l'Aspin, on tournait à gauche, l'arrivée était à Saint-Lary. Je bascule derrière Óscar Sevilla et Massimo Giunti au sommet de la Hourquette et, comme je connaissais très bien la descente, je les ai rattrapés. Je les bats au sprint, alors que l'Italien lève les bras à 20 mètres de la ligne. C'était ma première victoire chez les pros. Je me rappelle d'une réflexion d'Emmanuel Hubert, alors manager d'Agritubel (aujourd'hui manager de l'équipe où court Amaël), il m'avait dit : « Tu devais drôlement bien connaître la descente pour revenir comme ça ! »

Et votre première fois pendant le Tour…

Dans le Tour, de ce côté-là toujours, j'étais allé chercher des bidons à ma voiture pour mes deux leaders, Richie Porte et Tejay van Garderen (dans l'équipe BMC), et je me souviens avoir souffert pour revenir, car il y avait beaucoup de vent, c'était très dur. C'est un souvenir plutôt douloureux. Quand tu es à bloc, ce que tu vois, c'est la roue avant du coureur qui te précède et pas forcément les paysages. Entre ce que tu fais seul et dans le Tour avec les camping-cars et le public, ça perd tout son charme. Tu passes d'un lieu plein de quiétude à un stade.

Racontez-nous si vous l'aviez repéré et si cela vous a aidé ?

Finalement, j'ai gardé les repères de mes premières ascensions, car on garde les images enregistrées à l'entraînement pour bien gérer un col. Là, c'était neuf ans plus tôt. Ce sont des lieux marquants qui permettent de garder certaines images. Quand tu connais le col, tu fais moins d'erreurs tu sais où t'accrocher dans les moments difficiles et où récupérer.

Qu'est-ce qui permet de passer en tête dans ce col ?

En ce qui me concerne, c'est un col où moi, qui mesure 1,80 mètre et pèse 69 kilos, je passe très bien, car il y a une partie roulante puis la descente où tu peux récupérer. C'est la répartition de l'effort qui fait que tu peux bien l'aborder.

Qu'est-ce que représente la Hourquette pour vous et dans votre carrière ?

Ce n'est pas forcément une forme de nostalgie mais plutôt des sensations d'adolescent qui va faire du vélo tout seul en pleine nature et une première victoire professionnelle. C'est pour cela que ce col représente beaucoup pour moi. C'est juste être en pleine nature avec ce ruisseau, ces vaches, et ce plateau dépouillé, cette beauté… Voilà ce que ça représente…

Quels conseils donneriez-vous au lecteur de ce livre qui aurait envie de monter ce col ?

Je lui conseillerais de prendre son temps au pied parce que ce n'est pas trop dur, donc tu veux aller vite. Il faut plutôt commencer prudemment, parce que c'est de plus en plus dur, et surtout rester lucide, car après, il y a une descente très technique… L'enchaînement Aspin-Hourquette, c'est une boucle courte et une bonne première approche de la haute montagne avant de se lancer dans un col d'altitude.

La Hourquette d'Ancizan est le col préféré d'Amaël Moinard qui s'en est servi comme tremplin pour remporter une étape dans la Route du Sud en 2007.

LE PORTET

PRÉSENTATION

COMMENT A-T-ON PU FAIRE POUR PASSER À CÔTÉ DE CE COLOSSE ?

Comment a-t-on failli passer à côté d'une telle merveille ? Et comment a-t-on fait pour ne pas le voir plus tôt ? Et pourquoi a-t-on ignoré le col de Portet pendant toutes ces années ? Et comment, moi, j'ai pu le rater, passer des semaines à côté de lui et ne pas le voir ? Il y a quelques années, alors que j'étais en vacances à Saint-Lary, dans la maison d'un ami sous la première rampe du Pla d'Adet, je décide une fin d'après-midi d'y monter. Je n'ai pas aimé cette ascension mais, bref, on en reparlera. Après Soulan, alors que je voulais aller à la station du Pla d'Adet, j'étais un peu paumé et je tourne à droite à un embranchement, et au bout de 1 kilomètre, je me rends compte que je me suis trompé ! J'étais sur la route du col de Portet et j'ai fait demi-tour ! Il s'en faut d'un rien pour découvrir des trésors !

Et pour les manquer aussi. Mais il était écrit que l'on devait se rencontrer et qu'il m'en ferait voir de toutes les couleurs. Il a fallu que le Tour de France 2018 y passe pour qu'on le découvre. Une vraie trouvaille ! Un col d'un autre temps un peu comme peut l'être Cap-de-Long (p. 244) que vous pouvez découvrir dans ce livre ou le cirque de Troumouse (p. 256). Des cols comme seuls les Pyrénées peuvent en offrir. Et franchement, en regardant les vues de drone, d'hélicoptère ou en allant sur place, on ne peut pas rester indifférents ! On est ébahis devant un tel décor, puis abasourdis en découvrant son profil et sa difficulté !

Le col de Portet emprunte d'abord l'ascension du Pla d'Adet donc dans sa première moitié. Quelle entrée en matière ! Pour moi, le Pla d'Adet, c'est un peu l'Alpe d'Huez (p. 38) des Pyrénées. Les lacets et le mythe en moins. Mais on arrive aussi dans une station, avec ses immeubles sans charme des années 60, et cette route est loin d'être la plus belle du coin. Mais comme à l'Alpe, on tape la tête dedans sur cette rampe à 8,9 %, ça vous fait monter le cœur tout de suite et c'est dur de s'en remettre. Après, une épingle à gauche, et BAM : 3 bornes à 10 % ! Une montée terrible, sans répit, sans virage ou presque et sans charme. Au bout de 8 kilomètres, vous prenez à droite et vous commencez l'ascension du Portet proprement dite. Oh avec 500 mètres de récup à 5 %, profitez-en, la récré est terminée !

Vous sortez d'une route de station assez large pour une route étroite, presque un chemin de berger. Un premier lacet à droite et vous longez un mur de pierre sur la gauche. Les 2 premiers kilomètres sont réguliers et méchants à 8,8 et 8,2 %. À l'image de ce qui suit : 8 kilomètres de montée avec un seul répit à 6,7 % entre le douzième et le treizième kilomètre.

Là, vous rentrez dans un havre de paix et vous vous retrouvez seul dans la nature, sur ces lacets qui donnent à ce lieu une vraie identité. Et le Portet vous réserve une première surprise avec un secteur non bitumé, le premier des six. Un chemin de pierres blanches comme au début du siècle ! Des *strade bianche* comme le nom de cette sublime course en Toscane avec ses routes blanches. On se croirait en plein Giro sur le fameux col de la Finestre dont la partie haute n'a pas été bitumée. Là, il faut prier pour ne pas crever et avancer ! Bien sûr, comme si les pourcentages ne suffisaient pas, ces portions non bitumées rajoutent à la difficulté, le rendement étant beaucoup moins bon…

Mais au moment où vous lirez ces lignes, ces chemins ne seront qu'un lointain souvenir, puisque la route a été bitumée pour accueillir le Tour de France… La route se met à zigzaguer et le paysage est absolument grandiose ! Tout est un spectacle à ciel ouvert ! La vue, le chemin, la poussière, les quelques refuges en pierre… Tout ! Vous êtes complètement seul. Pas de voitures et comme compagnie quelques randonneurs et des troupeaux de vaches et de moutons ! Plus vous montez, plus c'est beau et majestueux ! Les

lacets continuent et vous amènent au milieu des pistes de ski. Vous passez d'ailleurs dessous dans un petit tunnel. Certains ont déjà surnommé le col de Portet « le nouveau Tourmalet », il est peut-être le Tourmalet (p. 148) du XXIe siècle ! Il est plus beau, plus sauvage, mais pas forcément aussi usant ! Plus haut en tout cas avec 100 mètres de plus qui le font culminer à 2 215 mètres. Époustouflant tout simplement ! Arriver en haut (sans crever) est un tour de force, une performance, une aventure. Et le dernier kilomètre à 10,2 % à l'image de ce que vous venez de monter ! Et dire que le Portet était, sans mauvais jeu de mots à portée de main, là juste au-dessus de Saint-Lary et que l'on a failli passer à côté !

PROFIL

16 KILOMÈTRES À 8,7 % DE MOYENNE
POURCENTAGE MAXIMUM : 12 %
CLASSÉ HORS CATÉGORIE
NIVEAU : CONFIRMÉ

La montée du Pla d'Adet est terrible avec ses 7 premiers kilomètres entre 8,6 et 10,3 % et quasiment aucun virage ! Les 4 premiers kilomètres sont les plus durs... Niveau pourcentage, vous ne serez pas dépaysé dans le Portet, car, hormis un court passage à 5 %, c'est parti pour 8 kilomètres entre 8,2 et 10,2 % avec un kilomètre de récupération à 6,7 % !

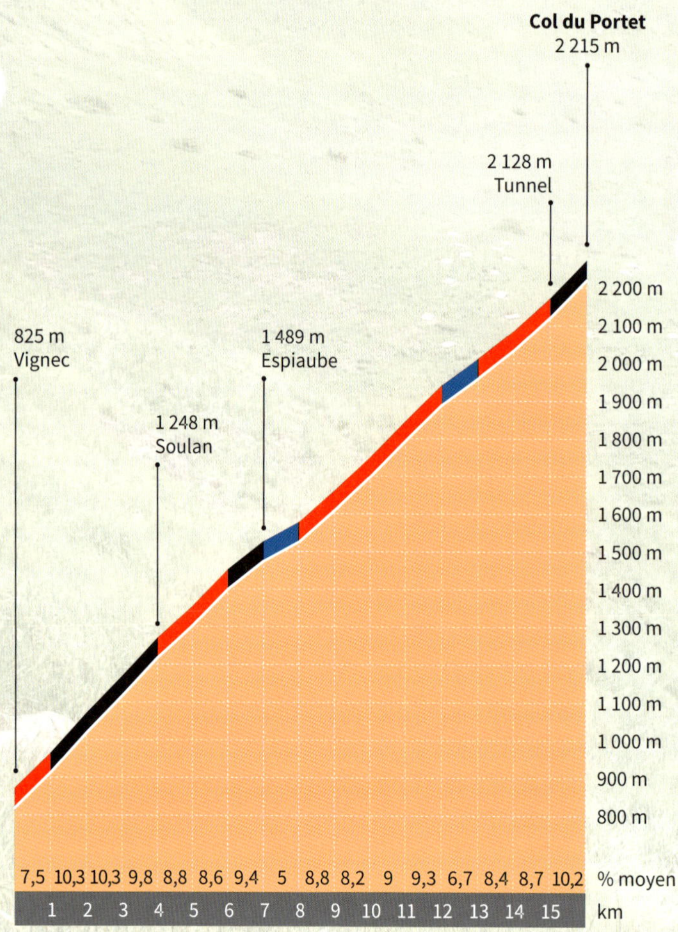

CONSEILS

MON CONSEIL MATOS

Ici, pas de question à se poser, vu les pourcentages moyens et la longueur du col : mettez le plus gros braquet possible avec le 34 x 32 ! Ce braquet vous servira surtout sur les passages à 10 % !

LE BON PLAN

Allez manger aux Tables de la Fontaine à Vielle-Aure au pied du Pla d'Adet. L'endroit est très joli sur cette petite place face à cette petite fontaine. La nourriture est variée et délicieuse et du Sud-Ouest. Un petit coup de cœur pour les côtes d'agneau aux haricots tarbais… Et les propriétaires vous accueilleront avec une extrême gentillesse.

MA MONTÉE

DATE : 22 JUIN VERS 8 H 30
CONDITIONS MÉTÉO : CIEL BLEU, 25 °C
TEMPS RÉALISÉ : 1 H 29

Monter un col avec un ancien champion de la trempe de Thomas Voeckler, meilleur grimpeur du Tour et porteur du maillot jaune pendant deux fois dix jours, est une drôle de sensation. Et le faire dans un col annoncé comme le temps fort du Tour 2018 ajoute au plaisir et à ce sentiment d'être privilégié. Nous avons effectué cette reconnaissance avec Thomas pour France Télévisions. C'était la première fois qu'il remettait les roues dans un col depuis sa retraite sportive. Nous partons ensemble à la découverte du col de Portet ou plutôt du Portet et du Pla d'Adet. Nous connaissons cette première partie déjà empruntée par le Tour. Un mur avec ses 3 premiers kilomètres à 10 %. Thomas trouve que je pars un peu vite, pour mon niveau bien sûr. Nous sommes, dès les premières pentes, quasiment tout à gauche, sur le 34 x 30 pour moi, sur le 36 x 30 pour Thomas.

J'ai tendance à dire que le Pla d'Adet est l'Alpe d'Huez (p. 44) des Pyrénées, mais contrairement à l'Alpe et ses vingt et un lacets, il n'y a que trois virages ici ! Nous sommes donc collés sur ces longues lignes droites sans possibilité de récupérer et de se relancer dans les virages. Qu'importe, on continue à l'économie, patients, en ayant conscience que le plus dur est ici, dans les 3 premiers kilomètres… Puis un léger replat nous permet de souffler un peu avant la traversée de Soulan. À la sortie du village, un autre kilomètre à 10 % ! Cela fait mal mais on sait que ça va se calmer…

Puis nous tournons à droite et arrivons à une barrière qui indique que la route est fermée. En effet, la chaussée est refaite pour accueillir le Tour, car au moment où nous montons, nous roulons dans les portions non bitumées sur des graviers qui nous collent à la route. Là, un autre col commence. Un peu moins pentu, sur une route plus étroite et des lacets. Nous sommes sur des pourcentages plus « doux » autour des 8 %. Le paysage est différent aussi. Nous voilà dans un col complètement découvert sans arbre, seulement avec de l'herbe. Là, Thomas Voeckler, en vieux briscard, me parle de l'importance du vent. Ce matin-là, il n'y en a pas. Nous arrivons dans de grands lacets qui nous font tournoyer. Le paysage est sublime. En montant, on aperçoit en contrebas la station du Pla d'Adet… avec les vaches et les moutons comme seule compagnie. Les pourcentages ne sont pas insurmontables mais les kilomètres commencent à peser dans les jambes, l'altitude aussi. Nous franchissons la barrière des 2 000 mètres, ce mur qui empêche de bien ventiler. Je commence à souffrir et Thomas, avec la classe qui est la sienne, m'attend…

Nous apercevons le sommet, il est là, tout près... mais tellement loin. Il reste 2 kilomètres et c'est de plus en plus dur d'avancer. Plus que 1 kilomètre jusqu'à l'arrivée et nous nous engouffrons dans un petit tunnel. C'est étrange de rouler dans l'obscurité sur un chemin non carrossé. À la sortie, Thomas m'attaque et place un démarrage foudroyant. En tout cas, il me foudroie, moi, le cyclo du dimanche, et des autres jours d'ailleurs, planté à 10 à l'heure… Je n'essaie même pas de le suivre, c'est quand même Thomas Voeckler ! Un peu plus haut, Thomas me chambre, et c'est vraiment drôle… Puis l'ancien maillot à pois du Tour 2012 s'arrête à cause d'un gravillon qui bloque son dérailleur. Je me dis pour plaisanter qu'il y a une justice… Nous arrivons ensemble péniblement. En se retournant, on aperçoit ces lacets qui tournoient dans ces montagnes verdoyantes… J'ai la sensation d'avoir grimpé un géant avec un autre géant. Moment rare de partage dans un lieu unique. Je ne suis pas près d'oublier ce moment, mes jambes non plus d'ailleurs !

SAINT-LARY
COL DU PORTET

SUR LE TOUR

Il aura donc fallu attendre 2018 pour que le Tour de France découvre le col de Portet. Mais il connaissait bien sa première partie. Il a en effet emprunté à dix reprises le Pla d'Adet, soit les 8 premiers kilomètres de l'ascension du Portet. La première fois, c'était en 1974 avec la victoire de Raymond Poulidor. Puis Lucien Van Impe s'y est imposé à deux reprises avant Lance Armstrong, George Hincapie et Rafal Majka en 2014, année où Jean-Christophe Péraud et Thibaut Pinot ont terminé deuxième et troisième au classement général derrière Vincenzo Nibali.

En 2018, les organisateurs ont donc mis au programme ce col méconnu mais tellement spectaculaire. Cette dix-septième étape relie Bagnères-de-Luchon au col de Portet en empruntant le col de Peyresourde, celui d'Azet Val-Louron avant la montée finale de 16 kilomètres. Cette étape en ligne est l'une des plus courtes de l'histoire du Tour avec 65 kilomètres seulement.

Et dès les premières kilomètres du col de Peyresourde, Julian Alaphilippe, vainqueur au Grand-Bornand et la veille à Bagnères-de-Luchon, attaque. Le Français veut consolider son maillot à pois de meilleur grimpeur. Il passe deuxième au sommet derrière Tanel Kangert, l'Estonien de l'équipe Astana. Dans Azet, le deuxième col de la journée, Alaphilippe continue son festival et passe en tête et engrange encore des points précieux pour le maillot à pois. Derrière, dans le groupe des favoris, Romain Bardet fait rouler les trois équipiers qui lui restent. On se dit alors qu'il va se lancer dans une descente à tombeau ouvert et prendre tous les risques pour faire basculer le Tour, mais il ne le fait pas... On comprendra pourquoi quelques kilomètres plus tard. Dans les premiers mètres du Pla d'Adet, Julian Alaphilippe met le clignotant, autrement dit : il se relève. Le double vainqueur d'étape sur ce Tour a fait son boulot. Lui, le puncheur, ne peut pas remporter cette étape promise aux grimpeurs et où la grosse bagarre entre favoris est annoncée.

Justement dans le groupe des favoris, l'Irlandais Dan Martin accélère, suivi par Nairo Quintana. Le Colombien, si souvent décrié pour son manque d'initiative et d'esprit offensif, passe à l'attaque, certains diront « enfin », à trois jours seulement de l'arrivée sur les Champs-Élysées. Le grimpeur de la Movistar distance rapidement Dan Martin et fait le trou. Derrière, Chris Froome accélère à son tour suivi par Primož Roglič. Avant d'être repris par le groupe des favoris où figure Geraint Thomas – le maillot jaune – Egan Bernal et Wout Poels – ses deux équipiers –, Tom Dumoulin, Steven Kruijswijk, Mikel Landa et Romain Bardet. Le Français, qui occupe la dernière position du groupe, donne des signes de faiblesse assez inhabituels et va craquer dans les lacets du col de Portet. Pas bien, pas dans le coup et victime d'une hypoglycémie qui lui coûte cher. Le Français peut dire adieu au podium, lui qui avait terminé deuxième en 2016 et troisième en 2017.

À 1,5 kilomètre du sommet, le Néerlandais Tom Dumoulin, alors troisième au général attaque à son tour. Et là, image rarissime sur le Tour de France, Chris Froome, le quadruple vainqueur du Tour, craque et lâche prise. Coup de pédale saccadé, style encore plus désuni que d'habitude, l'Anglais laisse filer le Néerlandais qu'il a battu un mois et demi plus tôt sur le Giro et son équipier Geraint Thomas. Froome paie la débauche d'énergie du Tour d'Italie et ne sera pas le premier à faire le doublé depuis Marco Pantani en 1998. On se demandait qui était le leader de la Sky, la réponse est alors sous nos yeux en voyant Thomas partir avec Roglič et Dumoulin. Le Gallois, double champion olympique de poursuite par équipe en 2008 à Pékin et en 2012 à Londres, est l'homme le plus fort de ce Tour de France et le prouve dans cette montée impitoyable.

Alors que Nairo Quintana renaît à 2215 mètres d'altitude, cinq ans après sa dernière victoire sur le Tour au Semnoz, Thomas termine troisième de l'étape derrière Dan Martin, et s'envole vers une victoire promise à

Sur le Tour 2018, Nairo Quintana s'échappe dans le col de Portet et devient le premier vainqueur de l'histoire au sommet, cinq ans après sa dernière victoire sur le Tour au Semnoz.

Paris. Chris Froome, lui, se classe seulement huitième et redescend à la troisième place du podium. Il redescend aussi vite à vélo, une fois la ligne franchie, et se fait attraper *manu militari* par un gendarme qui ne le reconnaît pas et l'a pris pour un cyclosportif ! L'Anglais s'énerve à juste titre après une journée très éprouvante et lui lâche un diplomatique « F...k you ! ». Romain Bardet, lui, finit à bout de force, au bord du malaise, digne et fair-play dans la défaite après avoir vécu l'une des plus grosses défaillances de sa carrière. Quelques minutes plus tard, Julian Alaphilippe arrive pour revêtir le maillot à pois après avoir encore une fois animé l'étape et fait rêver la France... Cette première sur le Portet a été riche en événements et quelque chose nous dit qu'il va devenir un classique et l'un des cols mythiques du Tour de France ! Si ce n'est pas déjà fait...

INTERVIEW

JULIAN ALAPHILIPPE

LE COL DE PORTET ET JULIAN ALAPHILIPPE

Julian Alaphilippe est considéré comme l'un des meilleurs puncheurs du monde, si ce n'est le meilleur, à l'aise dans les côtes et les efforts courts et violents comme lors de la Flèche wallonne qu'il a remportée en 2018. Lors du Tour de France de la même année, il a aussi prouvé qu'il pouvait jouer les premiers rôles dans les cols et jouer les grimpeurs. Comme Warren Barguil un an plus tôt, le coureur de la Quick-Step a remporté deux étapes de montagne, ramené le maillot à pois sur les Champs-Élysées et fait vibrer toute la France avec ses performances et sa fraîcheur. Il a même abordé en tête le fameux col de Portet au cours d'un mois de juillet où il n'imaginait pas être le roi de la montagne dans la plus grande course du monde.

Racontez-nous cette fameuse étape entre Bagnères-de-Luchon et Saint-Lary-col de Portet que vous avez animée…

En fait, c'était le lendemain de ma victoire à Bagnères-de-Luchon. J'avais repéré cette étape, sauf le col de Portet. Je savais qu'elle était très courte – 65 kilomètres – et que ça allait être à bloc du début à la fin. C'était un effort de cyclo-cross qui correspond parfaitement à mes qualités de puncheur. Dans le col de Peyresourde qui commençait juste après le départ, je n'ai pas réussi à prendre l'échappée. Je me suis accroché et je passe deuxième au sommet derrière Tanel Kangert, puis je suis passé en tête au deuxième col, dans Azet-Val-Louron, ce qui m'a permis de conforter ma place en tête du classement de la montagne. Ensuite, j'ai fait la descente pour me faire plaisir et, dans le Portet, je me suis relevé et j'ai vécu un moment magique, car j'ai donné un coup de main à Bob Jungels, mon coéquipier.

Dans le Portet justement, vous avez estimé que vous aviez rempli votre mission ?

J'avais fait le départ à bloc dans Peyresourde, je suis allé chercher les points de la montagne dans une étape intense et courte. J'ai donné tout ce que j'avais et, dans le Portet, je savais que j'étais cuit. J'ai donc voulu rallier l'arrivée en pensant au lendemain.

Et dans le col de Portet, il y a cette fameuse photo avec El Diablo où vous prenez sa fourche, racontez-nous comment cela s'est passé…

Je n'ai rien calculé. À partir du moment où je me suis relevé au pied du col, je voulais faire une belle ascension

Julian Alaphilippe a été le grand animateur de cette dix-septième étape en s'échappant dès Peyresourde, et en passant au sommet d'Azet, il se relève ensuite dans le Portet où il profite de l'accueil du public.

et, là, je vois El Diablo qui me court après. Et c'est le vrai Julian (*sic*) qui revient et qui saisit la fourche. Il a voulu me courir après, alors je l'ai fait courir, je me suis dit : « Le diable veut jouer avec moi, alors je vais jouer avec lui… » C'est un supporter emblématique du Tour, le diable a un peu une facette de moi, à faire le show comme ça, et j'aime bien faire rire les gens…

Qu'avez-vous ressenti dans ce col avec le maillot à pois sur les épaules et tout ce public qui vous encourageait ?

J'ai énormément apprécié parce que j'étais cramé de mes efforts. Je ne connaissais pas l'ascension et j'ai pris beaucoup de plaisir à voir les gens qui m'encourageaient. J'étais vraiment content de rallier l'arrivée au sommet de ce col mythique, c'est un moment spécial, difficile à décrire…

Quels conseils pourriez-vous donner au lecteur de ce livre qui voudrait s'attaquer au col de Portet ?

Au niveau du braquet, moi, j'étais en 39 x 28. C'est un col très difficile, assez long, il faut vraiment gérer son effort, si tu commences à bloc, c'est difficile d'aller là-haut. C'est un col en deux paliers. Sur le Tour, on est passés au-dessus des nuages : tu te rends compte que c'est haut et que c'est un col mythique même si on le découvre avec l'arrivée au sommet… C'est spécial mais le plateau des Glières et le Tourmalet m'ont plus marqué.

On savait que vous étiez l'un des meilleurs puncheurs du monde, si ce n'est le meilleur, à l'aise avec les efforts courts et violents, mais vous avez prouvé sur ce Tour que vous étiez aussi à l'aise dans les cols et les efforts plus longs.

Pour moi, cela a été une surprise, dans le sens où j'ai réussi à être performant dans la dernière semaine lorsque l'on a vraiment commencé la montagne. Avant le Tour, j'avais fait beaucoup de reconnaissances, puis un stage en Sierra Nevada. J'avais des ambitions bien sûr, mais pas au point de faire ce que j'ai réalisé. J'aurais pu porter le maillot jaune, mais je n'étais pas encore à 100 %. Ça m'a servi pour avoir un état de fraîcheur en troisième semaine du Tour. Je suis un puncheur super explosif et, donc, je me suis surpris d'avoir ce niveau en montagne. J'ai beaucoup travaillé et je me suis fait plaisir dans les étapes que j'avais cochées, c'est génial !

Et cela a dû vous donner un sentiment très fort d'être devant en montagne comme vous l'avez fait ?

Oui, cela a été incroyable, une sensation indescriptible, comme dans le Tourmalet et l'Aspin, cette étape où j'ai assuré le maillot à pois. Ce jour-là, arriver dans l'Aspin avec ce maillot, c'était très fort, je me suis fait plaisir. Et en bas du Tourmalet, je me suis dit : « Tu es avec le maillot à pois, tu as l'occasion de rentrer dans l'histoire en basculant en tête », alors j'ai essayé de monter à mon rythme. Tout le monde était à bloc dans l'échappée, j'avais mon coéquipier Bob Jungels dans la roue et tout ce public qui m'acclamait dans ce col mythique, c'est un truc que je n'oublierai jamais !

Et que représente pour vous le fait de remporter ce maillot de meilleur grimpeur ?

C'est la fierté de me dire que j'ai accompli quelque chose que je n'avais pas imaginé. Ce n'était pas un objectif au départ du Tour, mais je me sentais bien dans les ascensions et je suis parvenu à le ramener sur les Champs-Élysées… Le déclic, ça a été le plateau des Glières. J'avais souvenir d'y avoir gagné au Tour de l'Avenir, j'avais fait la reconnaissance, puis je gagne l'étape. Ce jour-là, j'ai compris que j'étais en train de courir pour le maillot à pois…

Le regard des gens a changé, ça a été un Tour de France exceptionnel. Et je sais que ce n'est pas tous les ans comme ça, même si tu fais des sacrifices. C'est rare de vivre autant de moments comme ça et ce sont des émotions qui resteront gravées à vie et que je ne vais pas oublier…

PAILHÈRES

PRÉSENTATION

UNE TRANSHUMANCE. UNE LONGUE PROCESSION.

Un peloton de chevaux sauvages avance de façon disciplinée dans ces lacets montés sur des murets de pierre. Ils sont alezans, palominos, noirs. Il y a des juments, des poulains encore mal assurés. Un peu en contrebas, des vaches et des veaux pâturent paisiblement sur un plateau d'herbe et de mousse. Le col de Pailhères est un monde féerique, dont les habitants vous acceptent et vous regardent avec une sorte d'indifférence bienveillante… Un monde singulier et majestueux avec ces décors amples et cette route miniature qui se faufile comme pour se faire oublier et tournoie en arabesques si poétiques… Comme pour mieux se fondre au milieu de cette nature si préservée. Un cocon de vert et de jaune où l'on a envie de se blottir.

J'ai découvert le col de Pailhères en 2013 sur le Tour de France alors que j'étais sur la moto du commentateur. Concentré, obnubilé par ce qui se passait dans le groupe des favoris, je suis passé complètement à côté de ce col. De sa difficulté, de sa beauté surtout, et de son caractère sauvage. Le Tour permet de découvrir ces lieux, de savoir qu'ils existent parfois et d'en faire leur légende, mais pas vraiment de s'imprégner de ces endroits et de leur quiétude. À cause de ce public, des voitures et des motos suiveuses, de l'hélicoptère et de ce brouhaha incessant.

Alors, je suis revenu seul sur le col de Pailhères. Il y a deux façons de le nommer. On peut dire col ou port de Pailhères, ce qui veut dire la même chose, « port » signifiant « col » en catalan. Pailhères est beaucoup moins prestigieux que le Tourmalet et ses 2 115 mètres d'altitude. Pourtant, il est le troisième col le plus haut des Pyrénées avec 2 001 mètres.

Nous sommes ici à la limite de l'Ariège et de l'Aude. Les 4 premiers kilomètres sont très durs. Depuis Usson-les-Bains, il est long de 14,9 kilomètres mais on considère qu'il part vraiment de Mijanès. De là, il est plutôt court, 10,5 kilomètres mais à 7,9 % de moyenne. Au début, vous serez dans une partie boisée. Ici, la pente diminue un peu pour atteindre les 6 %. À la sortie de cette forêt, le paysage devient superbe. Un enchantement avec ce petit ruisseau sur la gauche de la route et ce plateau découvert avec ces chevaux sauvages et ces vaches. Puis vous arriverez dans ces fameux lacets si caractéristiques du col. Ces entrelacs à vous filer le tournis.

Ils s'enchaînent, courts, nerveux, et vous permettent de légèrement vous relancer dans des pourcentages moyens à 10 % et un maximum à 13 %. À l'image de Cap-de-Long, Pailhères offre ce que les Pyrénées ont de plus sauvage. Dans ce décor en retrait de toute civilisation. Un endroit rêvé pour faire du vélo, peut-être selon moi encore plus beau que les Alpes. La route serpente comme cela pendant 3 kilomètres. Là aussi, les parapets vous rappellent Cap-de-Long. À cet endroit du col, faites attention : il n'y a pas un gramme d'ombre et donc aucune possibilité de se protéger du soleil s'il fait chaud. La route devient terrible et les pourcentages sont toujours aussi sévères et dévastateurs.

Et ne l'oublions pas, vous vous rapprochez lentement mais sûrement de la barrière fatidique des 2 000 mètres d'altitude et là, on ne joue plus, si tant est que l'on ait joué avant. Pailhères est un monstre de difficulté mais il est aussi un joyau. Les ajoncs viennent apporter des palettes de jaune au milieu du vert ou plutôt des verts… Sur votre gauche, un petit lac rond au milieu de ce vert si foncé. Ces paysages sont une invitation à la contemplation.

Accrochez-vous, car ce qui vous attend est un spectacle rare, d'une beauté époustouflante. Le plateau final et complètement dégagé est un enchantement ! Écoutez le silence, regardez ce paysage à 360 degrés. Après vous avoir fait très mal aux jambes, Pailhères vous offre un moment de grâce qu'il faut conserver dans sa mémoire. Seul, là-haut au milieu des chevaux sauvages, des poulains au poil long et soyeux… Pailhères est une merveille que vous ne regretterez pas d'avoir gravie. Seul, au milieu de ses habitants…

PROFIL

14,9 KILOMÈTRES
POURCENTAGE MOYEN : 8,1 %
CLASSÉ HORS CATÉGORIE
NIVEAU : CONFIRMÉ

Hormis le replat à 4 % dans Mijanès, vous serez quasiment tout le temps au-dessus des 7, voire des 8 %. Attention à la sortie de Mijanès où c'est très pentu et aux treizième et quatorzième kilomètres qui dépassent les 10 %.

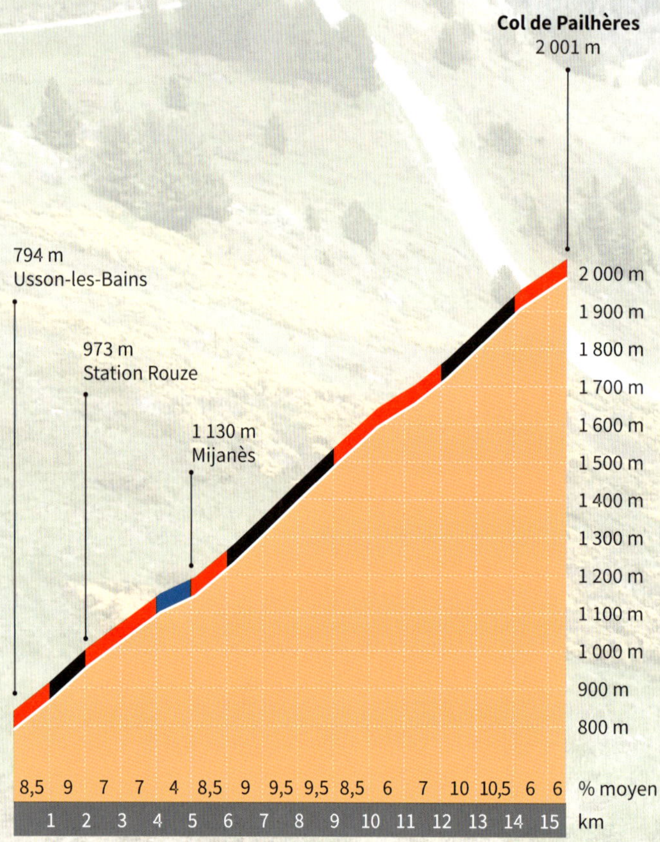

CONSEILS

MON CONSEIL MATOS

En jetant un œil sur le profil, vous comprenez ce qui vous attend. Alors, adaptez votre braquet. 36 ou 34 x 28 ou 30 vous permettra de passer sans trop souffrir. Et là-haut, vous serez un tout petit mètre au-dessus de 2 000 mètres, donc pensez à vous couvrir et à amener un coupe-vent…

LE BON PLAN

Prenez le temps d'observer les chevaux sauvages, peu importe l'endroit où vous êtes dans l'ascension. C'est un vrai spectacle, que vous ne pouvez voir que dans les Pyrénées ou le Pays basque. Les chevaux et les vaches sont à côté de vous sur cette route étroite ou au sommet.

MA MONTÉE

DATE : 18 JUIN VERS 15 H 30
CONDITIONS MÉTÉO : ÉCLAIRCIES, 18 °C EN BAS
TEMPS RÉALISÉ : 1 H 01

Je m'élance depuis Mijanès. Un premier lacet à gauche me met tout de suite dans le vif du sujet avant un léger replat. Je fais l'erreur de vouloir partir vite, à environ 14-15 km/h. Après un replat à 5 %, 1 kilomètre à 8,5 %. Il fait chaud, le soleil tape et c'est difficile de trouver de l'ombre. Je suis déjà sur le 34 x 28 dans un passage usant, loin d'être le plus beau du col. La route est large, entre 4 et 5 mètres.

J'arrive sur un premier plateau avec le vent de face. Comme si la pente et ces pourcentages à plus de 9 % ne suffisaient pas. Je suis à 12 à l'heure.

Sur ma gauche, un ruisseau et des vaches allongées dans cet endroit si paisible. Je double un cyclotouriste arc-bouté sur son vélo sur lequel il porte de grosses sacoches. Je me dis qu'il est vraiment courageux sur ce vélo qui doit peser plus de 14 kilogrammes, quand

le mien en fait la moitié. À la sortie de ce plateau, un virage à droite, la route devient beaucoup plus étroite, à tel point que deux voitures ne peuvent pas se croiser. Cela donne un côté rassurant à cette montée, presque intimiste…

Puis je rentre dans une petite forêt qui m'abrite du vent et me permet d'accélérer et de tomber des dents, c'est-à-dire de remettre un peu de braquet. J'oscille entre le 34 x 28 et le 26 à 12 km/h. Après 6 kilomètres, j'arrive dans cette fameuse enfilade de lacets. C'est très beau, cela permet surtout de récupérer dans ces passages à 8,5 %. Je souffre. À chaque fois que j'essaie d'accélérer et de prendre un rythme, ça remonte fort et me met un coup de bambou. J'ai vraiment l'impression d'être dans un col irrégulier où je dois constamment me remettre en danseuse. C'est ludique mais très exigeant. Il est même difficile de se concentrer sur mon effort tellement j'en prends plein les yeux. Après 8 kilomètres, je quitte les lacets. C'est de plus en dur et pentu. Sur ma gauche, je domine un petit lac et une partie de la route que je viens d'escalader. C'est sublime ! La route fait 1,50 mètre, 2 tout au plus. Ce bandeau de bitume, famélique, donnerait presque un côté chevaleresque à cette montée. En tout cas, il atténue l'impression de souffrir et d'être collé à la route, comme dans le Tourmalet (p. 148).

Le sommet se présente devant moi ! Cela fait du bien dans la tête, j'accélère à 14 km/h. À nouveau des lacets avec ces piquets en bois pour mesurer la hauteur de la neige. La brume est en train de monter avec moi. Je me suis un peu enflammé et souffre à nouveau. Mais je suis bien, au milieu de cette herbe, ces estives et ces jonquilles.

À 500 mètres du sommet, une petite descente me permet de prendre de l'élan pour le dernier effort de 200 mètres. Me voilà à 2 001 mètres. Il fait 10 °C et le vent accentue l'impression de froid. Je discute avec l'acolyte du coureur que j'ai doublé. Il me raconte qu'ils font la traversée des Pyrénées à vélo. Je retrouve aussi les chevaux et les poulains. Ici, ils sont chez eux. Dans ce lieu hors du temps, balayé par les vents. Je repars, conscient d'avoir découvert un endroit unique et absolument sublime. Dans la descente, je slalome entre les vaches et les veaux. Le temps d'une montée, j'ai été leur invité.

SUR LE TOUR

Il faut attendre les années 2000 pour voir le Tour emprunter ce col. Quatre des cinq fois où les coureurs l'ont escaladé, ils ont ensuite gravi l'ascension finale vers la station d'Ax 3 Domaines. C'est le cas pour la première ascension en 2003. Le Tour découvre cet enchaînement. Dans Pailhères, Carlos Sastre demande l'accord de son leader Tyler Hamilton pour s'échapper et s'en va avec Juan Miguel Mercado. Les deux Espagnols rattrapent un groupe d'échappés et Mercado passe en tête au sommet. Mais c'est Sastre le plus fort ce jour-là. Il remporte à Ax 3 Domaines sa première victoire sur le Tour (il gagnera la Grande Boucle cinq ans plus tard) et la célèbre avec la tétine de sa fille qu'il gardait dans sa poche comme porte-bonheur.

Deux ans plus tard, les coureurs enchaînent à nouveau Pailhères et Ax 3 Domaines. Dans le col de Pailhères, l'Autrichien Georg Totschnig lâche ses neuf compagnons d'échappée. Il passe au sommet avec près de 1 minute d'avance sur Stefano Garzelli et 4 minutes sur le peloton. Derrière, Alexandre Vinokourov accélère. Mais le Kazakh, coéquipier de Jan Ullrich, se fait reprendre et distancer par les favoris. Dans ce groupe figurent Ivan Basso, intenable, Lance Armstrong, Jan Ullrich et Floyd Landis, tous impliqués plus tard dans des affaires de dopage ! À 2 kilomètres de l'arrivée, Armstrong accélère, en danseuse ; seul son ami italien Ivan Basso peut le suivre, contrairement à Jan Ullrich qui perd ce jour-là 18 secondes sur ses deux rivaux. Le Texan conforte ainsi sa place de leader et file tout droit vers son septième Tour de France ! Totschnig, lui, remporte la plus belle victoire de sa carrière.

En 2007, l'étape passe à nouveau par le col de Pailhères mais se termine cette fois sur le plateau de Beille. Et à nouveau, les soupçons de dopage viennent salir ce col mythique. Si Rubén Pérez passe en tête au sommet de Pailhères, on retiendra surtout ce *mano a mano* entre Alberto Contador et Michael Rasmussen. Maillot jaune sur le dos, le Danois fait toute la montée dans la roue de l'Espagnol, qui se retourne à plusieurs reprises pour lui demander de prendre des relais, en vain. À l'arrivée, Contador s'impose devant Rasmussen, qui sera contraint par son équipe de quitter le Tour trois jours plus tard. Le Danois a en effet menti sur sa localisation pendant qu'il préparait le Tour.

En 2010, le Tour se débarrasse de ces scandales et prend de la hauteur. Comme Christophe Riblon. Ce 18 juillet, le Français s'offre son jour de gloire sur le col de Pailhères. L'étape relie Revel à Ax 3 Domaines. Un groupe de neuf hommes se constitue avec notamment les Français Amaël Moinard, Pierre Rolland et Christophe Riblon. Après Mijanès, à 11 kilomètres du sommet, le Beauvaisien attaque, suivi par Van de Walle et Moinard. Puis, il lâche le Normand au train et bascule seul au sommet de Pailhères, lui l'ancien pistard (vice-champion du monde de la course aux points en 2008, en endurance mais pas en sprint – il faut le rappeler pour éviter tout malentendu qui ferait soudain d'un sprinteur un grimpeur).

Mais derrière, ce sont Alberto Contador et Andy Schleck qui vont jouer aux pistards. L'Espagnol accélère dans la montée finale, suivi comme son ombre par le Luxembourgeois, laissant augurer ce que sera ce duel dans le port de Balès, puis dans le Tourmalet. Ils vont même faire quasiment du surplace dans la montée vers Ax 3 Domaines. Scène rare dans un col, les deux leaders du classement général en oublient presque la course qui se passe à l'avant pour jouer à ce jeu d'intox, à cette guerre psychologique qui va se poursuivre dans les autres étapes pyrénéennes. À l'arrivée, statu quo au général, Andy Schleck reste en jaune avec 31 secondes d'avance sur l'Espagnol. Christophe Riblon, lui, peut lever le poing et sourire, il remporte la plus belle victoire de sa carrière à 29 ans, après 170 kilomètres d'échappée. Ce jour-là, il prouve qu'il peut faire des coups et briller en montagne. Il le confirmera trois ans plus tard, en 2013, en gagnant là où tous les grimpeurs rêvent de s'imposer : au sommet de l'Alpe d'Huez.

En 2013, Nairo Quintana s'envole dans le col de Pailhères, il reprend Christophe Riblon et bascule en tête au sommet.

Cette année-là, justement, trois ans après la victoire du coureur d'AG2R La Mondiale, le Tour emprunte pour la cinquième fois le col de Pailhères. Et qui part à l'attaque dans une échappée? Un certain... Christophe Riblon ! Le peloton aborde le col de Pailhères dans le même sens qu'en 2010, en venant de Mijanès. Il se trouve avec les Français Rudy Molard, Jean-Marc Marino et le Néerlandais Johnny Hoogerland. Sur les routes étroites de Pailhères, il part seul mais ne rééditera pas son exploit réalisé trois ans plus tôt. Car à 5 kilomètres du sommet, le Français est repris par Nairo Quintana. Lorsqu'il arrive à sa hauteur, le Colombien originaire de la région du Boyacá fait signe à Riblon de prendre sa roue. Mais le vainqueur de 2013 est incapable de tenir plus de 1 kilomètre derrière celui qui est déjà l'un des meilleurs grimpeurs du monde. Quintana passe au sommet seul avec 30 secondes d'avance sur le Français Pierre Rolland.

Dans la descente ultrarapide de Pailhères, un autre grand grimpeur en devenir, Thibaut Pinot, va vivre l'un des moments les plus difficiles de sa jeune carrière. Après avoir basculé avec les favoris, il craque dans la descente et est incapable de rester au contact, même en roulant à près de 90 km/h. J'étais dans sa roue sur la moto de France Télévisions, je l'ai vu perdre les pédales et perdre mètre après mètre toute chance de gagner le Tour. Signe de son manque de lucidité, au pied de la dernière montée, il balance son coupe-vent qui se bloque dans sa roue avant, c'est terminé pour le général !

Devant, Quintana, pourtant impérial, est repris dans l'ascension vers Ax 3 Domaines à 5 kilomètres de l'arrivée par les machines de la Sky, Richie Porte et son leader Chris Froome, lancés à un rythme infernal. Et soudain Chris Froome démarre, suivi quelques mètres par Quintana, mais le Colombien est incapable de rester avec l'Anglais et sa fréquence de pédalage incroyable. Froome prend le pouvoir à Ax 3 Domaines.

Ce soir-là, je me souviens que les coureurs et les suiveurs ont été abasourdis et sonnés devant une telle démonstration. On s'est tous dit que le Tour était déjà fini au soir de cette huitième étape et nous avions malheureusement raison. Après quinze jours passés en jaune, l'Anglais, si maigre et inélégant sur le vélo, remporte le premier de ses quatre Tours de France quelques jours plus tard. Christophe Riblon, lui, termine cinquante-septième de cette étape à 14'19'' de Chris Froome.

CHRISTOPHE RIBLON

LE COL DE PAILHÈRES ET CHRISTOPHE RIBLON

Christophe Riblon a fait toute sa carrière chez AG2R La Mondiale de 2005 à 2017. Après un titre de vice-champion du monde de la course aux points sur piste à Manchester en 2008, il remporte une étape du Tour de France à Ax 3 Domaines après avoir franchi le col de Pailhères en tête en 2010, puis l'étape qui emprunte deux fois l'Alpe d'Huez en 2013. Il est désormais consultant pour la chaîne *L'Équipe*.

Racontez-nous votre première expérience dans le col de Pailhères…

Ma première expérience, c'est quand j'ai gagné en 2010 dans le Tour à Ax 3 Domaines. Cela a été une agréable surprise pour moi, car je ne le connaissais pas du tout. On était échappés à une dizaine. Je sais que, dans ma tête, j'étais serein sur le fait que l'un de nous pourrait aller au bout, j'avais une grosse confiance en moi, j'étais persuadé que si l'échappée allait au bout, je serais dedans. Julian Jurdie, mon directeur sportif, s'est mis à ma hauteur, je lui ai dit : « Si ça va au bout, c'est moi qui gagne ! » Je me focalisais beaucoup sur Amaël Moinard, parce que c'était le meilleur grimpeur du groupe. On s'est retrouvés tous les deux et, dans les 2 derniers kilomètres, je me sentais bien. Je le trouvais un peu en difficulté, donc j'ai décidé d'accélérer. Il n'appuyait plus pareil sur les pédales, je l'ai senti qu'il était moins bien, j'ai pris un relais plus appuyé, pas vraiment une attaque, plus une accélération au train… C'est comme ça que cela s'est fait. Il doit basculer entre 20 et 30 secondes derrière moi. Dans mon esprit, je me disais que l'échappée avait des chances d'aller au bout. Si j'étais seul, je ne voulais pas être avec d'autres, je voulais être tout seul dans mon effort…

Et après le col de Pailhères, vous remportez la première étape de votre carrière sur le Tour de France à Ax 3 Domaines… Qu'avez-vous ressenti ?

Ça a été génial, c'est un vrai tournant dans ma carrière et dans la vision que les autres coureurs ou même mes équipiers avaient de moi. Je savais que j'étais capable de faire ça, tout le monde m'a découvert, en se disant maintenant, quand Christophe Riblon sera dans une échappée, il faudra faire attention ! C'est un souvenir mémorable. Je savais que j'étais dans un grand jour, c'est un long film qui s'est déroulé, où je savais quoi faire, avec qui et comment… Je finis avec assez d'avance pour profiter, lever les mains, ça a été une très belle et très grande journée.

Donc vous ne l'aviez pas reconnu. Pourtant, cela aide le jour de la course, non ?

Non, je ne l'ai pas reconnu, je ne connaissais pas du tout ce col. On ne faisait pas beaucoup de reconnaissances à l'époque. Ou plutôt dans les Alpes. Je ne connaissais pas non plus la montée finale mais savais que le dernier kilomètre était en légère descente, j'avais juste des infos et un ressenti personnel. Si je l'avais connu, ça ne m'aurait pas aidé plus, ma gestion a été excellente !

Selon vous, qu'est-ce qui est déterminant pour passer en tête au sommet ?

De mémoire, c'était quand même très dur avec une pente moyenne autour des 8 %. Moi si je devais le refaire, je ne partirais pas trop vite, la vraie différence entre Amaël Moinard et moi s'est faite dans les 2 derniers kilomètres. En fait, il faut bien gérer au début, car dans le final, avec des rampes bien raides et des bonnes épingles à cheveux, on peut faire de grosses différences.

Quelles sont, selon vous, les meilleures conditions climatiques pour grimper Pailhères ?

C'est comme le jour où on l'a monté, une vingtaine de degrés, pas trop de vent, des conditions clémentes et idéales pour faire du vélo.

Que représente ce col pour vous et dans votre carrière ?

Il représente la reconnaissance de mes qualités de grimpeur, qui ne sont pas innées mais, quand je travaillais dans les cols, j'arrivais à avoir de bonnes capacités. C'est là que j'ai pris conscience que je pouvais marcher dans les cols. Amaël était une référence pour moi, l'un des meilleurs grimpeurs français et je bascule devant lui. Je l'ai vécu comme une découverte de mes qualités de grimpeur, ça m'a donné confiance pour la suite, pour gagner l'Alpe d'Huez notamment, ça a été un déclencheur pour ma carrière.

Avez-vous d'autres souvenirs ou anecdotes sur ce col ?

Je ne me souviens plus d'où je suis monté (en fait du côté de Mijanès). Je me souviens d'un col assez difficile sur une petite route, avec pas mal de lacets dans les 3 ou 4 derniers kilomètres et une partie à découvert sur le haut. Pour moi, il n'y avait pas beaucoup de public à cet endroit. Après, ce que je retiens, c'est la topographie, un col à découvert en haut et des replats, un col assez régulier…

Quels conseils pourriez-vous donner aux lecteurs qui voudraient s'attaquer à ce col ?

En termes de braquet, ils peuvent mettre un 39 x 28, voire un 36 x 28 pour avoir un pédalage souple et éviter de se mettre en difficulté sur les parties les plus raides, puis reprendre de la vitesse dans les parties planes. Au-delà de la performance, je leur dirais de s'arrêter là-haut parce que c'est très beau. De mémoire, il y a plein de belles choses à voir, c'est tout à découvert, j'ai trouvé ça assez intéressant pour y revenir…

Vous parlez de la beauté du paysage, mais en course vous avez eu le temps de le regarder ?

Moi, déjà, je trouve ça hyper important de voir la beauté de la France pendant le Tour, de relever la tête. Je suis persuadé que le jour où j'y retournerai, je verrai plein de belles choses même si, le jour de ma victoire, je n'ai pas été trop attentif à ça. Mais j'ai eu une sensation, celle que c'était très beau. En course, on regarde plus quand on fait *gruppetto* (groupe de coureurs lâchés loin du peloton). Maintenant que je commente les courses, je me rends compte de tout ce qu'on peut louper lorsqu'on est dedans. Un jour, je retournerai en haut de ce col pour me remémorer cette belle journée.

Christophe Riblon peut savourer. À Ax 3 Domaines, il remporte sa première victoire sur le Tour de France après être passé en tête dans Pailhères.

JAIZKIBEL

PRÉSENTATION

PLAGE D'HENDAYE. FACE À VOUS, L'OCÉAN ET UNE RIBAMBELLE DE SURFEURS VENUS DOMPTER CES VAGUELETTES.

À droite, les jumeaux, ces deux roches siamoises posées là dans l'océan, détachées par l'érosion. Si vous tournez la tête sur la gauche, vous apercevrez au-dessus de la Bidassoa une grande colline, que dis-je, un mont, une montagne qui vient se perdre dans l'Atlantique. Et qui vous domine. Avec parfois un nuage comme un chapeau posé sur sa tête.

Vous allez dire que je ne suis pas sérieux de vous parler d'un col qui culmine à 455 mètres d'altitude, long de 9,2 kilomètres à 4,84 %, qu'on est bien loin du Tourmalet (p. 148), du Galibier (p. 12) ou de l'Alpe d'Huez (p. 38) ! Mais faites-le et vous m'en reparlerez après. Car Jaizkibel est un petit bijou. Un condensé du Pays basque, de sa beauté, de sa diversité. La Côte édentée se jetant dans un océan capricieux et parfois indomptable et de l'autre côté, une nature sauvage, luxuriante et si verdoyante. L'Alto de Jaizkibel – attention prononcez « Raizkibel » – incarne donc à merveille le Pays basque et son caractère bien trempé, au propre comme au figuré !

Jaizkibel... son nom vous met dans l'ambiance. « Jai » évoque les levers du soleil, « zki » signifie pont en basque, « bel » est une référence à Vénus, la déesse de la beauté. Associées, les trois parties veulent dire « le pont de pierre ». Elle est la montagne la plus à l'ouest des Pyrénées et pour cause, elle descend à pic dans l'océan.

Et j'oubliais, ce col est une exception dans ce livre (avec la Lombarde, p. 92, qui part d'Italie mais qui arrive en France) – il en fallait bien une –, puisqu'il ne situe pas en France mais en Espagne. Mais il jouxte la frontière, il faut faire 5, 10 kilomètres pour l'atteindre. Prendre une route, pas très jolie j'en conviens, avec beaucoup de trafic, longer un petit aéroport, puis traverser Fontarrabie. Enfin, vous arrivez au pied du col et là, le Pays basque s'offre à vous. Une route qui zigzague dans une forêt dans les 2 premiers kilomètres. Disons-nous les choses, ce n'est pas trop dur. Pour l'instant. Les 4 premiers kilomètres sont plutôt faciles et vous permettent d'apprécier l'église de Notre-Dame de Guadalupe, l'ermitage de la Virgen de Guadalupe, construit au XVIe siècle, et même, pourquoi pas, de la visiter.

Après cette pause et une descente, les choses sérieuses commencent avec des passages encore plus raides. Franchement, cette partie fait mal mais accrochez-vous parce que, après, c'est un régal. Car Jaizkibel vous offre une montée en Cinémascope, à 360 degrés. Regardez autour de vous. Dans les prés, les pottoks, ces poneys sauvages qui vivent au Pays basque, vous observent, là, derrière ces enclos. Et en arrière-plan, ces prés au vert si prononcé contrastent avec le bleu de la mer et du ciel. Le décor est magique.

C'est cela, Jaizkibel, le mélange des couleurs, une nature qui vous accueille. Au sommet, sous cette grande antenne-relais, en vous retournant vers la France, vous apercevez Hendaye, sa longue plage, cette langue de sable où se massent les touristes l'été et ces vagues, véritable paradis des surfeurs. Sur la gauche, ce sont des vagues, encore, mais de sommets verdoyants et, au loin, les Pyrénées. Et puis, la Rhune, cette montagne si emblématique du Pays basque, perdue dans les nuages. D'habitude, lorsque vous êtes au sommet d'un col, les pics, la roche, la pierre viennent vous chatouiller le nez. Ici, ce sont les embruns qui vous caressent le visage.

Vous êtes comme sur un immense plongeoir. Alors oui, le panneau indiquant 455 mètres d'altitude est moins ronflant que celui du Galibier ou de la Bonette (p. 106) mais le plaisir est immense. Si vous en sentez le courage, laissez-vous descendre vers Saint-Sébastien, la route est aussi magique. Jaizkibel fut un passage sur la route de Saint-Jacques-de-Compostelle. Oui, Jaizkibel est un pèlerinage, faites-le, vous en prendrez plein les yeux !

PROFIL

9,2 KILOMÈTRES À 4,84 %
POURCENTAGE MAXIMUM : 9 %
CLASSÉ DEUXIÈME CATÉGORIE
NIVEAU : LOISIR

Les 4 premiers kilomètres sont assez faciles, ne dépassant pas les 5 %. Ensuite, après l'église de Guadalupe, une petite descente vous fera du bien avant d'attaquer la rampe la plus difficile. Un kilomètre à près de 9 % qui fait mal. Pour conclure, la fin du col redevient abordable avec 1 kilomètre à 6,7 %, puis le kilomètre final à un peu plus de 3 %.

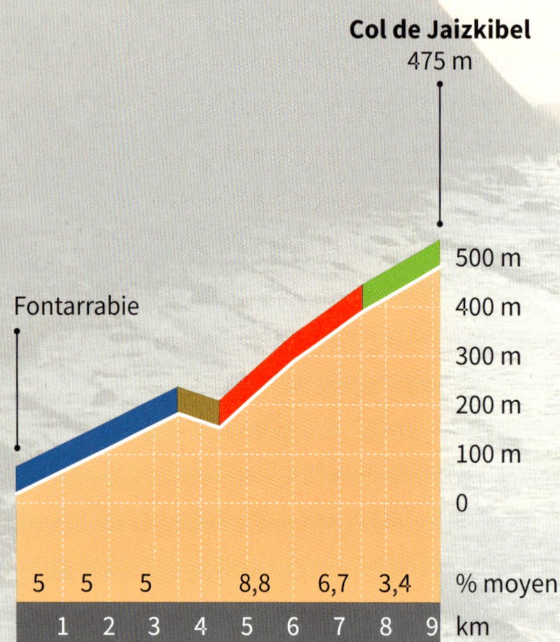

CONSEILS

MON CONSEIL MATOS

Franchement, Jaizkibel se monte bien. Une paire de roues en carbone à jantes hautes ou semi-hautes sont appropriées pour ce genre de cols.

Pour le braquet, un 39 x 25, voire 28 permet de bien passer.

LE BON PLAN

Faites une pause à Notre-Dame de Guadalupe et, si vous le pouvez, entrez quelques instants dans cette petite église construite au XVIe siècle. Détruite et reconstruite à plusieurs reprises, elle est une halte obligatoire. Je vous conseille également de vous arrêter sur la droite de la route pour admirer le point de vue et caresser les pottoks qui viendront vous dire bonjour. Apportez une ou deux carottes dans votre maillot pour les leur offrir, ils se souviendront de vous !

MA MONTÉE

DATE : 23 JUIN VERS 9 H 30
CONDITIONS MÉTÉO : BRUME, FAIBLES AVERSES DE PLUIE
TEMPS RÉALISÉ : 36 MINUTES

Il faut parfois avoir de la chance avec la météo en montagne ou moyenne montagne, cela n'a pas été mon cas ce jour-là. J'ai refait Jaizkibel, oui, mais sous un épais manteau de brume qui m'a empêché de profiter pleinement de cet endroit superbe. En tout cas, d'une autre manière. J'attaque le début de l'ascension, plutôt facile à 5 % de moyenne au milieu d'une forêt sans charme. Une bonne mise en jambes à 20 km/h. J'avance bien, mais je me force à ne pas m'enflammer. Surtout à ne pas me dire que Jaizkibel est un petit col. C'est un col, alors il faut être humble. La route est large, j'aborde un grand virage à droite, j'aperçois l'église au loin. La pente est un peu plus exigeante autour des 7 %. Sur ma droite, quand les arbres le permettent, j'entrevois la plage d'Hendaye, ce sera la dernière fois. Une ligne droite au milieu des chênes, puis un grand virage à gauche. C'est toujours roulant et pas très exigeant. Le pied est facile et me permet de trouver un rythme.

Au bout de 3 kilomètres, j'arrive devant la petite chapelle de la Vierge de Guadalupe sur la droite, comme un repère. J'aborde ensuite une descente d'environ 1 kilomètre qui m'offre un peu de récupération après être monté à un bon rythme. Je remets le grand plateau. Après 4 kilomètres, un deuxième col commence. Une longue ligne droite s'enfonce dans une forêt typique du Pays basque. Je repasse le petit plateau et je sais que les plus forts pourcentages m'attendent. Je tourne à droite. Me voilà dans des pentes entre 9 et 10 %. Je suis sur le 34 x 28 et suis désormais à 12 km/h. J'ai conscience d'être dans le passage le plus dur même si je dois être honnête, je souffre moins que dans les Alpes ou les Pyrénées.

Au bout de 6 kilomètres, le décor change et Jaizkibel, mon Jaizkibel, celui que j'aime, s'ouvre devant moi. Sur la droite, la vue devient grandiose avec l'Atlantique. Enfin, en principe. Car je ne la vois pas. Je l'imagine seulement. Je suis sous un épais manteau de brume qui m'empêche d'apprécier ce panorama. Même les pottoks dans les prés sont invisibles. Je ne vois pas à 10 mètres, alors je fais marcher mon imagination ou mes souvenirs de montée en plein été tôt le matin. Où l'on se perd dans le bleu de cet océan tumultueux et où l'on se love dans ce vert sauvage et généreux. Mais les conditions sont ainsi et, finalement, même sous la brume, Jaizkibel est beau et a une âme. On se croirait dans les paysages écossais avec ces prés, ces arbres et cette route qui s'aventure dans l'inconnu.

Je suis seul. Pas de voitures, pas de vélos, pas de Basques espagnols habitués à voltiger dans ces cols et qui veulent vous faire la peau et vous tester. Cela m'est arrivé ici. Deux Basques qui m'ont attaqué. Ce qu'ils ne savaient pas, c'est que je roulais, moi aussi. Mais le premier a eu raison de moi et de mon gabarit de rouleur. Pas le second. La pente s'adoucit, la brume est toujours là et confère à ce lieu un caractère presque fantastique. À tout moment, je m'attends à voir Harry Potter débouler et me jeter un sort. J'arrive au sommet et devine à peine le panneau « Jaizkibel, 455 mètres ». Et finalement, ayant déjà escaladé ce col sous un grand ciel bleu, je ne regrette pas de le découvrir dans ces conditions et cette atmosphère si particulière. Jaizkibel est beau, peu importe le temps et l'époque. Comme le Pays basque finalement.

Jaizkibel 455 m

SUR LE TOUR

Jaizkibel est surtout connu pour être le juge de paix de la Clássica San Sebastián courue une semaine après l'arrivée du Tour de France. Cette course existe depuis 1981 et emprunte désormais l'Alto de Jaizkibel à deux reprises en venant de Saint-Sébastien. Les Espagnols s'y sont imposés à douze reprises contre quatre victoires pour les Français, dont deux pour Laurent Jalabert et une pour Armand de Las Cuevas et Tony Gallopin. Le Tour y est passé deux fois mais jamais dans le sens que je vous ai proposé en venant de Fontarrabie.

En 1977, la quatrième étape longue de 256 kilomètres, entre Vitoria et Seignosse Le Penon, emprunte Jaizkibel en venant d'Espagne. Van Impe, Kuiper et Torres se font surprendre au sommet par Danguillaume. À l'arrivée de cette étape, un autre Français s'impose, il s'agit de Régis Delépine.

Le 5 juillet 1992, il ne faut pas attendre longtemps pour voir un col dans ce Tour de France. Au lendemain du prologue dans les rues de Saint-Sébastien, la première étape relie Saint-Sébastien à Saint-Sébastien et emprunte l'Alto de Jaizkibel. C'est le premier col de cette édition et la grande explication entre les favoris est attendue. Elle va avoir lieu !

Dans le col, une échappée royale se forme en deux temps. Steven Rooks attaque, suivi par Luc Leblanc, le champion de France, et par Gianni Bugno, le champion du monde italien. Un coureur revient sur ce trio, et pas n'importe lequel puisqu'il s'agit de Miguel Indurain, le maillot jaune en personne. En l'apercevant, Bugno arrête de rouler, puis essaie d'insister. Première escarmouche sur le Tour... Ce groupe de quatre est repris par Stephen Roche, vainqueur du Tour 1987, Claudio Chiappucci, Erik Breukink, Andrew Hampsten, Massimiliano Lelli. Chioccioli passe en tête au sommet. Mais la sensation vient du fait que trois anciens vainqueurs du Tour, Pedro Delgado, en 1988, Laurent Fignon, en 1983 et 84, Charly Mottet et surtout Greg LeMond, triple vainqueur en 1986, 89 et 90, sont lâchés.

L'Américain est victime d'une crevaison et fait un gros effort pour revenir dans son groupe. Devant, ça se regarde. Alors, Bugno essaie de secouer le groupe et de faire rouler pour prendre du temps aux trois cadors piégés derrière. Derrière justement, Armand de Las Cuevas donne tout pour revenir et prêter main-forte à son leader Miguel Indurain. Dans la descente, on assiste à un regroupement.

Dans les rues de Saint-Sébastien, trois hommes se disputent la victoire : Pascal Lino, Alberto Elli et Dominique Arnould. Et c'est lui, le spécialiste du cyclo-cross, qui part seul à 2 kilomètres de l'arrivée et qui résiste au peloton, à la meute lancée sur ses traces. Il s'impose devant Johan Museeuw mais échoue à 2 secondes du maillot jaune, finalement repris par Alex Zülle.

Miguel Indurain et le champion du monde Gianni Bugno rejoignent un groupe de trois hommes dans Jaizkibel pour la première passe d'armes du Tour 1992.

INTERVIEW

TONY GALLOPIN

JAIZKIBEL ET TONY GALLOPIN

Tony Gallopin est issu d'une grande famille de cyclisme. Fils de Joël, ancien coureur qui a disputé quatre Tours de France et neveu d'Alain, directeur sportif de nombreuses équipes depuis les années 90, il a notamment remporté une étape du Tour de France et porté le maillot jaune en 2014. Un an plus tôt, il remporte la Clássica San Sebastián qui emprunte le col de Jaizkibel. Une course dont il terminera également deux fois deuxième.

Racontez-nous votre première expérience dans Jaizkibel…

La première fois que je l'ai monté, c'était la veille de la Clássica San Sebastián. C'était en 2013 par le côté de la course qui vient de Saint-Sébastien, que je ne connaissais pas. Je sortais d'un Tour difficile où j'étais sur les rotules et malade. Je suis arrivé la veille de la course, je l'ai monté, je l'ai trouvé difficile, surtout le pied. Je me ne me faisais pas d'illusions pour la course et pourtant, le lendemain, j'avais de super jambes. On a fait la course à bloc avec Alejandro Valverde et Roman Kreuziger, on est sortis avec eux dans les 20 derniers kilomètres. C'était décisif, ce qui n'est plus le cas avec le nouveau circuit.

Racontez-nous comment cela s'est passé le jour de votre victoire en 2013 ?

J'ai le souvenir que le pied du col s'est monté très, très vite, j'ai été lâché, c'était très raide, ça tourne autour de 7-8 %, puis j'ai réussi à revenir dans la partie moins dure et je suis sorti avec une dizaine de coureurs. Ensuite, il y a ces petites descentes, puis les 3 derniers kilomètres plus exposés au vent… On était trois dans le dernier kilomètre : Kreuziger a attaqué, et on l'a rattrapé avec Valverde. On a basculé tous les trois ensemble, puis on s'est retrouvés à une dizaine dans la descente, puis on a remonté Arkale, une petite bosse où j'étais sorti tout seul. J'ai résisté jusqu'à l'arrivée.

Est-ce que la reconnaissance vous a aidé ?

En fait, dans la Clássica San Sebastián, on le monte deux fois. À 70 kilomètres de l'arrivée d'abord. Je l'ai fait une première fois en course, ça m'a donné des idées sur le schéma de course, mais je n'y croyais pas, car j'étais très fatigué. Mais le faire une première fois en course t'aide vraiment.

Ce col de Jaizkibel convient parfaitement à vos qualités de puncheur à l'aise en montagne ?

Oui, ça me convient vraiment. C'est une montée que j'apprécie : au début, on arrive en faux plat descendant, puis on change de rythme. C'est une route qui rend assez bien, avec ces épingles dans les bois. La première partie est régulière, autour des 7 % mais on trouve son

Le béret basque lui va si bien ! En 2013, comme tous les vainqueurs de la Clásica San Sebastián, Tony Gallopin a le privilège de porter ce fameux béret.

rythme. Et puis lorsque l'on sort des bois, avec cette cuvette, on roule avec le grand plateau et on le garde jusqu'au sommet… Là, on doit être à 5 %, ça me plaît, c'est une montée qui dure entre 15 et 20 minutes, on dirait que c'est une montée parfaite.

Et l'avez-vous déjà monté de l'autre côté, en venant d'Hendaye et de Fontarrabie ?

Je l'ai fait dans ce sens lors du Tour du Pays basque. L'échappée avait mis 80 kilomètres à sortir, et ça avait explosé de partout dans Jaizkibel. On connaît bien la descente, donc on sait qu'à un moment on peut récupérer un peu. On est dans les bois et, à part cette petite descente à mi-col, c'est vraiment régulier. Il y a des petits lacets, en course, c'était vraiment difficile avec le sommet qui est dégagé.

Avez-vous d'autres souvenirs ou anecdotes sur ce col ?

Ce qui est bien, lorsqu'on le fait en course, ce sont ces supporters français au bord de la route : la ferveur du Pays basque. C'est réputé pour ça, on a du mal à se faufiler entre le public. On trouve beaucoup de camping-cars français, et tous les ans, je peux entendre : « Allez Tony ! » Ça fait une ambiance de Tour de France, une semaine après l'arrivée sur les Champs-Élysées fin juillet ou début août. On voit le sommet dégagé avec les camping-cars, les drapeaux, c'est un peu l'ambiance du Tour qui se prolonge avant de basculer sur la fin de saison…

Selon vous, qu'est-ce qui est déterminant pour basculer en tête au sommet de Jaizkibel ?

Pour moi, l'erreur à ne pas faire, c'est de jouer dans le pied, on voit beaucoup de coureurs qui coincent parce qu'ils ont fait le pied à bloc. Il faut bien gérer le premier kilomètre de montée. Le sommet se fait en force, et le vent y a beaucoup d'importance… Si le vent est favorable, ça explose de tous les côtés, s'il y a un vent de face, on peut survivre en étant à l'abri, avec le vent de dos, ça fait la sélection…

Que représente ce col pour vous et dans votre carrière ?

Au final, c'est presque la chose dont je suis le plus fier. Pour les gens, briller sur le Tour, c'est hors du commun. Mais pour moi, gagner une coupe du monde (une des courses du circuit World Tour désormais), même si ce n'est pas la plus connue, c'est vraiment une fierté, surtout une comme celle-là. Elle est considérée comme l'une des plus dures, je m'en étais fait un mythe et, finalement, c'est une course qui me réussit vraiment bien. Saint-Sébastien et Jaizkibel, c'est toujours spécial pour moi. Je l'ai fait quatre fois. Ma plus mauvaise place, c'est cinquième, quoi qu'il arrive, c'est bizarre mais c'est la beauté du vélo…

Quels conseils pourriez-vous donner au lecteur qui voudrait s'attaquer à Jaizkibel ?

C'est vraiment un col où l'on peut se faire plaisir. On ne va pas buter sur le braquet, ce n'est pas très long, pas très dur. C'est réservé à de bons puncheurs, où l'on peut rivaliser avec des grimpeurs. Mon conseil, c'est de bien gérer le pied du col, ça se monte assez bien. Il n'y a pas besoin de braquets spéciaux, donc un 39 x 28 suffit. On a la chance d'avoir une petite descente, ce qui fait environ une minute de récupération, il faut bien garder son rythme.

Parlez-nous du paysage et de la beauté de cet endroit… Vous pouvez en profiter, notamment en course ?

Oui, quand même. Quand on vient ici, on sait qu'on va être devant si on a de bonnes jambes. C'est toujours plus agréable que la côte de Saint-Nicolas à Liège-Bastogne-Liège. On sait qu'on est dans un décor magnifique : on monte, on descend. Des deux côtés, c'est superbe, la mer, le côté sauvage... J'adore. Chaque fois que j'ai été là-bas, la veille de la course, je prends plaisir à y rouler. J'y arrive l'avant-veille, je m'arrête prendre des photos, en plus, il fait beau. Je reste ensuite à Saint-Sébastien pour en profiter, car c'est une ville et une région qui me plaisent énormément !

LES FUTURS COLS DU TOUR DE FRANCE ?

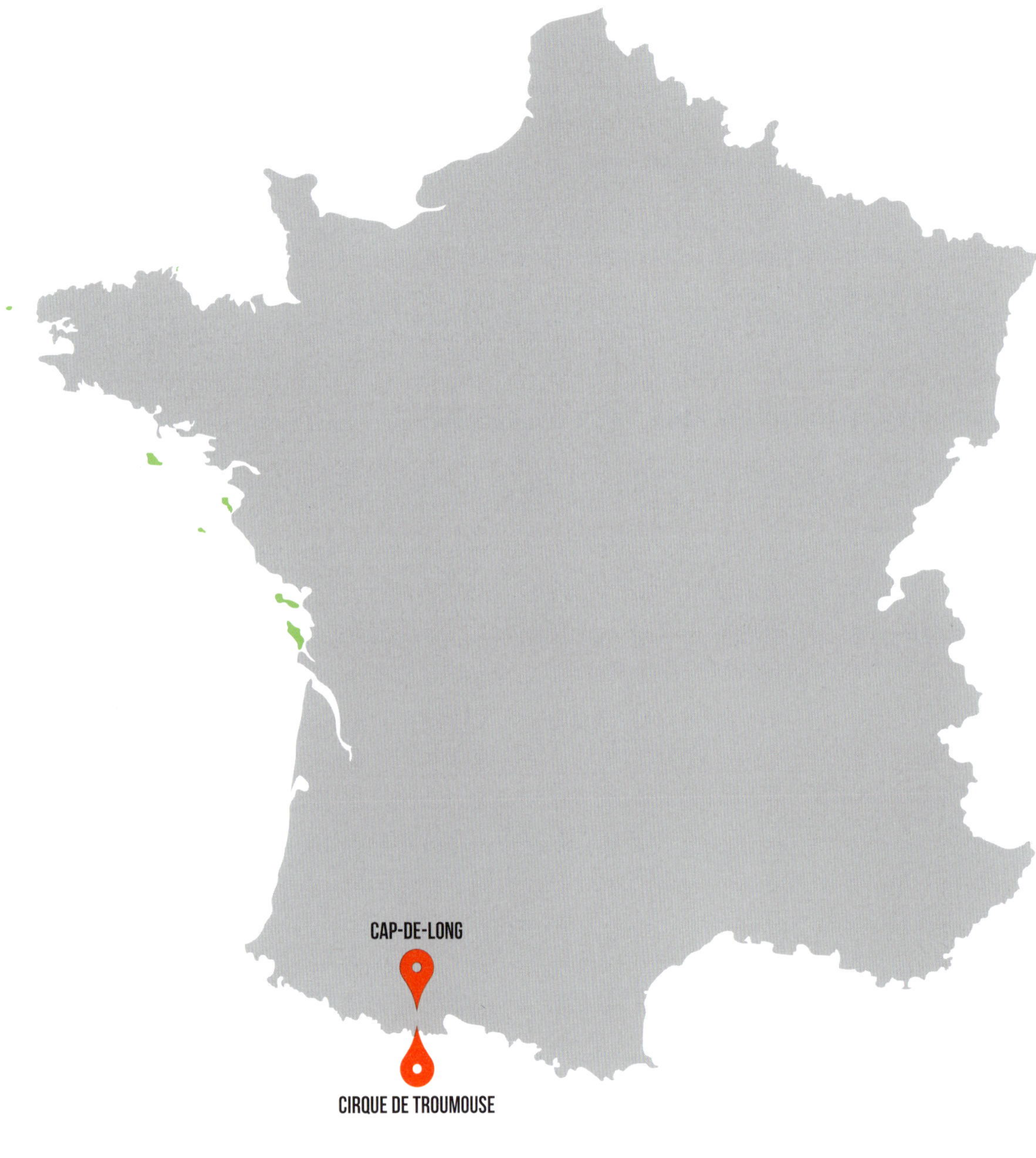

Parmi mes plus beaux cols, trois n'ont jamais été empruntés par le Tour de France. Peut-être le seront-ils un jour, dans les prochaines années, qui sait, tant ils sont beaux, majestueux et aussi redoutables. Je vous propose de découvrir ces pépites cachées ou méconnues mais qui, je l'espère, deviendront elles aussi des cols de légende.

LE BARRAGE DE CAP-DE-LONG

PRÉSENTATION

C'EST UNE PÉPITE CACHÉE.
UN TRÉSOR DONT ON NE PARLE À PERSONNE.

Que l'on veut garder pour soi. Un nom qui ne dit pas grand-chose à beaucoup de monde. Et d'ailleurs, cette montée a-t-elle un nom ? Montée vers le lac d'Aumar, de Néouvielle, d'Orédon, du barrage de Cap-de-Long ? Nous l'appellerons sous ce nom « barrage de Cap-de-Long ». C'est une petite route qui mène à des lieux préservés et protégés dans la réserve de Néouvielle dans le parc national des Pyrénées Ces fameux lacs, points de départ et d'arrivée ou étapes de superbes randonnées. Mais on ne sait pas vraiment, ce qui, de la route ou des lacs au sommet, est le plus beau.

C'est donc une route qu'il faut aller chercher sur la droite lorsque l'on roule depuis Saint-Lary. Une route qu'il faut trouver aussi. Car si on ne la connaît pas, il y a peu de chance de tomber dessus. De tomber sur cet endroit préservé, bucolique et absolument dépaysant. Fréquenté par les randonneurs mais assez peu par les cyclistes. Car cette montée n'est pas un col, c'est un cul-de-sac. Vers le barrage de Cap-de-Long. Ce barrage de 100 mètres de haut construit entre 1950 et 1953 par EDF sur l'emplacement du lac de L'Oustallat et celui de Cap-de-Long. Ce lac est la plus grande retenue d'eau des Hautes-Pyrénées avec 67 millions de mètres cubes.

Cette route mène aussi aux lacs de Néouvielle. Combien sont-ils ? Plusieurs dizaines au moins. Ils constellent le paysage et forment un chapelet de lacs aux eaux transparentes dans lesquelles se reflètent les montagnes. À certains égards, on se croirait parfois à Porquerolles ou en Corse. Un paysage enchanteur qui mêle des gammes de verts et de bleu turquoise.

Ici, on monte pour redescendre mais ça vaut tellement le coup. Ici, le Tour n'est jamais venu et n'a jamais emprunté cette montée. Trop cabossée mais surtout très étroite. C'est sans doute cela le problème. Les organisateurs ont déjà fait arriver une étape à Finhaut-Emosson en Suisse près d'un barrage.

Une arrivée ici serait magnifique. Autre obstacle à la venue du Tour, le fait que cette route et son sommet soient situés dans une réserve naturelle protégée dans le parc régional des Pyrénées comme l'était l'arrivée au sommet de l'Izoard, même si elle s'est finalement faite. Peut-être un jour ? Car il y a la place nécessaire pour une arrivée là-haut en laissant la zone technique (camions de télévisions) en bas à Saint-Lary. Mais finalement, peu importe.

Il n'y a pas non plus ces bornes sur le bord de la route qui indiquent aux cyclistes le pourcentage et le nombre de kilomètres qui restent. À l'ancienne. Non, et c'est ça le charme de cette montée. Comme cette route cabossée est très étroite, une voiture à la fois seulement peut y passer. À l'image de tant de routes de montagne que l'on trouve dans les Pyrénées. À certains endroits, on a l'impression de remonter le temps, d'être vingt, cinquante, cent ans plus tôt. C'est le cas ici, tellement on est seul avec la nature, sans la moindre construction ou trace de l'homme.

Lorsque l'on vient de Saint-Lary, il y a 24 kilomètres d'ascension, dont une dizaine en faux plat montant, un bon faux plat quand même ! Il faut prendre la direction de l'Espagne et d'Aragnouet. Puis tourner à droite à un embranchement le long de la petite rivière dans le village de Fabian sur la D929. La moyenne de toute cette route est de 5,66 % mais c'est un leurre. Car ceci comptabilise les 10 bornes d'approche depuis Saint-Lary. En fait, il y a 13,6 kilomètres à 7,7 %.

Le début est abordable mais il faut être prêt à souffrir comme dans un vrai col. Le paysage évolue, mais toujours de façon somptueuse. Le torrent sur la droite en contrebas, la Neste, rappelle ceux que l'on peut trouver dans les Rocheuses canadiennes dans la région de

Banff ou de Jasper. Vous passez des zones d'herbe et de mousse où les vacanciers font du camping sauvage le long de ce torrent. Et quel bonheur cela doit être. Vous passez la rivière pour la laisser sur votre gauche dans des sortes de gorges. Et puis arrivent les premiers lacets… les lacets des écureuils… Des épingles à cheveux si caractéristiques qui reviennent comme un leitmotiv, une rengaine, mais une si belle rengaine dans ce col qui ne dit pas son nom. Puis le lacet des myrtilles et, avant le sommet, ceux des edelweiss. Là-haut, ces lacets rappelleraient presque ceux du mythique Stelvio en Italie. Lorsque vous arrivez au barrage de Cap-de-Long, vous êtes à 2 161 mètres d'altitude. Ce chiffre suffit à vous faire comprendre qu'ici, on est en haute montagne et que cette montée vaut tous les grands cols des Alpes et des Pyrénées.

PROFIL

13,6 KILOMÈTRES À 7,7 %
2 161 MÈTRES D'ALTITUDE
NIVEAU : CONFIRMÉ

Les 9 premiers kilomètres sont roulants, en faux plat montant. Ensuite, après le virage à droite, sur cette petite route de montagne, vous oscillez en permanence entre 6 et 10 %. Attention, ici, il n'y a pas de bornes comme dans les autres cols pour vous dire où vous en êtes et vous indiquer les pourcentages. Cela peut déstabiliser quand on a ses repères.

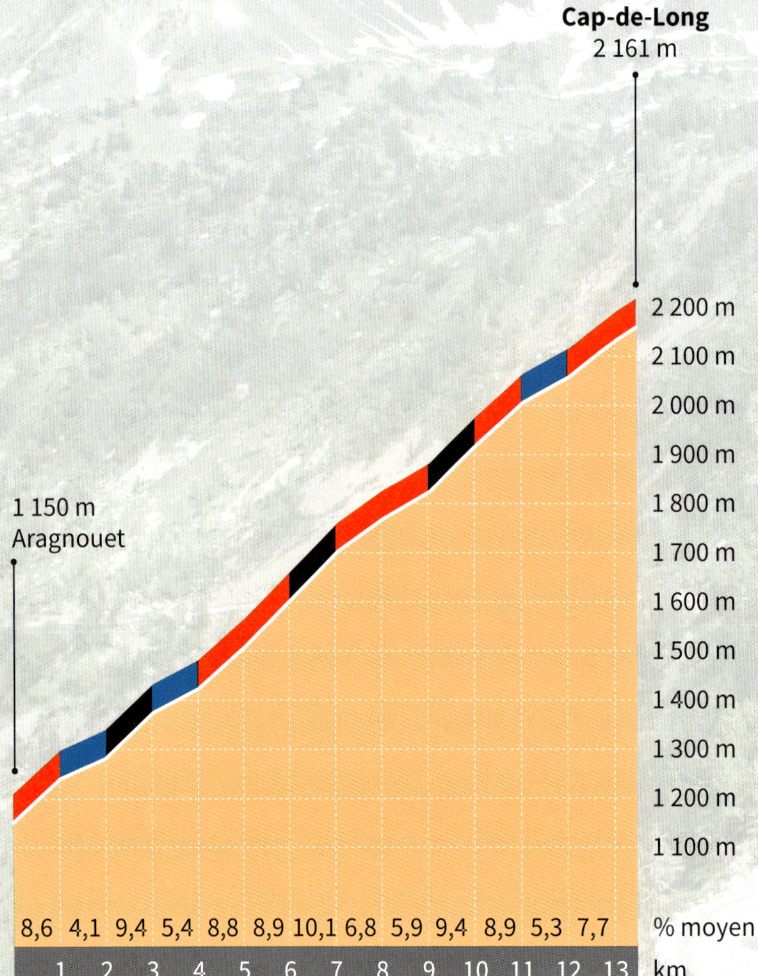

CONSEILS

MON CONSEIL MATOS

Ici, privilégiez le confort. Optez pour des roues de montagne légères sur une route qui ne rend pas, granuleuse et cabossée, et un braquet 34 x 28 qui vous permettra de passer et de vous faire plaisir. Vous serez content d'avoir un tel braquet dans les passages à plus de 10 %, dont un à 13 %. Enfin, n'oubliez pas votre compteur pour savoir où vous en êtes, car il n'y a pas de bornes kilométriques comme dans les cols ici.

LE BON PLAN

Je vous conseille deux endroits. Le premier, à 3 kilomètres du sommet, descendez vers le lac d'Orédon au refuge du même nom, profiter des bons plats : salade de gésiers aux lardons ou le confit de canard… Au bord de l'eau, sous les drapeaux de prière bouddhistes, ce lieu respire la sérénité… Et Christophe, le maître des lieux, est un passionné de vélo !

Je vous propose également, si vous y allez en été, que la personne qui vous accompagne vous rejoigne en voiture au lac d'Orédon. Vous mettez le vélo dans le coffre (cela ne risque rien !) et allez faire l'une des magnifiques randonnées vers les lacs de Néouvielle. Vous aurez un peu mal aux jambes, mais allez-y prendre un pique-nique au bord des eaux translucides, s'il fait beau. Vous m'en direz des nouvelles !

MA MONTÉE

DATE : 20 JUIN VERS 13 HEURES
CONDITIONS MÉTÉO : BEAU, LÉGÈREMENT NUAGEUX, 25 °C
TEMPS RÉALISÉ : 1 H 06

Ce jour-là, je pars de Saint-Lary, je commence la route d'approche sur le plateau, comprenez le grand plateau. Car on a l'impression que ça ne grimpe pas, pourtant ce faux plat d'une dizaine de kilomètres est usant. En tournant à droite, j'arrive sur cette petite route. Et là, j'ai beau connaître les lieux pour l'avoir fait plusieurs fois, je suis surpris de devoir me mettre quasiment tout à gauche : 34 x 26, déjà. Dès les premiers mètres, je suis un peu dans le dur ! Je ne comprends pas. En regardant plus tard sur le profil, là, j'ai compris : le premier kilomètre est à 8,6 %…

Je respire mieux dans le deuxième kilomètre, 4 %. Un petit faux plat qui me permet de reprendre mon souffle ! Et puis 9,4 % ! J'ai du mal à trouver un rythme sur ces pentes irrégulières. À nouveau, un léger replat qui fait du bien… À partir du quatrième kilomètre, ça se complique, 2 bornes à 9 % puis 1 à 10 % ! Je souffre et me démoralise un peu. Pour tout dire, je ne sais pas vrai-

ment où j'en suis et où je suis. Orphelin de ces panneaux que l'on trouve dans les cols des Pyrénées et des Alpes et qui vous indiquent le nombre de kilomètres restants et le pourcentage. Comme un métronome.

En fait, je tombe encore dans le piège qui veut que Cap-de-Long ne soit pas un col ! Non, mais c'est une montée redoutable. Je pioche, me désunis, commence à gamberger, mais chasse tout de suite mes idées noires. Surtout ne pas céder à la sinistrose et se dire que ça va passer. Ne rien lâcher et être patient. C'est drôle cette façon, sous prétexte que ce n'est pas un col et pas un col connu et mythique, d'en sous-estimer la difficulté.

Alors, je m'échappe un peu et profite de la beauté des lieux… Ce torrent sur la droite, puis sur la gauche… Ce bruit si pur de l'eau qui coule… Si enchanteur aussi. Je suis sur une longue ligne droite usante. Et puis, j'arrive aux lacets de l'écureuil. Je me relance. Bon, c'est vite dit ! À 13 km/h… Je passe ensuite devant cet endroit avec des campeurs sauvages. Je me dis que c'est une belle idée et à quel point cela doit être agréable de venir dormir ici…

Je commence à souffrir et marquer le pas. Ça se ressent au niveau du braquet : 34 x 28, puis 30. Je n'ai plus vraiment de marge, mais je me remets en danseuse. De plus, j'ai l'étrange impression d'être collé sur cette route qui ne rend pas, granuleuse et un peu cabossée. Très étroite aussi. C'est l'une des particularités de cette bosse et de cette route dont le revêtement est très mauvais.

Je rentre dans une forêt, puis j'arrive dans le lacet des Myrtilles. On a pris de l'altitude. Puis une enfilade de lacets sans nom. Ils s'entrelacent et passent les uns sous les autres. J'espère que ça va me relancer mais ce n'est pas le cas… J'arrive à l'embranchement qui mène sur la droite au lac d'Aumar. Il me reste 3 kilomètres et je dois avouer que ça devient long. Me voilà à 2 000 mètres d'altitude, je commence à sentir le manque d'oxygène. Là, le paysage change, les arbres ont laissé place aux pierres et aux roches. Je laisse derrière moi le lac et ses couleurs translucides. Le paysage est féerique et me fait oublier ma souffrance. Je suis envahi par une certaine forme d'euphorie, et en arrivant dans la dernière enfilade de lacets, j'ai l'impression d'être dans le Stelvio en Italie ou le Gothard en Suisse dont les photos m'ont tant fait rêver. Mais je me dis que ce « col » n'a rien à leur envier. J'arrive au barrage et me retourne. Je m'assois sur un parapet et mon esprit se perd en regardant l'horizon. La vue de ces lacets et de ces paysages somptueux me rappelle pourquoi j'aime le vélo et grimper des cols : avoir mal aux jambes (c'est le cas !) et (re)découvrir des lieux somptueux et préservés.

Là-haut, je suis bien. Seul mais bien. Et personne pour déranger cette quiétude. J'essaie juste de profiter du moment, d'apprécier. Oui, apprécier de se retrouver, face à soi-même…

BRUNO ARMIRAIL

LE BARRAGE DE CAP-DE-LONG ET BRUNO ARMIRAIL

Rares sont les coureurs professionnels qui connaissent la montée du barrage de Cap-de-Long. Bruno Armirail, originaire de Bagnères-de-Bigorre l'a montée plusieurs fois. Il y a signé le deuxième temps sur le réseau social Strava, seul indicateur de performance vu qu'il n'y a jamais eu de course de vélo dans cette montée. Après avoir couru deux ans dans l'équipe de l'Armée de terre, il est désormais professionnel chez Groupama FDJ.

Racontez-nous votre première expérience dans la montée vers le barrage de Cap-de-Long…

La première fois, c'était avec mon ancien entraîneur sur un stage, je ne connaissais pas du tout cette ascension. Il faisait beau, j'ai voulu la monter vite, puis à mi-col, ça m'a calmé, il ne faut vraiment pas partir vite, sinon on explose ! J'ai tout de même fait le deuxième temps sur Strava en 46'55'' à plus de 17 km/h de moyenne. À 4 kilomètres du sommet, il y a cette route à droite qui va au lac. Après, c'est encore très long. À ce moment-là, je n'étais pas bien, c'était vraiment dur et interminable… Et je me souviens aussi qu'il n'y a pas de panneaux sur le bord de la route. C'est un peu ennuyeux, surtout la première fois, on ne sait pas où est le sommet. On aime bien savoir quel est le pourcentage du prochain kilomètre, à combien est le sommet, ça manque dans ce col-là…

Comment avez-vous trouvé cette montée un peu cachée ?

On tombe dessus pas hasard, ou alors il faut vraiment la connaître, ce n'est pas un col pour basculer de l'autre côté pour faire un parcours, non. Ici, on monte, on fait demi-tour et on descend. En plus, ce n'est pas très bien indiqué. Mon ancien entraîneur organise des stages de vélo, il m'a proposé de l'accompagner avec les gens qu'il encadrait. On faisait la traversée des Pyrénées, c'était en 2012, on partait de Saint-Jean-de-Luz pour aller à Perpignan. Ce jour-là, on a fait le Tourmalet, l'Aspin, puis Cap-de-Long en partant d'Argelès.

Pouvez-vous nous décrire cette ascension méconnue ?

C'est long et c'est dur ! Je considère qu'elle commence vraiment quand on quitte la grande route à Fabian. Là, c'est une toute petite route qui s'appelle « la route des lacs », on prend à droite et ça monte direct. L'idéal est d'avoir le vent de dos, il y a peu de lacets, on est toujours dans la même direction… Il y a tout de même trois passages de lacets, mais c'est court et toujours dans le même sens et, juste avant les derniers lacets, ça redescend de 400 à 500 mètres à 1 kilomètre du sommet.

Aucune course n'a jusqu'ici emprunté la montée du barrage de Cap-de-Long. Bruno Armirail, lui, a signé le deuxième temps de cette ascension sur le réseau social Strava.

On a peu de repères sur la difficulté de cette ascension. À quel niveau la placez-vous ?

C'est très, très dur ! Pour moi, un col d'Aspin n'est rien à côté, même le Tourmalet n'est pas plus dur, c'est vraiment très difficile. On est très haut au sommet, l'état de la route est moyen, il y a de la pente. Ce qui est dur, c'est qu'on est toujours dans la même direction, c'est comme si on montait un mur tout droit, même à la fin avec des pourcentages à 8 ou 9 %…

Et parlez-nous de ces lacets…

On peut se relancer. Ceux de la fin sont juste après une petite descente où l'on peut récupérer un peu, c'est beaucoup plus facile. Il reste 1 kilomètre dans les quatre derniers lacets. Du coup, mentalement, c'est important, on voit le barrage, contrairement au début de l'ascension où l'on se dit : « Où va-t-on ? »

Selon vous, qu'est-ce qui est déterminant pour être fort dans cette ascension ?

Il faut de bonnes conditions climatiques : qu'il fasse beau, que le vent soit dans le dos. Une fois, je suis parti pour le faire à bloc, j'avais un vent de face impressionnant, alors j'ai fait demi-tour ! Si l'on monte et qu'on est dans les nuages, c'est dommage, car on veut profiter du paysage là-haut. Il faut donc une bonne journée d'été. Si on part depuis Saint-Lary, il faut partir assez vite mais pas trop, car dans les 4 derniers kilomètres, on peut faire la différence. Ils sont vraiment durs, il faut en garder en bas pour faire la différence en haut…

Vous aimeriez le faire un jour en course et pourquoi pas sur le Tour de France ?

C'est sûr que ça serait vraiment beau de le faire en course, il y aurait de la bagarre. Au niveau sportif, ça pourrait faire autant, voire plus de dégâts qu'un Tourmalet, ce serait une arrivée au sommet très dure… Le problème, c'est de trouver la place là-haut pour installer l'aire d'arrivée et il n'y a pas d'autre route pour évacuer la zone. C'est une très belle montée, ce serait magnifique pour les vues d'hélicoptère au-dessus des lacs…

Mais en même temps, un endroit comme celui-là ne devrait-il pas rester caché ?

Oui, mais ce serait bien qu'il soit connu pour montrer la splendeur des Pyrénées mais, en même temps, si le Tour vient, il y aura beaucoup de monde, c'est vrai. Il faut faire attention à l'environnement, mais ça serait bien de le faire connaître à tout le monde et de changer un peu du Tourmalet ou de l'Aspin…

Quels conseils pourriez-vous donner au lecteur qui voudrait s'attaquer à Cap-de-Long ?

Déjà, il faut prendre à boire, car il n'y a pas de fontaine dans le col. Au niveau des braquets, il faut au moins un 34 x 28 parce que les 3 derniers kilomètres sont vraiment très durs. Des roues basses, légères, en carbone sont idéales.

C'est aussi et surtout un endroit sublime et préservé…

Le début dans la forêt, ce n'est pas super beau, on est au bord de la montagne. Mais après, c'est vraiment magnifique. Le plus beau, c'est lorsqu'on passe près du lac d'Orédon, on voit le lac à droite et le barrage au fond. Quand on est sur le barrage, c'est juste superbe… Comme tout cycliste professionnel, je profite du paysage, c'est plus agréable d'être dans un bel endroit, on voit de beaux paysages et ça passe plus vite !

LE CIRQUE DE TROUMOUSE

PRÉSENTATION

C'ÉTAIT PENDANT L'HIVER. J'AI ENVOYÉ UN MESSAGE À MARTIN FOURCADE, QUELQUES SEMAINES AVANT QU'IL NE DEVIENNE LE SPORTIF FRANÇAIS LE PLUS TITRÉ DANS L'HISTOIRE DES JEUX OLYMPIQUES.

Je lui demandais son avis sur ma liste de cols pyrénéens pour ce livre, lui qui roule beaucoup au printemps et en été pour se préparer à la saison de biathlon et qui connaît les Pyrénées comme sa poche. Il m'a cité deux noms : Pailhères (que j'envisageais déjà de choisir) et le cirque de Troumouse. Je n'avais jamais entendu parler de ce dernier mais je me suis dit « banco ! » et j'ai décidé de lui faire une confiance aveugle, sans avoir la moindre idée d'où j'allais mettre mes roues.

Et j'ai vraiment bien fait. Cet endroit est un paradis sur terre, un enchantement ! Un trésor caché comme Cap-de-Long, Pailhères (p. 216) et de nombreux cols qu'il faut chercher, débusquer ou sur lesquels on tombe par hasard. Loin des sentiers battus et des lieux mythiques du Tour de France. Très peu connu. Mais franchement, si vous aimez les cols durs et les paysages somptueux et préservés, alors foncez-y !

Troumouse n'est pas un col d'ailleurs, mais un cirque. Lorsqu'on arrive au sommet, il faut faire demi-tour. Sur le papier, Troumouse commence de Luz-Saint-Sauveur, lieu du départ de la montée du Tourmalet (p. 148), mais cette route dans les gorges en faux plat montant n'est pas franchement passionnante. L'ascension proprement dite débute à Gèdre et dure 17 kilomètres.

À Gèdre, si vous allez tout droit, vous allez vers Gavarnie et le col des Tentes, sinon prenez à gauche et vous arriverez au cirque de Troumouse. Ici, tout est beau, bucolique et sublime. Ce torrent sur la droite de la route, cette verdure, ces lacets, ces pics encore enneigés qui vous dominent, puis ce bouquet final avec ce cirque aux airs de canyon enneigé ! Oui, tout est là. La quiétude aussi. Au bout de 9 kilomètres, un péage pour les voitures – il leur faut payer 5 euros pour passer – permet de trier les véhicules et de limiter leur accès dans cet endroit protégé du parc des Pyrénées et classé au patrimoine mondial de l'UNESCO comme ses voisins de Gavarnie et d'Estaubé.

Troumouse est aussi ludique. Vous vous y amuserez à vélo. Vous souffrirez sans doute, mais ses changements perpétuels de pourcentage, doux, puis violents et plus raisonnables parfois vous permettent de jouer sur le vélo. D'accélérer, de gérer et d'en remettre ! C'est un pied absolu ! Et ses lacets permettent aussi de s'amuser. En découvrant cette ascension, j'ai beaucoup pensé au… Galibier (p. 12) ! Comme si Troumouse était une copie du géant des Alpes. Dans sa structure, j'entends. Un début de col roulant et parfois usant le long d'un torrent avec ces pics qui se dressent face à vous.

Puis après le péage, ce petit plateau si vert entouré de pics enneigés rappelle Plan Lachat. Et comme après Plan Lachat, vous tournez à droite et arrivez dans cette succession de lacets, puis dans un monde de pierres au milieu des congères de neige dans les 3 derniers kilomètres. La comparaison s'arrête là, mais cette montée n'a rien à envier aux plus grands cols français. Le cirque de Troumouse atteint les 2 103 mètres. Là-haut, vous êtes entouré de sommets de plus de 3 000 mètres comme le pic de la Munia, culminant à 3 133 mètres. Dans ce cirque qui est l'un des plus hauts d'Europe, j'ai eu la sensation d'avoir en face de moi le mont Rushmore des États-Unis avec les têtes des anciens présidents, George Washington, Thomas Jefferson, Theodore Roosevelt et Abraham Lincoln, taillées dans la roche…

Le Tour n'est jamais venu par ici. Mais pourquoi pas un jour ? Les organisateurs cherchent de nouveaux cols, comme le col de Portet (p. 202), spectaculaires, durs et somptueux. Le col de Troumouse répond à ces critères… même si certains comme Martin Fourcade ont

envie de voir ce joyau préservé de toute course de vélo… Et je pense qu'il a raison. Et moi, j'ai eu raison d'écouter son conseil, de venir ici et de me fier à ce champion hors norme, qui doit monter cette ascension de façon impressionnante, vu ses qualités physiques hors du commun ! Et en plus, c'est un excellent guide !

PROFIL

17 KILOMÈTRES À 6,5 % DE MOYENNE
POURCENTAGE MAXIMUM : 12 %
NIVEAU : CONFIRMÉ

En fait, le col commence vraiment dans le village de Gèdre au bout de 11 kilomètres. Avant, c'est plus un faux plat assez roulant autour des 3 %. Ensuite, vous naviguerez sur des pentes très irrégulières. Difficile de dégager une tendance. Les 2 premiers, puis les 3 derniers kilomètres atteignent les 10 %. Entre les deux, c'est long et aussi irrégulier entre 1 et 10,3 % !

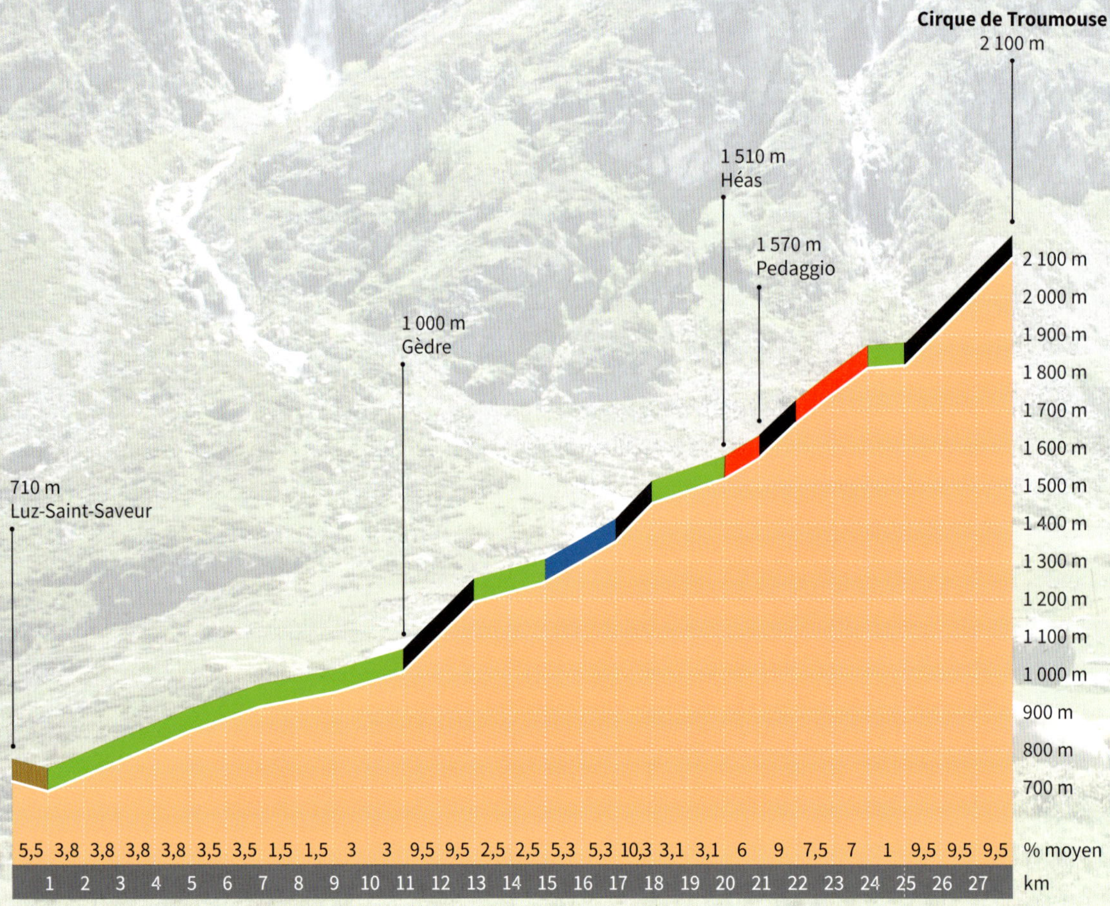

CONSEILS

MON CONSEIL MATOS

Vu les forts pourcentages, jouez la prudence avec un 34 x 30 ou 32, surtout dans les 3 derniers kilomètres. Prenez aussi des roues de montagne légères en carbone mais pas trop rigides vu l'état de la route.

LE BON PLAN

Je vous conseillerais juste de tenter une expérience. Au sommet, allongez-vous quelques minutes sur le parapet du petit pont, profitez du soleil, fermez les yeux et écoutez le ruissellement du torrent... c'est une sensation très relaxante.

MA MONTÉE

DATE : 19 JUIN À 10 HEURES
CONDITIONS MÉTÉO : TRÈS BEAU, GRAND CIEL BLEU, 25 °C EN BAS
TEMPS RÉALISÉ : 1 H 15

Je crois que j'ai rarement pris autant de plaisir à grimper un col, si ce n'est jamais. Un col qui n'en est pas un d'ailleurs. Rarement j'avais ressenti ce sentiment de plénitude et de bien-être sur un vélo.

En partant de Gèdre, je me sens bien, déjà. Je tourne à gauche et, tout de suite, ça part fort pendant 1 kilomètre. Puis, déjà un replat qui fait du bien et qui permet d'accélérer autour des 15 km/h. Après 4 kilomètres plutôt abordables comme cela, je rentre dans un passage très dur à plus de 10 %. Il faut faire le dos rond et se dire que cela va passer. On n'est qu'au début du col et, déjà, je souffre, d'autant plus qu'il fait chaud et qu'il n'y a pas d'ombre. Après ce mauvais moment, cela se calme avec une légère descente qui permet de remettre le grand plateau.

Au bout de 9 kilomètres très irréguliers, j'arrive à Héas, ce lieu-dit avec ces maisons de pierre aux toits en taule ondulée. Et là, la beauté absolue, presque le paradis. Un torrent aux eaux translucides sur la droite surmonté d'un petit pont de bois, du vert à perte de vue et, au bout, le blanc immaculé de la neige éternelle qui vient orner ce canyon appelé cirque de Troumouse. Je m'arrête et cette vision m'apaise, infiniment. Je n'avais que rarement vu quelque chose d'aussi beau.

Je repars puisqu'il faut avancer et mon esprit se perd dans ces rapides si envoûtants et relaxants. Au bout de cette ligne droite, j'aperçois le péage qui permet de filtrer les voitures et de ne pas les laisser polluer et dénaturer ce trésor. Là, le premier lacet à droite et c'est parti pour une ascension entrelacée et rythmée. Ces virages, dix-huit au total, soit trois de moins qu'à l'Alpe d'Huez (p. 38), rendent cette montée nerveuse et ludique. Je joue et m'amuse avec les variations du terrain et les changements incessants de pourcentage. Des pentes irrégulières empêchent parfois de prendre un rythme, pas là. Je suis à environ 13 km/h et elles me permettent d'accélérer en danseuse, de remettre du braquet. Jamais je n'avais ressenti ce sentiment de maîtrise dans un « col » de ce niveau. Je continue de prendre de la hauteur et du plaisir. Je regarde mon compteur, car il n'y a pas de panneau ici qui indique ce qu'il reste à parcourir et c'est bien l'esprit de cette montée. Encore 5 kilomètres…

Sur ma gauche, un troupeau de vaches et l'une d'entre elles qui vient me saluer au milieu de la route. Je ne souffre pas comme dans la première moitié et je maîtrise mon allure, ce qui m'arrive très peu souvent, à moi plutôt habitué à subir. Au bout de 13 kilomètres, j'arrive à un gîte-auberge sur la gauche sur un parking qui offre une petite descente.

Le paysage est de plus en plus majestueux. Je me concentre sur mes excellentes sensations mais m'ouvre également à cet endroit sublime et unique. Comment pourrait-il en être autrement ? Les 3 derniers kilomètres me font entrer dans un monde de pierres fait de lacets courts. Je zigzague encore… Mais cette fois, plus question de maîtriser. Non, je fais comme je peux pour dompter ces 3 bornes flirtant avec les 10 % ! Ou plutôt pour les apprivoiser ! En prenant de la hauteur, j'aperçois ce que je viens de monter et ces lacets si réguliers. C'est beau, esthétique, l'image que je me fais d'un col. Je suis à 9 km/h et roule sur le 34 x 30, presque tout à gauche. Je viens de passer le plus dur, presque sans m'en rendre compte tellement le paysage est un ravissement et fait passer le temps plus vite…

J'arrive au sommet, au bout de 1 heure et 15 minutes d'effort. J'ouvre les yeux en grand et découvre ce canyon enneigé, ce cirque, que j'avais entrevu depuis le milieu de la montée. Ici, une vingtaine de voitures stationnées sur le parking. Durant la montée, une petite dizaine d'entre elles seulement m'ont doublé. Je m'allonge sur le muret de pierre qui forme le petit pont et savoure le moment présent.

Je viens de vivre l'un de mes plus beaux moments sur un vélo. Je me suis amusé et ai découvert une merveille. Oui, une merveille absolue.

INTERVIEW

MARTIN FOURCADE

LE CIRQUE DE TROUMOUSE ET MARTIN FOURCADE

Il est le sportif français le plus titré de l'histoire des jeux Olympiques, d'hiver et d'été confondus. Quintuple champion olympique de biathlon, onze titres de champion du monde, sept fois vainqueur du classement général de la coupe du monde, Martin Fourcade est considéré, avec Ole Einar Bjørndalen, comme le plus grand biathlète de tous les temps.

Il est aussi passionné de vélo qu'il pratique assidûment l'été, pour se préparer, dans les Pyrénées dont il est originaire et aussi dans les Alpes où il vit désormais.

Martin Fourcade est le seul sportif qui n'est pas ou n'a pas été cycliste professionnel à s'exprimer dans ce livre. Il ne souhaitait parler que d'un lieu : le cirque de Troumouse, sa montée préférée pour diverses raisons.

On vous connaît comme le meilleur biathlète du monde, mais vous faites aussi beaucoup de vélo ?

Oui, par nécessité et par plaisir, j'ai la chance d'allier une passion et un entraînement très bénéfique. J'essaie de beaucoup rouler au printemps et au début de l'été. Je fais environ 4 000 kilomètres entre mai et juillet, c'est une partie de mon entraînement en complément du ski à roues, de la musculation et de la course à pied. Ça fait des belles sorties de trois à cinq heures. Le but, c'est de faire tourner les disciplines pour éviter les blessures.

Avez-vous l'occasion de monter beaucoup de cols dans les Pyrénées et les Alpes ?

Je ne fais quasiment que des cols. Une sortie sans col, pour moi, cela n'existe pas, que ce soit à Font-Romeu, d'où je viens, dans les Hautes-Pyrénées, d'où ma compagne est originaire (d'Argelès-Gazost exactement), ou dans le Vercors où j'habite maintenant. Il y a un ou deux cols minimum à chaque fois. Les longues sorties de plat, c'est moins ce que j'aime faire… C'est une grande partie du vélo, mais pas la pratique dans laquelle je m'épanouis.

Qu'est-ce que monter un col représente pour vous ?

C'est vraiment ma façon de faire du cyclisme, ce qui peut paraître ennuyeux pour certains. C'est là-dedans que je me réalise en faisant du vélo, en lien avec mon parcours de sportif de haut niveau dans un sport d'endurance, c'est là, dans les cols, que je me fais plaisir…

On le connaît mieux sur des skis avec une carabine dans le dos, mais Martin Fourcade excelle aussi à vélo qu'il pratique dans les cols pour se préparer au printemps et en été.

Quand je vous ai appelé pour ce livre, vous avez souhaité sans hésiter parler du cirque de Troumouse, une montée très peu connue, pourquoi ?

C'est mon beau-père, qui était chef du secteur du parc national des Pyrénées, qui m'en a parlé un jour et m'a dit de le faire. Il est décédé il y a un an, c'est pour cela que j'ai une pensée particulière pour ce col plus que pour d'autres, et qu'il est si particulier pour moi.

Parlez-nous de la montée du cirque de Troumouse…

C'est l'une des plus sauvages, c'est une petite route, qui est fermée à la circulation grâce à un péage à partir de la chapelle de Héas, au milieu de la montée. Ce n'est pas une autoroute, ce n'est pas le Tourmalet, ce n'est pas l'Alpe d'Huez. Tu sais que si tu roules un mètre à gauche, ce n'est pas grave, tu ne risques rien, et c'est très important pour moi dans ma pratique. En plus de cela, c'est un endroit absolument majestueux. Tu arrives dans un cirque, pas une station comme le col des Tentes et le cirque de Gavarnie ; c'est une montée à part, les gens y viennent pour faire de la randonnée, personne ne monte juste comme ça. Tu te sens plus dans la nature que dans beaucoup d'autres cols et d'autres routes…

Pouvez-vous nous décrire cette ascension méconnue ?

C'est un col qui est répertorié à partir de Luz-Saint-Sauveur, mais elle commence vraiment à Gèdre. Il y a 11 kilomètres à 3 % en venant de là. De Luz, c'est plus long avec 28 kilomètres, c'est très roulant, cela ne monte pas, c'est une route large, qui dessert Gavarnie. Une fois sorti de Gèdre, si on va à droite, c'est Gavarnie et, à gauche, c'est Troumouse. Pour moi, la montée commence là avec 1 kilomètre à 9,5 %. Après, il en reste 17 ! Tu as une première moitié, de Gèdre jusqu'à la chapelle qui est accessible, entre 3 et 6 %, puis après, il y a une montée en deux temps avec un replat au milieu, environ 5 kilomètres jusqu'à un plat avec une auberge, puis 3 kilomètres à 10 % en lacets.

On a peu de repères sur la difficulté de cette ascension. À quel niveau la placez-vous ?

Ce n'est pas le col le plus dur que j'aie monté, mais il vaut Pailhères ou le Tourmalet. Le cadre aussi apporte à la difficulté avec une route qui n'a pas de rendement, assez sinueuse. C'est un col assez long, c'est une belle montée, avec 28 kilomètres ou plutôt 17, d'après moi.

Selon vous, qu'est-ce qui est déterminant pour être fort dans cette montée ?

Pour moi, c'est assez simple, jusqu'au plat à 4 kilomètres de l'arrivée, il faut être dans sa zone de confort. On peut faire des écarts après, car il y a 3 kilomètres à 10 % à la fin. Tu as le temps de te faire mal si tu as des réserves au kilomètre vingt-quatre, mais il faut monter en ayant en mémoire qu'il y a 3 bornes dures. S'il y avait une course cycliste dans cette montée, le peloton des favoris ne bougerait pas avant cet endroit-là…

Quelles sont pour vous les conditions idéales pour grimper Troumouse ?

C'est l'un des rares cols que je peux conseiller lors des grandes vacances. D'habitude, sur les autres cols, ce n'est pas en juillet et août que tu te fais plaisir parce qu'il y a beaucoup de monde. Mais là, tu peux y aller, car il n'y a pas beaucoup de trafic.

Vous aimeriez voir le Tour de France un jour y venir ?

Pour le coup, je suis assez ouvert, je ne suis pas du tout réticent au fait que les courses de vélo arrivent dans ces endroits, comme cela a été le cas pour la Route du Sud au cirque de Gavarnie, où il y a une station de ski. Pour Troumouse, c'est différent. Pour moi, il y a un côté sauvage, mais une arrivée du Tour (il n'y aurait pas assez de place là-haut) ne s'y prêterait pas et ce n'est pas plus mal comme cela. Ce côté sauvage mérite d'être préservé, il y a plein d'autres belles montées où le Tour aurait sa place, et Gavarnie en fait partie avec une station magnifique et déjà moins préservée.

Quels conseils pourriez-vous donner au lecteur qui voudrait s'attaquer au cirque de Troumouse ?

Je ne pense pas être un bon exemple et avoir de très bons conseils pour parler braquets ou gestion de l'effort à vélo pour les gens qui ont moins la forme que moi, car je travaille plus au niveau musculaire pour me mettre dans le rouge. En revanche, pour l'hydratation et la nutrition, ce que je peux dire, c'est qu'à vélo quand je fais une sortie de plus de trois ou quatre heures, il faut manger toutes les 40 minutes, et surtout ne pas attendre d'avoir faim ou soif pour s'alimenter. Je prends ma barre même quand je n'ai pas faim.

Je conseille aussi la sortie au départ d'Argelès-Gazost – ça fait 100 kilomètres – et un passage au col de Tentes et au cirque de Gavarnie pour les plus audacieux qui ont envie de se corser la tâche… Argelès-Argelès, ça fait 100 bornes, on fait un aller-retour, on n'a pas le choix, mais c'est superbe !

Pour vous, Troumouse est d'abord un endroit sublime et préservé…

C'est d'autant plus à faire qu'on est tous un peu chauvins quand on parle de chez soi. Or, je suis de Font-Romeu, des Pyrénées-Orientales. Je l'ai découvert « par alliance », je l'ai apprécié non parce que j'y suis né mais parce que je n'ai aucun intérêt à défendre cet endroit. Je le trouve juste magnifique, sauvage et préservé… Je n'aurais pas pu parler d'un endroit construit, car ceux que j'aime comme le col de Pailhères, c'est du cyclisme sur route dans un décor de VTT. Je suis très attaché à ça, c'est ce qui me ressource. C'est un effort dans la nature parce que je n'apprécie pas d'avoir les gaz d'échappement dans le nez quand je grimpe.

Vu les capacités physiologiques hors du commun que vous avez, auriez-vous aimé ou pu devenir coureur cycliste professionnel ?

Cela n'a jamais été envisagé. Je ne sais pas si j'aurais pu devenir coureur. J'aurais sans doute été un bon cycliste, oui, mais c'est de la fiction et je n'aime pas ça. J'ai un immense respect pour les coureurs, car c'est un sport très dur mais un peu répétitif à mes yeux. Eux, qu'il pleuve ou qu'il fasse mauvais, ils doivent aller rouler tous les jours, toute l'année. Moi, s'il ne fait pas beau, je ne vais pas rouler et je n'en suis pas obligé. Je peux nager ou courir. Je m'épanouis dans la pratique du vélo parce que j'y vais quand ça me fait envie… Avec mon sport saisonnier qu'est le biathlon, je n'ai pas la routine et une grande variété s'offre à moi hors de la période de compétition. Je peux faire du trail et plein d'autres sports. Je ne sais pas si j'aurais eu ce même bonheur si je n'avais pas eu cette échappatoire.

L'OSPÉDALE

PRÉSENTATION

MONTER L'OSPÉDALE POUR Y FAIRE UNE PERFORMANCE PHYSIQUE, POUR Y FAIRE UN TEMPS ET PUIS C'EST TOUT, C'EST PASSER TOTALEMENT À CÔTÉ DE CE COL, DE CET ENDROIT, QUI RÉSUME À LUI SEUL LA CORSE, SA BEAUTÉ, SA NATURE VARIÉE ET SON IDENTITÉ. LA MER ET LA MONTAGNE.

Santa Giulia, Palombaggia, Rondinara… Ces noms de carte postale sont une invitation au voyage, à la paresse, à profiter du temps présent et de la douceur de vivre. Les eaux translucides de ces plages de rêve, qui n'ont rien à envier aux Antilles ou à la Polynésie vous donnent plus envie de piquer une tête ou de vous mettre en position horizontale que d'enfourcher le vélo. Surtout qu'ici, souvent, le cagnard tape. Fort. Pourtant, en se retournant, on aperçoit au loin dans les terres une montagne. Elle domine la baie de Porto-Vecchio. L'Ospédale ! Du nom du village en son sommet, le plus haut de Corse du Sud à 956 mètres d'altitude. Ce village tient son nom « *u spidali* » d'un ancien hôpital qui accueillait, à partir du xve siècle, les voyageurs et les bergers. Alors que j'étais en vacances dans la région, je me suis retourné moi aussi et je me suis dit qu'il fallait aller voir là-haut. De plus près. À vélo bien sûr.

L'Ospédale est un spectacle, qui s'adresse à vos sens. Il y a d'abord ces odeurs. De sapins, de chênes-lièges, d'oliviers chauffés par le soleil. Il y a aussi ces bruits qui vous bercent, de torrents qui ruissellent de part et d'autre de la route et même en dessous dès que l'on passe ces ponts. Et ensuite, il y a cette vue sublime sur la baie de Porto-Vecchio qui fait de l'Ospédale un col unique. Une montagne qui se dresse devant vous, avec ses airs de canyons, et ses rochers aux formes douces et arrondies. Ils sont marron clair tôt le matin, puis deviennent orange ou ocre au fil de la journée. Ces nuances se mêlent au vert du maquis si dense et fourni. Le soleil joue avec ces arbres et ces pierres, en change les couleurs par touches, donne à ce col ces impressions fugitives qui auraient inspiré Monnet ou Manet. L'Ospédale n'est pas le même le matin et le soir et change au fil des heures.

Ce col paraît abordable, irrégulier mais, finalement, il est loin d'être facile. Les profils annoncent 14 kilomètres, mais méfiez-vous, il en fait plutôt 17 ! Et c'est long, 17 bornes ! Autant que le Galibier (p. 12) ! Alors, les pentes ne sont pas les mêmes bien sûr, mais arrive un moment où ces kilomètres pèsent dans les jambes. Le pourcentage moyen n'est pas insurmontable avec 6,25 %. Mais là aussi, c'est un piège, car cela prend en compte les 3 ou 4 premiers kilomètres en faux plat montant. En fait, l'Ospédale est plus dur qu'il ne veut le dire. Cela dépend surtout de la saison à laquelle vous y allez, et, si c'est en été, l'heure de la journée à laquelle vous le montez. Je vous conseille d'éviter de vous y aventurer sur les coups de midi en plein mois d'août ! L'Ospédale se grimpe le matin tôt ou en fin d'après-midi, pour ne pas avoir à subir la chaleur, que dis-je, la canicule, car il y a peu d'ombre. Cela permet aussi d'éviter les voitures et les touristes qui affluent en masse en plein été.

Les 5 premiers kilomètres offrent des pourcentages raisonnables entre 2,6 et 6,7 %. Histoire de se chauffer. Le début se grimpe sur le grand plateau. Mais où est le « vrai » début ? Le col commence vraiment une fois passé le village de Palavesa, à la hauteur de Farruciu. Là, une litanie de lignes droites se présente devant vous comme pour vous user physiquement et surtout mentalement.

Puis, la pente s'élève avant d'arriver dans une forêt de pins, puis dans le village de l'Ospédale tant attendu et espéré avec ses nids-de-poule, sa route défoncée et les pourcentages les plus élevés du col autour des 12 %. Ici, vous arrivez dans une autre Corse, montagneuse, dans ce village aux maisons de pierre, avec sa chapelle et son cadran solaire.

Il faut s'accrocher jusqu'à la sortie du village pour mériter le point de vue magnifique à gauche sur Porto-Vecchio et sa baie. Poursuivez votre effort et continuez d'ouvrir les yeux sur un décor somptueux. Le lac de l'Ospédale se présente sur la gauche derrière la forêt de pins. Une dizaine de kilomètres plus loin, après un replat et la descente vers Solenzara, vous découvrirez les célèbres et somptueuses aiguilles de Bavella, ces pics déchiquetés qui atteignent pour certains plus de 2 000 mètres. Si vous cherchez bien, vous pourrez vous rafraîchir dans les piscines naturelles, certes difficiles d'accès à vélo. Finalement, le vrai intérêt de ce col est ici : une nature à l'image de cette île : surprenante, variée, sauvage et tellement enchanteresse. Une nature qui vous fera comprendre que l'on monte l'Ospédale pour plein d'autres raisons que pour faire seulement un record ou juste un bon temps ! Que ce col est un trait d'union entre la mer et la montagne, entre ces deux mondes qui donnent à la Corse son caractère bien trempé et qui en font l'un des plus beaux endroits sur terre.

PROFIL

14,1 KILOMÈTRES À 6,2 % DE MOYENNE

POURCENTAGE MAXIMUM : 12 %

NIVEAU : LOISIR

L'Ospédale est un col irrégulier et long, de 17 kilomètres avec l'approche. Lorsque vous venez de Porto-Vecchio, les 5 premiers kilomètres sont très abordables. De 2,6 % à 6,7 % de moyenne. Du sixième au neuvième kilomètre, on rentre dans des moyennes plus hautes dignes d'un col des Alpes, entre 7 et 8,7 %. Après 3 kilomètres plus doux aux alentours des 5-6 % arrive le kilomètre le plus dur à 10,4 % dans le village. La fin est facile, 4,7 %, puis 0,2 %, autrement dit toute plate.

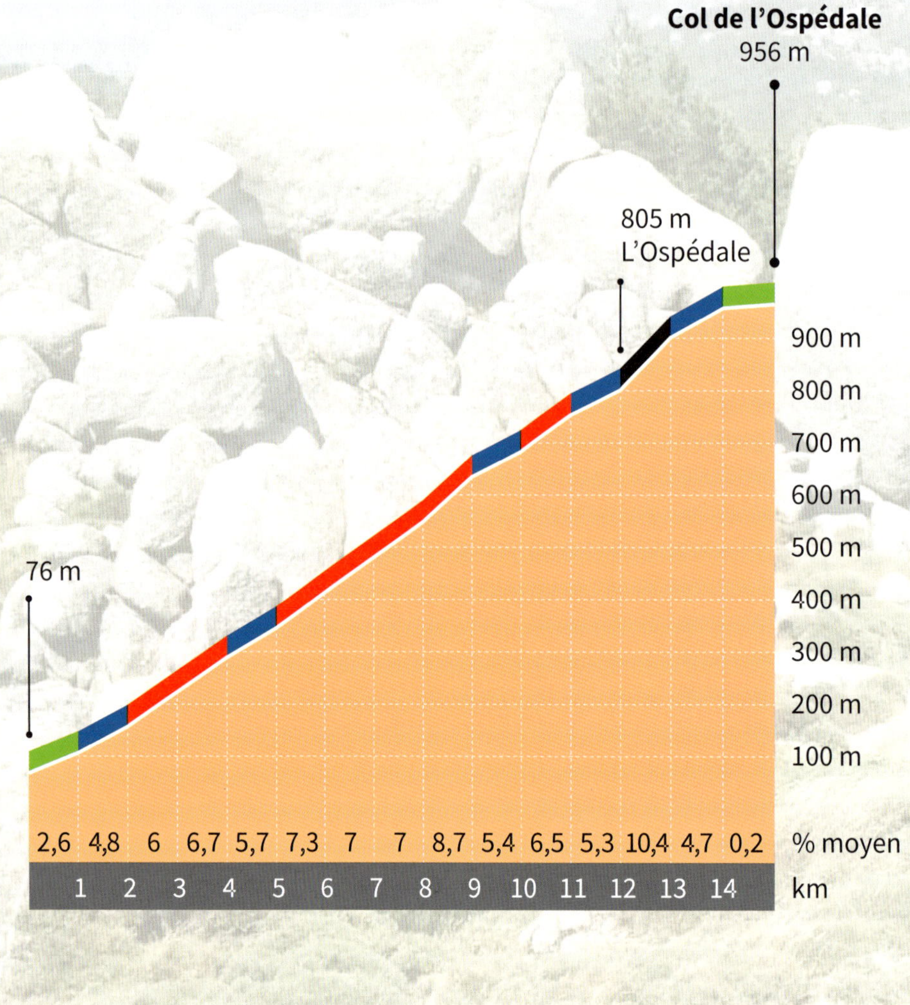

CONSEILS

MON CONSEIL MATOS

Peu importe votre niveau, des jantes hautes sont idéales. Tout comme un 39 ou 36 x 28 ou 30 pour le kilomètre le plus pentu dans le village.

Si vous êtes moins habitué à la montagne, prévoyez comme moi un 34 dents qui vous permettra de monter en haut.

Prévoyez deux bidons si vous êtes en été. Vous n'en aurez pas de trop ! Pensez à vous hydrater et à mettre de la crème solaire !

LE BON PLAN

Arrêtez-vous 500 mètres avant le sommet. Là, sur la gauche de la route, le plus beau point de vue du col sur le golfe de Porto-Vecchio. Même si vous n'arrivez pas à apercevoir Santa Giulia et Palombaggia, la vue est superbe !

Pour les plus entraînés, poussez jusqu'à Zonza et redescendez à Solenzara. La boucle fait 120 kilomètres, mais c'est magnifique.

Pour les plus gourmands, faites une halte sur la gauche dans le village au restaurant U Fontanonu. Goûtez les cannellonis au bruccio et à la menthe. Vous m'en direz des nouvelles !

MA MONTÉE

DATE : 26 MARS VERS 8 H 30
CONDITIONS MÉTÉO : BEAU TEMPS, CIEL BLEU, 16 °C EN BAS
TEMPS RÉALISÉ : 1 H 05 (POUR LES 14 KILOMÈTRES)

J'ai effectué cette montée fin mars, très tôt dans la saison. À ce moment de l'année, il est impensable de grimper les grands cols des Pyrénées ou des Alpes encore ensevelis sous la neige. De plus, je ne suis pas encore en super forme et j'ai quelques kilos superflus mais qu'importe !

À peine descendu de l'avion et m'être changé dare-dare, je m'attaque à l'Ospédale vers 16 h 30. À mon rythme. Je dois donc apprivoiser à nouveau le coup de pédale de la montagne. Réapprendre la patience et à laisser passer l'orage quand ça ne va pas très bien. Jusqu'en haut ! Le lendemain, je remets ça tôt vers 8 h. Il fait frisquet mais le soleil et l'effort vont vite me réchauffer. Je commence sur le grand plateau, pour moi, un 50 dents. Par prudence, je mets le petit après 4 bornes car je ne sais pas trop où j'en suis physiquement.

Après ces 5 premiers kilomètres abordables suivent 3 kilomètres autour des 7 % et 1 à 8,7 %. Là s'enchaînent des lignes droites et des enfilades qui démoralisent un peu. Les 8 premiers kilomètres sont traîtres. En effet, on a l'impression que cela ne monte pas, mais ce n'est qu'une (fausse) impression. Le soleil me réchauffe, je monte cuissard court et sans manches. Quel pied alors qu'il pleut et qu'il fait froid à Paris en ce début de printemps !

Le printemps, justement, est selon moi la saison idéale pour monter l'Ospédale. Car on évite les grosses chaleurs et la circulation. Je ne vois d'ailleurs quasiment aucune voiture. S'enchaîne une succession de lignes droites où je dois m'employer. Ce n'est pas le même combat que dans le Galibier ou l'Izoard (p. 30) où chaque coup de pédale est une souffrance. Non, là, il s'agit plutôt de savoir si on est capable d'accélérer et à quel rythme on va, pas juste d'avancer comme dans certains monstres des Alpes ! Je repense à Arnaud Démare que j'ai vu ici faire du travail de force sur le gros plateau ! Au bout de 8 kilomètres, j'aborde l'un des passages les plus durs. Je regarde sur ma gauche et découvre cette vue superbe. J'en prends plein les yeux et… les jambes aussi... Après les deux ponts sur la gauche, je trouve enfin mon rythme entre 13 et 15 km/h.

Je commence aussi à trouver le temps long et, pourtant, je ne suis pas encore dans la forêt. Pour tout dire, je suis un peu paumé et ne sais plus où j'en suis. Car ici, chose étonnante dans un col si emprunté par les cyclistes, il n'y a pas ces bornes qui vous indiquent le pourcentage du prochain kilomètre et la distance qui reste comme dans les Pyrénées ou les Alpes. Il y a seulement, de temps en temps, une inscription au sol écrite à la peinture avec le nombre de kilomètres qui nous séparent du sommet. Indigne de l'Ospédale ! Mon compteur m'indique que j'ai déjà parcouru 12 bornes alors que, au sol, on me dit qu'il reste 5 kilomètres. Le col en ferait donc 17 ! En fait, j'ai mis en route mon compteur après le rond-point de Porto-Vecchio, mais le col commence officiellement 3 bornes plus loin. Cela me déstabilise un peu et me fait gamberger.

La forêt n'est pas encore là. Puis elle arrive enfin mais comme depuis le début, pas de grands lacets et peu de virages pour se relancer. Il faut tenir, car après, cela se calme : 3 kilomètres autour des 5-6 %. Cette forêt paraît interminable. On attend de rentrer dans le village de l'Ospédale mais ça ne vient toujours pas. Un peu comme dans l'Izoard où l'on espère, où l'on prie, pour voir la Casse déserte. Toutes proportions gardées bien sûr. L'Ospédale n'est pas l'Izoard, mais il fait son travail de sape, il vous use.

J'alterne entre les passages durs à plus de 7 % et les replats qui permettent de récupérer. Mais je suis poussif dans les deux. Je n'arrive pas à accélérer à ces moments-là. En fait, n'étant pas encore en forme et un peu en surpoids, je tourne les jambes sur mon 34 dents et j'ai du mal à remettre du braquet dans les parties plus roulantes. Sur la droite, les arbres défilent et laissent apercevoir la vue, par endroits. Plus on monte et plus c'est beau. Le soleil qui vient de se lever se réfléchit sur la mer. C'est magique ! Je repense à Lance Armstrong que j'avais suivi et à qui j'ai posé une question à cet endroit précis que je reconnais et à Jean-Christophe Péraud, impressionnant dans cette forêt pour battre Thibaut Pinot. Beaucoup moins efficace qu'eux, je subis dans ce col idéal pour se tester lorsque l'on est en forme.

Après l'auberge du Nid d'aigle, je sais que le village de l'Ospédale est enfin là. Je l'attendais tellement ! Je commençais à souffrir et à me décourager ! Après ce panneau posé à terre, un lacet en épingle à cheveux sur la gauche où la route se dresse devant moi et, là, on ne rigole plus. Je rentre, à proprement parler, dans la partie la plus dure du col avec un coup de cul à 12 % et vous savez quoi, je commence à me sentir mieux ! En danseuse, à tourner la patte ! Allez comprendre ! Je suis devenu un vieux diesel ! Non, ce qui ralentit surtout ma progression dans le village, c'est cette route en sale état, avec ses trous et ses tranchées ! Je dois faire attention où je mets mes roues... Je suis content d'avoir une petite suspension à l'avant.

Mon 34 x 32, inutile toute la montée, est parfait ici et je ne passe même pas le 32 et reste sur le 28 en danseuse. Je m'arrache pour arriver 500 mètres après le village sur la gauche au point de vue sur Porto-Vecchio ! Cela se passe de commentaires. C'est la récompense que j'attendais ! La Corse dans toute sa splendeur avec le maquis en premier plan et la baie de Porto-Vecchio à l'horizon… Je continue jusqu'à la ligne du Critérium international qui matérialise la fin du col. Là, à nouveau dans cette forêt de sapins, il ferait presque frais et je me fais trois copains, trois veaux qui se promènent sur la droite de la route. Après le lac, je décide de faire du rab jusqu'aux aiguilles de Bavella ! Là aussi, c'est magique et à couper le souffle ! Je fais demi-tour, commence la descente et j'ai l'impression de me jeter dans la mer ! Je sens les odeurs de la Méditerranée, je vois le paysage sublime et j'entends à nouveau l'eau qui ruisselle... Un condensé de Corse, en 14 kilomètres ! Ou plutôt en 17 !

SUR LE TOUR

En 2013, le Tour de France part de Corse pour la première fois mais aucune des trois étapes ne passe ou n'arrive à l'Ospédale. C'est dommage tellement une arrivée là-haut aurait été belle et spectaculaire, mais cela s'explique sans doute par une raison d'ordre logistique : il n'y avait probablement pas assez de place pour y organiser une arrivée. Le Tour n'est donc jamais passé sur les pentes de l'Ospédale. Mais, à sept reprises, de 2010 à 2016, l'étape reine du Critérium international (une course de trois étapes), organisé par ASO, l'organisateur du Tour de France, est arrivée au sommet de ce col.

En 2010, l'épreuve accueille le duel tant attendu entre les deux superstars du cyclisme, les deux ennemis Alberto Contador et Lance Armstrong. Ils sont anciens coéquipiers et se détestent. L'année d'avant, en 2009, ils se sont affrontés sur le Tour au sein de la même équipe. Armstrong utilise tout son pouvoir et son machiavélisme pour user l'Espagnol mentalement en retournant même ses plus proches équipiers, mais Contador a du tempérament et ne se laisse pas impressionner. Il parvient à remporter ce Tour 2009 dont Armstrong terminera troisième.

Le public et les médias salivent d'avance en pensant à la revanche sur le Tour 2010. Ce Critérium international se déroule fin mars et sera la seule opposition avant le Tour entre les deux hommes qui s'affrontent pour la première fois depuis le Tour 2009. C'est une mise en bouche. Armstrong est venu pour mettre la pression à l'Espagnol, censé être en avance dans sa préparation. À l'époque, je faisais un reportage sur ce duel pour Stade 2.

Armstrong était arrivé, lunettes noires et casquette vissée sur la tête, telle une rockstar à bord de son jet privé à l'aéroport de Figari. L'un de nos cameramans l'attendait là-bas et le suivait. Dès son arrivée, il a pris la direction de l'Ospédale pour reconnaître le col. Je l'attendais avec un deuxième cameraman dans la montée. À l'époque, mes relations avec lui étaient plutôt cordiales. Floyd Landis n'avait pas encore tout balancé sur ses pratiques dopantes et je n'avais pas encore diffusé ses accusations contre le Boss !

Armstrong montait tranquillement et était de bonne humeur. Je me souviens qu'il est même venu à ma portière me dire bonjour en roulant et me demander comment ça allait. Je lui ai posé une question pour savoir ce qu'il pensait du col et il m'a répondu « qu'on verrait samedi (le jour de la course) mais que son objectif, c'était juillet ! » Finalement, le duel tant attendu a tourné court. L'Américain craque très vite dans la montée au bout de 7 kilomètres environ et termine cinquantième de l'étape tandis qu'Alberto Contador, gêné selon lui par une allergie au pollen, coince dans le haut du col avant le village d'Ospédale et termine quinzième de l'étape.

Cette année-là, c'est finalement le Français Pierrick Fédrigo qui s'impose au sommet et remporte le classement général. Quelques mois plus tard, le système Armstrong sera révélé au grand jour et Alberto Contador perdra le Tour de France en raison d'un contrôle positif.

L'autre duel marquant sur les pentes de l'Ospédale fut moins médiatique, moins sulfureux, mais beaucoup plus haletant. Un duel franco-français entre Jean-Christophe Péraud, deuxième du Tour 2014, et le troisième cette année-là, Thibaut Pinot.

Un an après leurs exploits sur le Tour, les deux hommes se retrouvent sur l'Ospédale. Cette année-là, Pinot, le plus jeune des deux, est plus en forme et censé être meilleur grimpeur. Péraud est vieillissant. Il a alors 38 ans, Pinot 25 ans. Le jeune grimpeur de la FDJ fait rouler ses équipiers toute la journée. Sûr de son fait, il demande aux grimpeurs de l'équipe, Jérémy Roy d'abord, puis Alexandre Geniez et Steve Morabito de durcir la course et de faire le pied de l'Ospédale à fond. Très vite, il se retrouve esseulé et attaque à 6 kilomètres du sommet.

En 2010, Lance Armstrong et Alberto Contador se retrouvent sur les pentes de l'Ospédale pour s'expliquer un an après un Tour mouvementé passé dans la même équipe. Mais le duel tourne court, car les deux hommes passent à côté de leur course.

Beaucoup trop tôt. Pinot a été impatient et a commis une grosse erreur. Repris, il n'a plus d'équipier et la pente n'est pas assez dure pour qu'il crée un écart significatif. En coureur expérimenté, Jean-Christophe Péraud le contre et s'envole vers la victoire. Pinot n'est plus lucide, à tel point qu'à 200 mètres de la ligne d'arrivée, il se trompe de direction en tournant à gauche alors qu'il faut aller tout droit et se rattrape *in extremis*. Ce jour-là, il était le plus fort mais a très mal couru et le reconnaîtra plus tard. Un an après, en 2016, Thibaut Pinot a retenu la leçon. Il gère beaucoup mieux tactiquement le col en étant plus patient, il s'impose au sommet face au lac de l'Ospédale et remporte le classement général. En attendant d'y revenir avec le Tour ?

JEAN-CHRISTOPHE PÉRAUD

L'OSPÉDALE ET JEAN-CHRISTOPHE PÉRAUD

Jean-Christophe Péraud a réussi une chose rare, être aussi performant en VTT que sur route. Vice-champion olympique de VTT à Pékin derrière Julien Absalon en 2008, il termine deuxième du Tour en 2014. Il a remporté le Critérium international en brillant sur les pentes de l'Ospédale en 2014 et 2015.

Racontez-nous votre première expérience dans l'Ospédale…

C'était la veille du Critérium international lors de la reconnaissance en 2013. J'ai tout de suite vu que la partie la plus plaisante pour moi était dans le village quand c'est super raide, cela parle forcément aux vététistes comme moi.

Et en course ?

C'était le lendemain, je me souviens de Chris Froome qui attaque, il y a une partie roulante en faux plat montant où il n'y a pas encore assez de pente pour que la vitesse se réduise, puis il y a ce virage à gauche. Là, c'est de la vraie montagne, de vraies pentes et, après, cette première partie intéressante… Richie Porte a fait la cassure pour Froome qui est parti en facteur. Là, j'y vais à contretemps, j'utilise cette partie en faux plat pour rentrer. Je m'étais mis à bloc et à peine rentré, il me demande de prendre un relais, je lui ai dit : « Attends ! Je ne peux pas ! » Cela ne lui a pas plu, il est parti et, d'ailleurs, cela ne lui a pas plu non plus que je le raconte comme ça aux médias. Et du coup, on a roulé avec Johann Tschopp et on s'est fait rattraper sur le haut.

Et puis vous avez gagné l'épreuve en 2014 et 2015 à l'Ospédale ?

Oui, c'était l'année suivante, après cet épisode avec Froome, j'avais fait un bon contre-la-montre, j'étais en avance sur les bons grimpeurs, on a fait le ménage avec Alexis Vuillermoz : il restait Mathias Frank et Fränk Schleck qui me dit : « Laissez-moi gagner l'étape ! » Je lui ai répondu que ça ne me posait pas de problème. On est rentré sur Frank – ça montait très, très fort –, il est rentré sur Schleck. Je me suis dit : « Il va couper son effort et je vais récupérer. » Mais il a poursuivi, et j'ai pensé : « Tu ne peux pas lâcher, sinon tu perds le Critérium », donc je me suis accroché et je ne lui ai pas disputé le sprint vu que je gagnais le général.

En 2015, ce n'est pas ma meilleure année, on est sept mois après ma deuxième place sur le Tour et après mon opération de l'urètre, je n'étais pas au mieux. Mon intention était de courir pour Alexis Vuillermoz, et c'est pour cela que, quand Alexis a attaqué, j'ai laissé Thibaut Pinot revenir sur lui. Je me suis fait ramener vu que je n'avais pas à rouler sur Alexis, et j'ai contré quand c'est rentré. Ils ne sont pas venus me chercher, je me suis dit : « J'insiste et Alexis contrera quand ils vont rentrer. » Thibaut s'est

Il est l'homme de l'Ospédale ! Jean-Christophe Péraud y a terminé deuxième en 2014 et s'y est imposé en 2015, ce qui lui a permis à chaque fois de remporter le Critérium international.

retrouvé à un contre deux et n'a pas su gérer la situation. Je me suis retrouvé dans un contre-la-montre en montagne, ce que j'aime beaucoup… Derrière, j'ai gagné.

Vous avez remporté deux fois cette course sur un col qui, pourtant, n'était pas forcément assez dur pour vous...

J'aime cette dualité, je roule bien. Quand tu prends le contre-la-montre du col d'Èze en bosse, j'excelle sur ce genre d'exercice parce que j'arrive à mettre du braquet quand la pente s'atténue et à retrouver le pédalage de grimpeur quand elle devient plus forte.

Vous souvenez-vous de l'avoir reconnu ? En quoi est-ce que cela aide le jour de la course ?

C'est toujours important de faire une reconnaissance. Des fois, cela te permet de t'accrocher quand il y a un replat, ça l'est au niveau de la gestion de l'effort, c'est important d'y aller en sachant où tu mets tes roues. Oui, savoir ce qui t'attend, c'est d'une grande importance.

Avez-vous d'autres souvenirs ou anecdotes sur ce col ?

La course en descente en voiture pour essayer d'avoir l'avion pour rentrer à la maison et on l'a eu… Ils ont attendu les derniers passagers pour nous faire partir…

Selon vous, qu'est-ce qui est déterminant pour s'imposer en haut de l'Ospédale ?

À cause du final, il faut avoir un bon punch comme Alexis Vuillermoz, être un grimpeur qui va très vite au sprint. Les vrais grimpeurs doivent faire la différence dans le village et terminer en rouleur. Mais si ça se termine au sprint, alors c'est un vrai sprint et, là, ce sont les coureurs capables de passer les parties dures et rapides au sprint.

Quelles sont, selon vous, les meilleures conditions climatiques pour grimper l'Ospédale ?

Ciel bleu, pas de vent… Le vent fait la différence, cela favorise les grimpeurs quand il y a vent de dos. En cas de vent de face, tu ne fais pas la différence sur les gars qui vont plus vite au sprint. Mais s'il y a vent de dos, alors tu peux vraiment faire plus la différence…

Que représente ce col pour vous et dans votre carrière ?

J'ai cinq ou six victoires dans ma carrière. Le mont Faron et l'Ospédale sont mes faits d'armes. Le niveau était plus à ma portée qu'en World Tour. J'ai une affection particulière pour ce col, même si j'ai une préférence pour le Faron… Dans ma carrière, lorsque je me suis accroché à des mecs plus forts comme sur le Tour, c'était une quête mentale pour se battre contre mon corps et la douleur. Et là, on descendait d'un niveau et j'étais plus acteur. D'ailleurs, ça m'a toujours fait rire les gens qui disaient que je n'attaquais jamais et me contentais de suivre, alors que quelques personnes seulement sont capables d'attaquer dans un col sur le Tour… J'ai pu le faire dans ce col et j'y ai pris beaucoup de plaisir.

Quels conseils pourriez-vous donner au lecteur qui voudrait s'attaquer à l'Ospédale ?

Vu les pentes du village, il ne faut pas hésiter à mettre un gros braquet comme un 39 x 28 et à remettre le grand plateau par endroits… Il faut aussi utiliser les moments de récupération qui existent dans ce col, le replat dans les arbres pour récupérer avant la dernière ascension parce qu'il est dur de remettre du braquet après la sortie du village.

Parlez-nous du paysage et de la beauté de cet endroit… Vous pouvez en profiter, notamment en course ?

À l'entraînement, je me souviens qu'on en a vraiment profité, on a pris le café au village et on a apprécié la vue de là-haut, ce sont des moments agréables à vivre… Le cadre est important : dès que tu sors de la compétition, on fait du vélo pour admirer des paysages, sinon on ferait du *home-trainer* et je déteste le *home-trainer !*

REMERCIEMENTS

Merci à Amphora, à Renaud Dubois d'avoir cru en ce projet en un coup de fil, de m'avoir fait confiance et de m'avoir donné l'opportunité d'écrire ce livre, merci aussi à toute son équipe, Candice Roger, Grégorie Lartigot, Thibault Panfili pour leur travail et leur exigence.

Merci à Pascal Coic, pour ses magnifiques photos, pour m'avoir accompagné dans les Pyrénées, de m'avoir accueilli à la « grange » et pour son amitié si fidèle depuis toutes ces années ; merci aussi à Patrick Hervé d'avoir partagé avec nous ces moments uniques.

Merci à Stéphane Delécluse pour son investissement, son regard, son écoute, son professionnalisme et ses photos sublimes dans les Alpes.

Merci à Christophe Vignal de m'avoir suivi dans mes reconnaissances, merci pour son talent, sa bienveillance et sa fidélité.

Merci à Alexandre Buchholzer d'être venu grimper la Bonette avec moi, quel plaisir de dompter ce géant avec mon petit frère…

Merci à Thomas Voeckler de m'avoir fait l'honneur d'écrire une aussi belle préface, pour ses mots, sa bonne humeur et pour avoir pris le temps de grimper le col de Portet avec moi.

Merci à Marion Rousse d'avoir défié l'Alpe d'Huez à mes côtés, pour tous ces moments de rire ensemble et pour avoir partagé, tout comme mon complice Cédric Vasseur, ces reconnaissances avec France Télévisions.

Merci à tous les coureurs et à Martin Fourcade, qui ont accepté de participer à ce livre et de raconter leurs cols et leur amour pour ces endroits somptueux.

Merci à Specialized pour le prêt du matériel, pour les tenues et pour l'assistance technique, spécialement à Billy Ceusters pour m'avoir aidé et pour tous ces moments d'amitié passés ensemble sur le vélo et en dehors.

Merci à Nicolas, Fabienne, Stéphane, Céline et tout spécialement à Frank et Cloée pour leur présence, leur soutien dans les bons et dans les mauvais moments et pour leur amitié inestimable.

Merci aussi à mes parents pour leur amour, leur fierté et pour avoir toujours été là pour moi. Merci à ma mère d'avoir été et d'être une maman aussi bienveillante et formidable et à Jean-Pierre, un père si présent et aimant.

Merci à mes deux merveilles Sasha et Raphaëlle pour l'énergie et la force qu'elles me donnent, en espérant qu'elles seront fières de ce livre et de leur papa comme je suis infiniment fier d'elles.

Enfin, merci à Clémentine d'être tombée du ciel, merci pour ce qu'elle est, pour tout ce qu'elle m'apporte, et pour m'avoir fait croire à nouveau que mon ascension, que *notre* ascension serait très belle. Et qu'il y a toujours un rayon de soleil et un coin de ciel bleu quelque part, à condition d'y croire. Surtout si le destin (et la SNCF) s'en mêle…

SPECIALIZED

L'AUTEUR

Nicolas Geay a 45 ans et est journaliste spécialisé dans le cyclisme. Diplômé de Sciences-Po Grenoble et du CUEJ, l'école de journalisme de Strasbourg, il intègre le service des sports de France Télévisions en 2001, collabore de 2003 à 2004 pour les rédactions des J.T. de 13 heures et 20 heures de France 2. En 2004, il revient au service des sports pour lequel il s'occupe des rubriques cyclisme et triathlon. Grand reporter, il suit la saison cycliste en réalisant des reportages sur les coureurs, leur actualité et leur préparation et participe aux directs. Il suit ainsi le Tour de France depuis 2006. De 2011 à 2016, Nicolas Geay a commenté la course depuis la moto 2 et assure depuis 2017 les interviews au départ, au protocole à l'arrivée et participe à l'émission Vélo Club. Il a commenté les épreuves de triathlon et de cyclisme sur piste aux jeux Olympiques de Rio en 2016. Par ailleurs, il a réalisé de nombreuses enquêtes et interviews sur le dopage. En 2006, il est le premier journaliste au monde à décrocher l'interview de Floyd Landis après son contrôle positif sur le Tour. Il réalise ensuite des enquêtes sur les affaires Armstrong, Contador, sur les maladies neurologiques des Springboks, champions du monde de rugby en 1995, sur la mort mystérieuse de Marco Pantani, sur le « *brain doping* » et un long magazine sur la corruption au sein de la FIFA.

Nicolas Geay est aussi triathlète amateur, il a notamment terminé en 2006 l'Embrunman, l'un des triathlons les plus durs au monde ainsi qu'une vingtaine d'Half-Ironman. Enfin, en 2017 et 2018, il a réalisé les reconnaissances des cols du Tour pour France Télévisions.

Présence sur Twitter : @Nicogeay

KEEP CHALLENGING
francetv sport
GIANT

ŠKODA
Vittel
Krys
LCL
AG2R LA MONDIALE

letour.fr / @LeTour
VENDÉE
direct energie
francetv sport

CRÉDITS PHOTOS

Les photos des cols de la Lombarde, de l'Alpe d'Huez, de Joux Plane, de la Bonette, de l'Iseran, du Ventoux, du Galibier, du Cormet de Roselend, de l'Izoard et du mont du Chat sont de Stéphane Delécluse.

Les photos des cols du Tourmalet, de l'Aubisque, de l'Aspin, de la Hourquette d'Ancizan, de Portet, de Pailhères, du barrage de Cap-de-Long et du cirque de Troumouse sont de Pascal Coic.

Les photos des cols de l'Ospédale, de Jaizkibel, les selfies et les photos p. 285 sont de Nicolas Geay.

Sauf pour les photos suivantes :

Iconsport : p. 47, 49, 61, 63, 73, 77, 89, 91, 100, 101, 115, 117, 129, 131, 143, 145, 157, 161, 171, 175, 184, 187, 199, 201, 211, 213, 225, 227, 237, 239, 277, 279.

Fotoservice-cn.it : p. 103.

Fotolia : Galletto Marco : p. 97 ; Barbara Cerovsek : p. 228-229, 241 ; NoraDoa : p. 231 ; P.Lack : 233 ; Coco : p. 268-269.

N.Götz / Equipe Groupama-FDJ : p. 253.

Alexis Bœuf : p. 265.

Les profils des cols ont été créés sur la base des informations d'ASO.

Éditrice : Candice Roger - Amphora
Correctrice : Sandrine Harbonnier
Contrôle qualité : Mickaël Four
Couverture et principe de maquette : Thibault Panfili – Amphora
Poster : Lionel Rousseau - Amphora
Mise en page : alphastudiocom.fr

Imprimé en Europe par TypoLibris (22000 Saint-Brieuc)

Quatrième édition : janvier 2021
ISBN : 9782757604465